高校入試対策問題集

合-格-の-た-め-の 神技英語

當山淳
JUN TOUYAMA

※この本には，「赤色チェックシート」がついています。

KADOKAWA

はじめに

【入試英語のトレンド】

高校・大学の違いを問わず，入試問題は学習指導要領の影響を受け変化しています。2021年の中学学習指導要領改訂や，次第に見えてきた高校学習指導要領の改訂方針などを受けて，2016年以降は，「表現力」「速読力」「思考力」という3つの力を求める問題が多くなっています。

特に私立高校の入試英語では，従来の幅広い知識を問う問題に加え，表現力や思考力が求められ，その対策は一朝一夕にはいかないものになっています。

さらに，表現力・思考力という壁を乗り越えたとしても，年々増加傾向にある問題量への対応として速読力を身につけるには，また別の努力と長い時間を要します。初めて私立高校の入試問題に挑戦し，その量の多さに愕然とする受験生も多いでしょう。

【本書の目標】

本書は，受験生が直面するこの「**3つの力**」すべてをサポートする唯一の問題集だと自負しています。

中学生にはなじみが薄いかもしれませんが，英語では「言いかえ表現」のことを**パラフレーズ**と呼びます。本書ではこのパラフレーズを身につけるためのしかけをたくさん作りました。文法問題・長文読解ともに，パラフレーズの豊富な知識がなければ正解を導くことが難しい問題に焦点をあてています。また，その解説はパラフレーズの定着，つまり**表現力**育成を重視した内容にこだわりました。

三十数年の指導経験の中で確信しているのは，「返り読み」をさせないことが生徒の**速読力**向上につながるということです。スラッシュリーディングや精読などを指導しても，英語を日本語の語順になおして理解しようとする生徒には大きな効果は望めません。本書の長文読解問題の「徹底分析」では，**英語を英語の語順で理解していくリーディング法**（本書では「並行音読」と名付けている）のトレーニングを，中学生が自力でできるようにスラッシュポイントごとに和訳をつけました。

思考力については，第1章から考える問題を多く含むようにしました。特に，第4章の長文読解問題において，思考力を求める入試問題を多く選択し，そういう問題については，解説に★のマークを3つつけることで表しています。

第1章から難しいと感じる問題もあると思います。しかし，本書は絶対に暗記しなければならない問題や，これを理解できれば，英語力がつくという問題ばかりを厳選しています。途中であきらめることなく何度も繰り返し挑戦してください。また，リーディング法はトレーニングです。**一度日本語を確認してわかったつもり**にならず，本書の最大の目標である「**並行音読**」を繰り返すことで，どんな問題でも合格点が取れる真の英語力を目指してください。

最後になりますが，本書のコンセプト作成の段階からご助言・ご提案をくださいましたKADOKAWA教育編集部の角田顕一朗様に謝意を表します。

當山 淳

本書の特長と使い方

● 本書の全体構成

第1章　文法トレーニング

19のテーマ別に合計約440問の文法問題で私立難関校の受験に必要な英文法の知識を身につけます。使用される英文はそのテーマの理解に必要な重要例文になっており，その英文自体の定着も第１章の目標です。

第2章　出題形式別入試問題演習 — 文法 —

表現力・思考力を強化するための問題を得点差がつく７つの出題形式の中から厳選しました。実際に解いてみると気づくと思うのですが，英語力を問う問題というよりも英語を利用して，自ら考えて答えを見つけ出す問題が多くなっています。出題傾向ごとにその特徴や意図を記しました。それを意識した学習を進めてください。

第3章　出題形式別入試問題演習 — 長文 —

第３章は第４章への準備段階です。英語表現や英文構造の特徴を理解することを目的とし，４つのテーマ（出題形式）にしぼって長文読解への取り組み方を説明します。各テーマの冒頭にその出題形式の特徴，そして取り組み方のヒントを掲載しています。必ず目を通してから第３章に臨んでください。

第4章　入試問題演習 — 長文読解総合 —

実戦演習です。思考力・表現力が鍛えられる問題を選びました。特に「並行音読」で身につけてほしい語句や文法，英文構造を多く含む題材を厳選してあります。問題の順序は難易度順ではありませんが，塾の授業で行うとしたら，この順序で解説していきたいという配列にしました。１題１題，完璧な復習をし，理解を深めながら取り組んでいくと効果的だと考えています。

● 本書に取り組む目安

本書は基本英文法を一通り終え，受験校の過去問に挑戦する前に「弱点を見つけたい」「応用力を身につけたい」という意欲を持つ受験生のために企画しました。

英文法に不安がある場合は，まず第１章を繰り返しましょう。文法の実践力をつけたい人は第２章から始めるといいでしょう。また，長文読解力強化に主眼を置いている受験生は，第３章，第４章に時間をかけてください。

● 本書で使われる記号の意味

徹底分析

＿＿（二重線）	主語	[　]	名詞節
～～（波線）	動詞	(　)	副詞節
＿＿	補語	〈　〉	形容詞節・句
……（点線）	目的語	/	スラッシュポイント

語彙

名……名詞	副……副詞
他……他動詞	前……前置詞
自……自動詞	接……接続詞
形……形容詞	熟……熟語

詳しくは別冊 P26～29 参照

● 各章の進め方

第1章

❶ **各章の冒頭に取り組み方**をつけました。
必ず読んでから進めてください。

❷ **テーマ名称**

❸ **神技**：正解の理由も必ずチェックしましょう。
また，和訳の確認も忘れずに。

❹ **解答**：赤のチェックシートを利用し，
何度も挑戦してください。

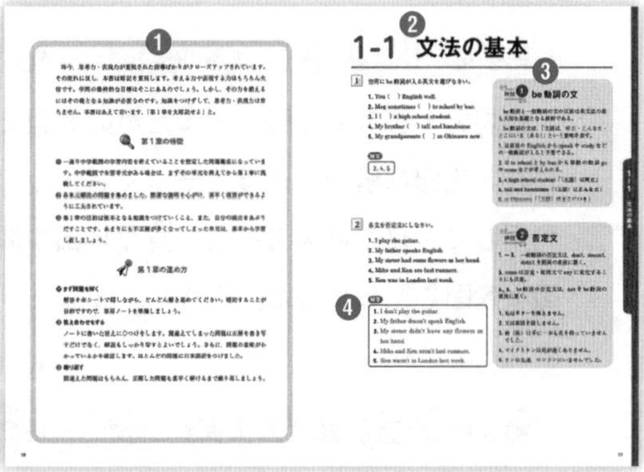

COLUMN

表現力をUPするコラムを用意しました。
長文読解にも大きな効果が得られます。
理解を深めましょう。

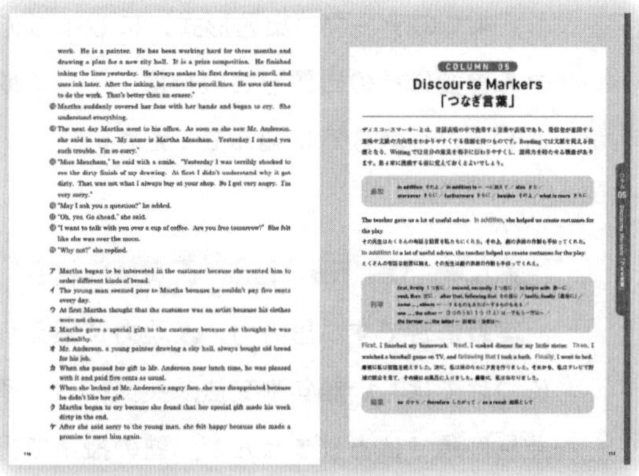

第2章（問題）

❶ **第2章の取り組み方**。必ず読んでください。

❷ **出題形式名称**

❸ 出題形式ごとにその**特徴と目標**を記しました。
その点を意識して挑戦してください。

❹ **出題高校名称**

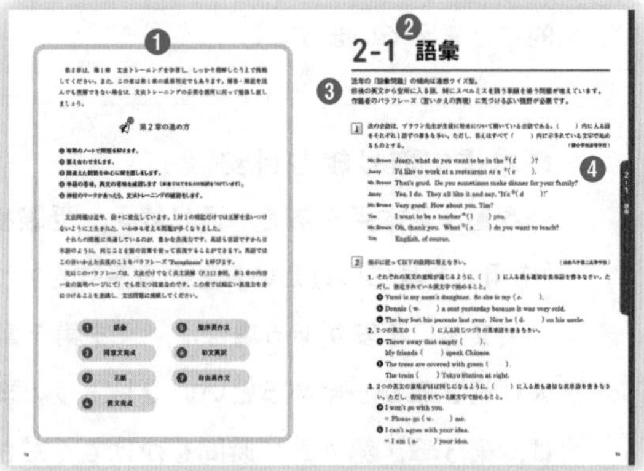

第2章(解説)

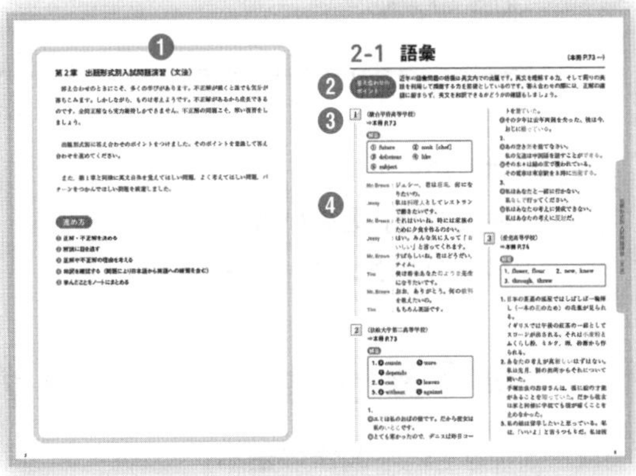

❶ **第2章の解答や復習の注意点**を記しました。

❷ 出題傾向別に**答え合わせの際のポイント**を記しました。

❸ **出題高校名と解答**

❹ **全訳と解説**

第3章(問題)

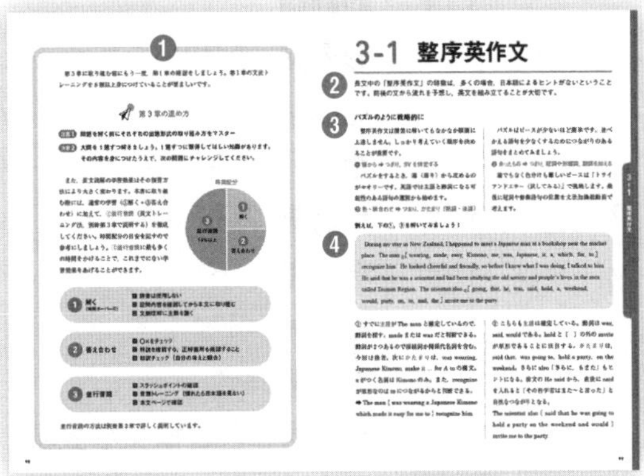

❶ **第3章の取り組み方**

❷ **各出題形式の特徴**

❸ **各出題形式の解き方**を解説しました。
解き方は人それぞれですが,
誰にでも当てはまるコツが存在します。

❹ **例題。**
同じ長文を利用して具体的に考え方を解説しました。

第4章(解説)

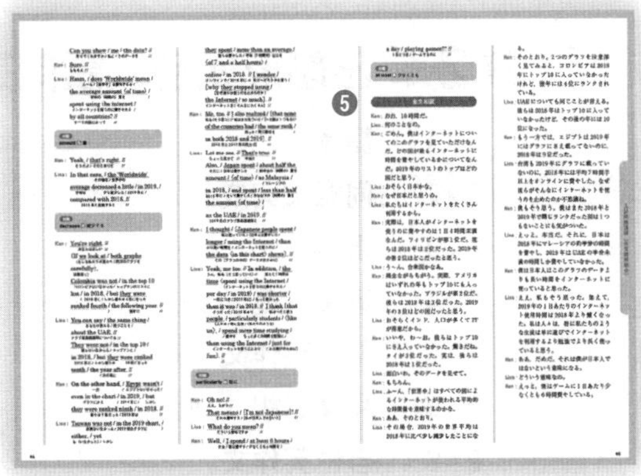

❶ **解答**

❷ **解説**
出題形式とその横に難易度を★の数で表しています。

❸ **徹底分析**
この分析を参考に並行音読を進めましょう。
慣れてきたら,日本語を見ずにできるだけ速く音読できるようにしましょう。

❹ **プラスアルファの解説**

基本事項の確認

頻出問題の解説

難関私立用の知識

差をつける知識

根本理解を要する知識

❺ **全文和訳**
徹底分析で英文構造を理解できない際に利用してください。

目次

特典のダウンロード方法

本書をご購入いただいた方への特典として，不規則動詞変化表など，入試対策に役立つ重要な知識を掲載したPDFデータを，無料でダウンロードすることができます。高校受験のみならず今後の英語学習の礎となる知識です。基礎力構築でぜひ役立てましょう。

ご利用いただく際は，記載されている注意事項をよくお読みになり，ダウンロードページへお進みください。下記のURLへアクセスいただくと，データを無料でダウンロードできます。「特典のダウンロードはこちら」という一文をクリックして，ユーザー名とパスワードをご入力のうえダウンロードし，ご利用ください。

https://www.kadokawa.co.jp/product/322206000163/

ユーザー名 kamiwazaeigo

パスワード kamiwaza-110

〔注意事項〕

- パソコンからのダウンロードを推奨します。携帯電話・スマートフォンからのダウンロードはできません。
- ダウンロードページへのアクセスがうまくいかない場合は，お使いのブラウザが最新であるかどうかご確認ください。また，ダウンロードする前に，パソコンに十分な空き容量があることをご確認ください。
- フォルダは圧縮されていますので，解凍したうえでご利用ください。
- なお，本サービスは予告なく終了する場合がございます。あらかじめご了承ください。

〔本書に掲載している入試問題について〕

※本書に掲載している入試問題の解説は，著者が作成した本書独自のものです。
※本書に掲載している入試問題の解答は，基本的に，学校が発表した公式解答ではなく，本書独自のものです。
※一部の入試問題の表現などを，元の問題から変更している場合がありますが，問題の主旨を変更するものではありません。
※入試問題以外の第1章の問題や例題などは，著者が作成した本書独自のものです。

本文デザイン　：kamigraph design
校正　　　　　：株式会社鷗来堂
組版・図版　　：株式会社フォレスト
カバーデザイン：krran

第1章

文法トレーニング

昨今，思考力・表現力が重視された指導ばかりがクローズアップされています。その流れに反し，本書は暗記を重視します。考える力や表現する力はもちろん大切です。学問の最終的な目標はそこにあるのでしょう。しかし，その力を鍛えるにはその礎となる知識が必要なのです。知識をつけずして，思考力・表現力は育ちません。本書はあえて言います，「第１章を丸暗記せよ」と。

第１章の特徴

❶ 一通り中学範囲の学習内容を終えていることを想定した問題構成になっています。中学範囲で未習単元がある場合は，まずその単元を終えてから第１章に挑戦してください。

❷ 各単元頻出の問題を集めました。簡潔な説明を心がけ，素早く復習ができるように工夫されています。

❸ 第１章の目的は根本となる知識をつけていくこと，また，自分の弱点をあぶりだすことです。あまりにも不正解が多くなってしまった単元は，基本から学習し直しましょう。

第１章の進め方

❶ まず問題を解く

解答を赤シートで隠しながら，どんどん解き進めてください。暗記することが目的ですので，専用ノートを準備しましょう。

❷ 答え合わせをする

ノートに書いた答えに○つけをします。間違えてしまった問題は正解を書き写すだけでなく，解説もしっかり写すとよいでしょう。さらに，問題の意味がわかっているかを確認します。ほとんどの問題に日本語訳をつけました。

❸ 繰り返す

間違えた問題はもちろん，正解した問題も素早く解けるまで繰り返しましょう。

1-1 文法の基本

1 空所に be 動詞が入る英文を選びなさい。

1. You (　) English well.
2. Meg sometimes (　) to school by bus.
3. I (　) a high school student.
4. My brother (　) tall and handsome.
5. My grandparents (　) in Okinawa now.

解答

3, 4, 5

神技 1 be 動詞の文

be 動詞と一般動詞の文の区別は英文法の最も大切な基礎となる根幹である。

be 動詞の文は,「主語は, **何だ・どんなだ・どこにいる（ある）**」という意味を表す。

1. は直後の English から speak や study などの一般動詞が入ると予想できる。

2. は to school と by bus から移動の動詞 go や come などが考えられる。

3. a high school student「(主語) は**何だ**」

4. tall and handsome「(主語) は**どんなだ**」

5. in Okinawa「(主語) は**どこにいる**」

2 各文を否定文にしなさい。

1. I play the guitar.
2. My father speaks English.
3. My sister had some flowers in her hand.
4. Mike and Ken are fast runners.
5. Ken was in London last week.

解答

1. I don't play the guitar.
2. My father doesn't speak English.
3. My sister didn't have any flowers in her hand.
4. Mike and Ken aren't fast runners.
5. Ken wasn't in London last week.

神技 2 否定文

1.～3. 一般動詞の否定文は, don't, doesn't, didn't を動詞の直前に置く。

3. some は否定・疑問文で any に変化することにも注意。

4., 5. be 動詞の否定文は, not を be 動詞の直後に置く。

1. 私はギターを弾きません。
2. 父は英語を話しません。
3. 姉（妹）は手に一本も花を持っていませんでした。
4. マイクとケンは足が速くありません。
5. ケンは先週, ロンドンにいませんでした。

3 各文を疑問文にしなさい。

1. The students work hard.
2. George lives near the station.
3. Kathy read some English books.
4. The bridge is long.
5. There are shops along the street.

きほん

There is/was［単数名詞］＋場所～
There are/were［複数名詞］＋場所～
～に［名詞］がある／いる

解答

1. Do the students work hard?
2. Does George live near the station?
3. Did Kathy read any English books?
4. Is the bridge long?
5. Are there shops along the street?

神技 3 疑問文

1.～3. 一般動詞の疑問文は，Do, Does, Did を文頭に置く。その際，動詞は原形。

2. live を lives のままにしないこと。

3. read に三単現の s がないことから過去形と判断できる。

4., 5. be 動詞の疑問文は，be 動詞を文頭に移動する。

5. は，there 構文。

1. その生徒たちは頑張りますか。
2. ジョージは駅の近くに住んでいますか。
3. キャシーは英語の本を何冊か読みましたか。
4. その橋は長いですか。
5. その通り沿いに店がありますか。

4 各組が同意になるように，空所に適語を入れなさい。

1. I have no cars.
I don't have (　) cars.
2. He doesn't know anything about that.
He knows (　) about that.
3. She knew no one at the party.
She didn't know (　) at the party.

きほん

any ＋単数～は「どんな～も」
Any child knows the hero.
「どんな子供もそのヒーローを知っている」

解答

1. any　**2.** nothing　**3.** anyone

神技 4 any, anything, anyone

any は否定文で，「1つも（一人も）～ない」という全部否定を表す。

1.「no ＋名詞」は，「not ＋ any ＋名詞」と同じ意味。

2. anything の否定は，「何も～ない」を表し，nothing で言いかえ可能。

3. anyone/anybody の否定は，「誰も～ない」を表し，no one/nobody で言いかえ可能。

1. 私は一台も車を持っていない。
2. 彼はあのことについて何も知らない。
3. 彼女はそのパーティーで一人も知り合いがいなかった。

5

日本文に合う英文になるように，空所に適語を補いなさい。1語とはかぎらない。

1. 父は東京で働いています。
My father ________ in Tokyo.
2. 彼はそのとき，手紙を書いていた。
He ________ a letter then.

解答

1. works　**2.** was writing

神技 5 進行形

進行中の動作は，
be 動詞 ＋ 一般動詞の ing 形
1. は習慣なので，現在形で表す。
2. は，過去の進行中の動作なので，was ＋ -ing で表す。

きほん **次の動詞の ing 形に注意**
● **run ➡ running**（語尾が重なる）
begin，swim，plan など。
● **lie ➡ lying**（ie を取って ying）
tie「結ぶ」，die「死ぬ」など。

6

各文の誤りを正しなさい。

1. My sister likes he very much.
2. Ken did his homework by hisself.

解答

1. he → him　**2.** hisself → himself

神技 6 人称代名詞

代名詞は文中の位置・働きにより形が変化する。
1. 動詞 likes の目的語の働きのため，**he** は，**him** の誤り。
2. by ＋再帰代名詞～「一人で」
he の再帰代名詞は **himself**
別冊の巻末やダウンロード特典で，人称代名詞を確認しておこう。

7

日本文に合う英文になるように，（　）内の動詞を適切な形にしなさい。

1. 私はその先生と話しました。
I (speak) with the teacher.
2. 彼は帰宅してソファーに横たわった。
He (come) home and (lie) on the sofa.

解答

1. spoke　**2.** came，lay

神技 7 不規則動詞

別冊の巻末やダウンロード特典を参考に不規則動詞活用表は完ぺきにすること。
1.「話しました」なので，spoke にする。
2.「横たわった」から過去のことだとわかるので，come も忘れずに came にする。

よくでる **自動詞 lie・他動詞 lay**
自 横たわる lie-lay-lain-lying
他 横たえる lay-laid-laid-laying

陽子は息子をベッドに横たえ，その横に横たわった。
Yoko **laid** her son on the bed and **lay** beside him.

1-1 文法の基本

8 各文を和訳しなさい。

1. No one knew her address.
2. Nothing can stop me from studying.
3. Few students handed in the homework.
4. None of us was for his suggestion.

解答

1. 誰も彼女の住所を知らなかった。
2. 何も私が勉強するのを止められない。
3. その宿題を提出した生徒はほとんどいなかった。
4. 私たちの誰も彼の提案に賛成でなかった。

神技 8 否定語をともなう主語

1. No one や Nobody から始まる文は，「誰も～しない」「～する人はいない」と訳す。No one，Nobody が主語の場合，Anyone や Anybody による言いかえは不可。
2. Nothing で始まる文は，「何も～しない」「～な（する）ものは何もない」と訳す。Nothing が主語の場合，Anything による言いかえは不可。
3. Few で始まる文は，「～する人（もの）はほとんど（い）ない」と訳す。
4. None of A ～「A の中の誰も（何一つ）～でない（～しない）」

9 次の語句を並べかえ，正しい英文を完成させなさい。

1. [uncle / always / us / cake / my / a / brings].
2. [is / the / the / desk / mine / on / book].

解答

1. My uncle always brings us a cake.
2. The book on the desk is mine.

神技 9 頻度副詞

1. 頻度副詞の位置は，not や don't など否定文を作る語句と同じ。

おじはいつも私たちにケーキを持ってくる。

神技19も参照。

神技 10 後置修飾

2. 形容詞句は名詞を後ろから修飾する。

机の上の本は私のものだ。

英語の語順

日本人が英語を苦手とする原因の１つに日本語との語順の違いがあると言われています。例えば，次の日本語と英語を見てください。

【日本語】①その少年は　②毎日　③駅の近くで　④ギターを　⑤弾いています。

【英　語】① The boy　⑤ plays　④ the guitar　③ near the station　② every day.

主語の位置は同じですが，それ以外は全く逆の語順になっていることがわかります。

1-2 疑問詞

1
各文の下線部を問う疑問文を作りなさい。

1. Tom has a camera in his hand.
2. That red building is our library.
3. I bought the book to study math.
4. Kathy likes tennis.

解答

1. What does Tom have in his hand?
2. What is that red building?
3. Why did you buy the book?
4. What sport does Kathy like?

神技 11 疑問詞を含む疑問文

疑問詞は文頭に置き，その後の文は疑問文の形にする。be 動詞と一般動詞の区別，時制に注意すること。

1. トムは手に何を持っていますか。
2. あの赤い建物は何ですか。
3. なぜその本を買ったのですか。
4. キャシーはどんなスポーツが好きですか。

きほん

4. のように名詞をともなう疑問詞を疑問形容詞という。他に，

- **what language**「何語」
- **what color**「何色」
- **what subject**「どんな科目」

などがある。

2
次の語句を並べかえ，正しい英文を完成させなさい。

1. [Mt. Fuji / high / is / how]
2. [is / here / to / it / far / station / how / from / the]
3. [the / how / is / ring / much / diamond]
4. [game / start / will / soon / soccer / how / the]

解答

1. How high is Mt. Fuji?
2. How far is it from here to the station?
3. How much is the diamond ring?
4. How soon will the soccer game start?

神技 12 How＋形容詞／副詞

how は「形容詞」や「副詞」をともない，程度を尋ねる疑問詞を形成する。

1. 富士山の高さはどのくらいですか。
2. ここからその駅までどのくらい（の距離）ですか。
3. そのダイヤモンドの指輪はいくらですか。
4. そのサッカーの試合はあとどのくらいで始まりますか。

きほん

How old	年齢	How often	頻度
How tall	身長	How soon	早さ
How much	金額・量	How high	高さ
How many	数	How large	大きさ
How long	長さ	How big	大きさ
How far	距離	How deep	深さ
How heavy	重さ	How wide	幅

3 日本文に合う英文になるように，(　) 内に適切な１語を入れなさい。

1. A：誰が台所にいますか。
B：ジムです。
A：(　) is in the kitchen?
B：Jim (　).

2. A：誰がそのケーキを食べましたか。
B：ジムです。
A：(　) (　) the cake?
B：Jim (　).

3. A：何がその中にありますか。
B：たくさんのリンゴです。
A：(　) (　) in it?
B：A lot of apples (　).

解答

1. Who，is
2. Who ate，did
3. What is，are

神技 13 疑問詞が主語の文

疑問詞が主語の場合は，後の文は肯定文の形をとる。一般動詞の場合，do/does/did を用いない。be 動詞を主語（＝疑問詞）の前に持って来ることもできない。

また，答え方に特徴があるので確認しておくこと。

1. 答えの文 "Jim is." は，
Jim is in the kitchen.「ジムが台所にいる」の in the kitchen が省略された形。

2. 疑問詞 Who が主語なので，did は不要。動詞を忘れずに過去形にすること。
答えの文 "Jim did." の "did" は，
ate the cake を表す。

3. この問題は，単数と複数の区別に注意する。答えが「たくさんのリンゴ」でも，疑問文の What は単数扱いのため is を用いる。
一方答えの文の主語は apples なので，are となる。

4 各組が同意になるように，空所に適語を入れなさい。

1. Why did you buy the book?
What did you buy the book (　)?

2. How is the weather today?
(　) is the weather (　) today?

3. How much was the diamond ring?
(　) was the (　) of the diamond ring?

4. How far is it from here to the station?
(　) is the (　) from here to the station?

解答

1. for	**2.** What，like
3. What，price	**4.** What，distance

神技 14 疑問詞の文の書きかえ

疑問詞を含む文にも様々なパラフレーズがある。本書の中心部となる重要事項なのでしっかり理解しよう。

1. Why ～＝ What ～ for
2. How ～＝ What ～ like
3. How much ～＝ What is the price of ～
4. How far ～＝ What is the distance ～

よくでる
How high is Mt. Fuji?
＝ **What is the height** of Mt. Fuji?
How deep is Lake Biwa?
＝ **What is the depth** of Lake Biwa?
How long is the Shinano River?
＝ **What is the length** of the Shinano River?

1-3 助動詞

1 日本文に合う英文になるように，空所に適語を補いなさい。

1. 父は５時に起床しなければならない。
My father (　) (　) get up at five.

2. 君はゲームの前に宿題をするべきです。
You (　　) do your homework before playing a game.

3. 君がその犬を世話する必要はない。
You (　) (　) to look after the dog.

4. 明日，病院に行く予定です。
I (　) go to the hospital tomorrow.

5. 私がその鞄を部屋に運びましょうか。
(　) (　) carry the bag to the room?

6. 映画に行きましょうか。
(　) (　) go to the movie?

7. その子は疲れているにちがいない。
The child (　) be tired.

8. 彼が空腹のはずはない。
He (　) be hungry.

9. その椅子に座ってはいけません。
You (　) sit on the chair.

10. 祖父はよく散歩をしたものだ。
My grandfather (　) often take a walk.

解答

1. has to	**2.** should	**3.** don't have
4. will	**5.** Shall I	**6.** Shall we
7. must	**8.** can't [cannot]	
9. mustn't	**10.** would	

神技 15 助動詞

1. 義務・命令の must は，have [has] to で書きかえできる。

2. 義務の should「～するべき」
ought to も同意を表す。

3.「必要がない」は needn't = don't [doesn't] have to ～で表す。

4. 予定は未来形の will で表す。
will = be going to にも注意。

5.「(私が) ～しましょうか」と相手の意思を尋ねる表現。Shall I ～？

6.「(一緒に) ～しましょうか」と勧誘する表現。Shall we ～？

7. 必然性・推量の must の問題。後に続く be も重要。

8. 可能性を表す can の問題。Can the news be true?「その知らせが真実でありえるか」という疑問文も重要。

9. 禁止の must not = mustn't の問題。

10. 過去の不規則な習慣を表す would の問題。

used to ～「よく～したものだ」で，過去の規則的な習慣を表す。

これも **強い助言を表す　had better**

You **had better** not stay up late at night.
君は夜更かしをしない方がよい。

had better は立場上，「上の人」から「下の人」への「必ず～した方がよい」という助言を表すときに用いる。目上の人や友人に対しては使わない。

2 各組が同意になるように，空所に適語を入れなさい。

1. Don't run in the classroom.
You (　　) run in the classroom.

2. Will you join our party tonight?
(　　) you (　　) to join our party tonight?

3. Let's take a walk after lunch.
(　　)(　　) take a walk after lunch?

4. They could not pay for the car.
They (　　)(　　) to pay for the car.

5. Do you want me to cook dinner?
(　　)(　　) cook dinner?

6. How about another cup of tea?
(　　) you (　　) another cup of tea?

7. I'm sure he is sick.
He (　　) be sick.

8. Please help me with the work.
(　　)(　　) help me with the work?

9. He doesn't have to clean the room.
It isn't (　　) for him to clean the room.

10. We can't swim across the river.
It's (　　) for us to swim across the river.

解答

1. mustn't　**2.** Are, going
3. Shall we　**4.** weren't able
5. Shall I　**6.** Would, like
7. must
8. Will [Would / Could] you
9. necessary　**10.** impossible

神技16 助動詞の書きかえ

言いかえ表現の習得を目指そう。

1. 教室内で走るな。
教室内で走ってはいけません。
Don't ～「～するな」
You must not ～「～してはいけません」

2. あなたは今夜の私たちのパーティーに参加する予定ですか。
will = be going to

3. 昼食後に散歩しましょう。
昼食後に散歩しましょうか。
Let's ～の文は，Shall we ～?「～しましょうか（勧誘）」で書きかえ可能。

4. 彼らはその車の代金を支払うことができなかった。
can = be able to 過去形で否定文なので，**weren't** にする。

5. あなたは私に夕食を作ってほしいですか。
Do you want me to ～「私に～してほしいですか」を "Shall I ～?"「(私が) ～しましょうか」で言いかえた問題。

6. 紅茶をもう一杯いかがですか。
How about ～「～はどうですか」
Would you like ～「～はいかがですか」
"Will you have ～?" も可。

7. 私は彼が具合が悪いと確信している。
彼は具合が悪いにちがいない。
I'm sure は主語の確信を表す表現。「確信」=「～ちがいない」と捉える。

8. その仕事を手伝ってください。
その仕事を手伝ってくださいますか。
Will you は単に未来の行動を尋ねる疑問文ではなく，依頼を表すこともできる。

9. 彼はその部屋を掃除する必要がない。
その部屋を掃除することは彼にとって必要ではない。
不定詞の構文を利用した書きかえ問題。
"It's ... for A to ～"
「～することはAにとって…だ」

10. 私たちはその川を泳いで渡ることはできない
その川を泳いで渡ることは私たちにとって不可能だ

1-4 形容詞・副詞

1 下線部の語句の品詞を答えなさい。

1. The students work <u>hard</u>.
2. The students are <u>hard</u> workers.
3. I put the ball <u>in my pocket</u>.
4. The ball <u>in my pocket</u> is very old.

解答

1. 副詞　2. 形容詞
3. 副詞　4. 形容詞

神技17 形容詞 or 副詞

1. その生徒たちは熱心に勉強する。work（動詞）を修飾している。
2. その生徒たちは熱心な勉強家だ。workers（名詞）を修飾している。
3. 私はそのボールを自分のポケットに入れた。put（動詞）を修飾している。
4. 私のポケットにあるボールはとても古い。ball（名詞）を修飾している。

2語以上からなる形容詞句は名詞を後ろから修飾する。これを後置修飾という。
→神技10

2 空所に入る語を［　　］から選びなさい。

1. I had (　) money, so I couldn't buy the CD.
2. He read as (　) books as he could.
3. I have just moved to another city, but I've made (　) friends, so I'm not lonely.
4. We have only (　) time. Let's run.
5. He has (　) money. He can lend you (　).

a few,　few,　a little,　little,
many,　much,　some

解答

1. little
2. many
3. a few [many, some]
4. a little
5. much, some

神技18 可算・不可算名詞の修飾

英語には可算名詞のみを修飾できる形容詞，不可算名詞のみを修飾できる形容詞がある。

1. 私はほとんどお金を持っていなかったので，そのCDを買えなかった。
2. 彼はできるだけ多くの本を読んだ。
3. 私は別の町に引っ越したばかりだが，2，3名（多く，何人か）の友達ができたので，寂しくはない。
4. 私たちには時間が少ししかない。走ろう。
5. 彼はお金持ちです。あなたにいくらか貸すことができます。

きほん

単語	意味	可算名詞	不可算名詞
a few	2，3の	○	
few	ほとんどない	○	
a little	少しの		○
little	ほとんどない		○
many	多数の	○	
much	多量の		○
some	いくらかの	○	○

3

次の語句を並べかえ，正しい英文を完成させなさい。

1. [is / late / sometimes / she / school / for].
2. He [says / about / never / others / bad / things].
3. Tom [something / his / big / back / has / on].
4. [with / man / you / do / the / know / glasses / on]?

解答

1. She is sometimes late for school.
2. He never says bad things about others.
3. Tom has something big on his back.
4. Do you know the man with glasses on?

神技19 形容詞・副詞の位置

1. 彼女は時々学校に遅刻します。
2. 彼は決して他人の悪口を言わない。
3. トムは何か大きなものを背負っている。
something, someone, everything などの代名詞は形容詞を後ろにつける。
4. あなたはその眼鏡をかけた男性を知っていますか。
with glasses on は the man を修飾する形容詞句。

be late for「～に遅れる」

きほん 頻度を表す副詞の位置については，神技9を参照。

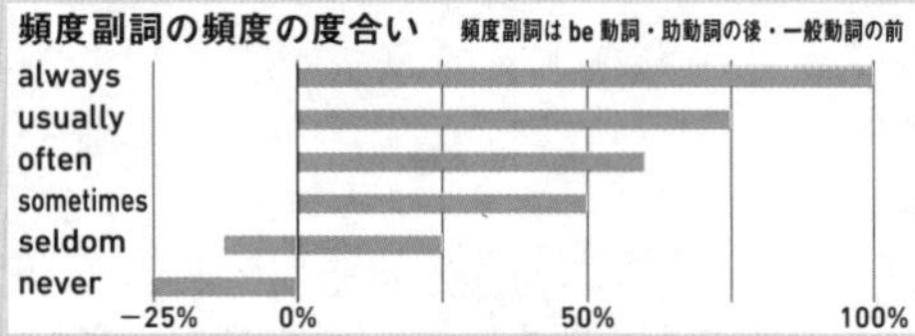

4

各組が同意になるように，空所に適語を補いなさい。

1. My sister is a careful driver.
My sister drives a car (　).
2. The number of tourists is increasing rapidly.
The number of tourists shows a (　) increase.
3. She looked at the singer happily.
She looked (　) when she saw the singer.
4. He is quick at learning.
He learns (　).
5. It was easy for him to answer the question.
He answered the question (　).

解答

1. carefully　**2.** rapid
3. happy　**4.** quickly
5. easily

神技20 形容詞・副詞の書きかえ

1. 姉は注意深い運転手だ。
姉は注意深く車を運転する。
2. 旅行者の数は急速に増えている。
旅行者の数は急速な増加を示している。
3. 彼女は幸せそうにその歌手を見た。
その歌手を見たとき彼女は幸せそうだった。
4. 彼は学ぶのが速い。
彼は素早く学ぶ。
5. その質問に答えることは彼にとって簡単だった。
彼は簡単にその質問に答えた。

その他の形容詞・副詞

きほん

形容詞	副詞	形容詞	副詞
hard 熱心な	hard 熱心に	sad 悲しい	sadly 悲しげに
fast 速い	fast 速く	kind 優しい	kindly 親切にも
early 早い	early 早く	slow ゆっくりな	slowly ゆっくり
late 遅い	late 遅く	heavy 重い	heavily 重く
high 高い	high 高く	bad 下手な	badly 下手に

1-5 比較

1 各単語の比較級と最上級を書きなさい。

1. big
2. happy
3. wise
4. useful
5. slowly
6. dangerous
7. good, well
8. bad, ill
9. many, much
10. little

解答

1. bigger, biggest
2. happier, happiest
3. wiser, wisest
4. more useful, most useful
5. more slowly, most slowly
6. more dangerous, most dangerous
7. better, best
8. worse, worst
9. more, most
10. less, least

神技 21 比較変化

1. ～ **3.** は，語尾に -er, -est をつけて比較級，最上級を作る単語。

1. 大きい　g を重ねる

2. 幸せな　y の前が子音の場合，y を i にする

3. 賢い　e で終わる単語は，-r, -st をつける

4. ～ **6.** は，前に more, most をつけて比較級，最上級を作る単語。

4. 便利な

5. ゆっくり

6. 危険な

7. ～ **10.** は不規則に変化する単語。

7. 上手な，上手に

8. 悪い，具合が悪い

9. 多数の，多量の

10. 少ない

その他比較変化　別冊の巻末のダウンロード特典「形容詞・副詞の変化」も参照しよう。

ちゅうもく

-er, -est 系と more, most 系の見分け方

完璧なカテゴリー分けはできませんが，more, most 系は語形変化した単語が多いです。

例えば，

useful = use + -ful（形容詞を作る接尾辞）

slowly = slow + -ly（副詞を作る接尾辞）

early はこれに当てはまらない。

dangerous = danger + -ous（形容詞を作る接尾辞）

などです。

接尾辞として他に -ant, -ive, -ing や ed があります。

2 日本文に合う英文になるように，空所に適語を補いなさい。

1. この本はあの本と同じくらい難しい。
This book is (　) difficult (　) that one.

2. 妹は私ほど早起きではない。
My sister (　) get up (　) early (　) I.

3. あなたの車は私の車の2倍の値段です。
Your car is (　) (　) expensive (　) mine.

4. 私はできるだけ速く走った。
I ran (　) fast (　) (　).

5. 新鮮な野菜ほどおいしいものはない。
(　) is (　) delicious (　) fresh vegetables.

神技 22 原級を用いた比較

as ～ as A「A と同じくらい～」

1. as と as の間には形容詞・副詞の原級が入る。

2.「A ほど～ない」は as ～ as A の否定文。最初の as は，so でも可。

3. twice as ～ as A「A の 2 倍～」
3 倍以上は，“数字 times as ～ as A” の形をとる。A の 3 倍～ “three times as ～ as A”

4.「できるだけ～」= as ～ as possible
“as ～ as Ⓢ can” で書きかえ可能。

5.「A ほど～なものはない」
= Nothing is as ～ as A.

解答

1. as, as	**2.** doesn't, as [so], as	**3.** twice, as, as
4. as, as possible	**5.** Nothing, as [so], as [Nothing, more, than]	

3 次の語句を並べかえ，正しい英文を完成させなさい。

1. Mt. Fuji [any / in / is / than / mountain / Japan / higher / other].

2. No [boy / David / than / other / is / class / taller / my / in].

3. My [I / is / than / three / brother / older / years].

4. Soccer [baseball / world / popular / is / much / than / the / in / more].

5. It [colder / colder / and / getting / is].

解答

1. Mt. Fuji [is higher than any other mountain in Japan].
2. No [other boy in my class is taller than David].
3. My [brother is three years older than I].
4. Soccer [is much more popular than baseball in the world].
5. It [is getting colder and colder].

神技 23 比較級 1

- er [more -/ less -] than A「A より～」

1. 富士山は日本の他のどの山よりも高い。
than any other + 単数名詞～「他のどんな～よりも」

2. デイビッドより背の高い男子はクラスにいない。no other + 単数名詞～「～は他にいない」

3. 兄は私より 3 歳年上です。

4. サッカーは世界で野球よりはるかに人気がある。much + 比較級～「はるかに～」

5. だんだん寒くなってきている。
比較級 and 比較級～「だんだん～，ますます～」

よくでる

More and more foreigners come to Japan.
「ますます多くの外国人が日本に来ている」

これも

3. の英文と同じ意味はこれでも表せる。My brother is older than I by three years.

4

日本文に合う英文になるように，空所に適語を補いなさい。

1. 私は映画よりも本が好きです。
I ( ) books ( ) movies.

2. 私は弟より２歳年上だ。
I am ( ) to my brother ( ) two years.

3. 彼は以前より親切だ。
He is kinder than he ( ).

4. 彼は以前より熱心に勉強する。
He studies harder than he ( ).

5. 東京の人口は大阪より多い。
The population of Tokyo is larger than ( ) of Osaka.

神技 24 比較級２

1., 2. はラテン語由来の比較表現と言われ，比較対象（～より）を than ではなく to で表す。

1. prefer A to B「B より A が好き」
= I like books better than movies.

2. A is senior to B「A は B より年上」
by two years は差を表す。

3.「以前」は，動詞が be 動詞の場合は，
Ⓢ **was / were［used to be］** で表す。

4.「以前」は，動詞が一般動詞の場合は，
Ⓢ **did［used to do］** で表す。

5. 反復を避けるための代用語 that。
前の the population を受けている。

解答

1. prefer, to　**2.** senior, by　**3.** was　**4.** did　**5.** that

5

日本文に合う英文になるように，空所に適語を補いなさい。

1. 彼はクラスで最も背が高い。
He is ( ) ( ) ( ) the class.

2. 彼はその４人の生徒の中で最も上手に英語を話す。
He speaks English best ( ) the four students.

3. 彼女は日本で最も人気のある歌手の一人だ。
She is ( ) of the ( ) popular ( ) in Japan.

4. 利根川は日本で２番目に長い川だ。
The Tone River is the ( ) ( ) river in Japan.

神技 25 最上級

the -est［most -, least -］in/of A
「A（の中）で最も～」

1. 形容詞の最上級には the をつける。

2. 副詞の最上級は the を省略できる。
in ＋場所・団体
(ex. in Japan, in the world, in my family)
of ＋複数
(ex. of the boys, of the five, of us)

3.「最も～な A の１つ」
one of the 最上級～ A（A は名詞の複数形）

4.「何番目に～な the 序数＋最上級」
３番目に背が高い少年
the third tallest boy
５番目に人気のチーム
the fifth most popular team

解答

1. the tallest in　**2.** of　**3.** one, most, singers　**4.** second longest

6 各組が同意になるように，空所に適語を入れなさい。

1. She is taller than he.
   He isn't (　) tall (　) she.
2. She read more books than he.
   He (　) read (　) many books as she.
3. The boys studied as hard as possible.
   The boys studied as hard as (　) (　).
4. He is older than he looks.
   He looks (　) (　) he really is.
5. Lake Biwa is the largest lake in Japan.
   Lake Biwa is larger than (　) (　) lake in Japan.
6. Fishing is the most important for my life.
   (　) is (　) important than fishing in my life.

神技 26 比較を用いた書きかえ

表現の幅を広げよう。

1. 彼女は彼より背が高い。
   彼は彼女ほど背が高くない。
2. 彼女は彼より多く本を読んだ。
   彼は彼女ほど多く本を読まなかった。
   read に注目し，過去形に気づくこと。
3. 少年たちはできるだけ熱心に勉強した。
4. 彼は見かけより年をとっている。
   彼は実際より若く見える。
   he looks「彼の見かけ」
   he really is「彼の実年齢」
5. 琵琶湖は日本一大きな湖だ。
   琵琶湖は日本の他のどの湖よりも大きい。
6. 魚釣りは私の人生で最も大切だ。
   私の人生で魚釣りより大切なものはない。

解答

1. as [so], as	**2.** didn't, as [so]	**3.** they could
4. younger than	**5.** any other	**6.** Nothing, more

7 各文を和訳しなさい。

1. He is the last person to tell a lie.
2. You should know better.
3. I should know better than to trust him.
4. The richest can't buy life.
5. The closer the ship came to us, the bigger it looked.

解答

1. 彼はうそをつくような人ではない。
2. もっと分別を持つべきだ。
3. 彼を信用するべきではない。
4. どんなお金持ちも命を買うことはできない。
5. その船は私たちに近づくにつれ，だんだん大きく見えた。

神技 27 注意が必要な比較表現

1. the last person to ～「最も～しそうにない人」＝「～するような人ではない」
2. should know better「もっとよく知るべきだ」＝「もっと分別があるべきだ」
3. should know better than to ～「～するべきではない」
4. 最上級「最も～，どんな～も」
5. The ＋比較級～，the ＋比較級…「～するほど，ますます…」

1-6 動詞

1 各文の空所に入る語を後の［　　］から選び答えなさい。

1. The dolphin often (　) beside our ship.
2. My grandfather (　) alone in his old cottage.
3. We are going to (　) at Tokyo International Airport in about ten minutes.
4. The small island (　) right in the middle of the Pacific Ocean.

arrive	get	lies	lives
swims	lays	sails	

解答

1. swims　2. lives
3. arrive　4. lies

神技28 完全自動詞

補語や目的語をともなわない動詞を完全自動詞という。完全自動詞の後には，場所や時間などの修飾語（句）が続く。移動，存在，居住，発着，生死を表す動詞である。

1. そのイルカはしばしば私たちの船と並んで泳ぐ。beside ～「～の横で，～と並んで」
2. 祖父は古いコテージに一人暮らしだ。
3. 約 10 分で東京国際空港に到着します。
4. その小さな島は太平洋のちょうど真ん中に位置する。

2 各文の空所に入る語を後の［　　］から選び答えなさい。

1. The artist remained (　) all his life.
2. The cake tastes a little (　).
3. My father became (　) thirty years ago.
4. The treasure lay (　) in the lake.

sour	a teacher
hidden	poor

解答

1. poor　2. sour
3. a teacher　4. hidden

神技29 不完全自動詞

後に「何（名詞）だ」「どんな（形容詞）だ」と主語の説明が続く動詞を不完全自動詞という。

きほん

状態	be「～だ」, keep「～のままだ」, remain「～のままだ」, lie「～のままだ」
変化	become「～になる」, get「～になる（一時的に）」, turn「～に変わる」, grow「（成長して）～になる」
様子	look「～に見える」, seem「～に思える」, appear「～に見える」
感覚	feel「～に感じる」, smell「～のにおいがする」, sound「～に聞こえる」, taste「～の味がする」

1. その芸術家は一生貧乏なままだった。
2. そのケーキは少しすっぱい味がする。
3. 父は 30 年前に教師になった。
4. その宝は湖に隠されていた。

3 各文を和訳しなさい。

1. We know that the sun rises in the east.
2. Jim said that he would arrive here at seven.
3. Do you believe that Sam has passed the examination?
4. The new study shows that the disease passes from one person to another by touch.

解答

1. 私たちは太陽が東から昇ることを知っている。
2. ジムは7時にここに到着すると言った。
3. サムがその試験に合格していると信じますか。
4. その新しい研究はその病気が接触により人から人へと伝染することを示している。

神技30 that節を導く動詞

後にthat節をともないSVOの第3文型を作る動詞がある。that以下は節なので，主語・動詞がその中にある。その部分をひとまとめにしてうまく動詞につなげて訳すようにしよう。なお，このthatは省略可能。

1. know (that)～「～ということを知っている」
2. say (that) ～「～と言っている」
3. believe (that) ～「～と信じる」
4. show (that) ～「～ということを示す」

これも
think (that) ～「～と思う，考える」
hope (that) ～「～と望む」
explain (that) ～「～と説明する」
illustrate (that) ～「～と説明する」

4 各文を和訳しなさい。

1. He told me that he had seen my bike in the park and that someone was riding on it.
2. The teacher showed us how we could solve the problem.
3. He is supposed to inform us when and where the next meeting will be held.
4. Let me ask you when you will have time to take a look at my computer.

解答

1. 彼は私に公園で私の自転車を見た，そして誰かがそれに乗っていたと伝えた。
2. その先生は私たちにその問題を解く方法を教えてくれた。
3. 彼はいつどこで次の会議が行われるのか私たちに知らせることになっている。
4. あなたがいつ私のコンピューターを見る時間があるかを尋ねさせてくれ。

神技31 人＋節を導く動詞

後に「人 + that節 or wh節」をともないSVOOの第4文型を作る動詞がある。

1. that節が2つあることに注意する。どちらも彼が伝えた内容である。
2. how SV ～は「～する方法，どのように～するか」と訳す。
3. be supposed to ～「～することになっている」
4. Let me ～「～させてくれ」
   take a look at ～「～を見る」

これも
tell 人 that or wh 節～「人に～と伝える」
inform 人 that or wh 節～「人に～と知らせる」
teach 人 that or wh 節～「人に～と教える」
show 人 that or wh 節～「人に～と示す」
remind 人 that or wh 節～「人に～と思いださせる」
ask 人 wh 節～「人に～と尋ねる」

5 各文を和訳しなさい。

1. His careless driving caused the traffic accident.
2. Eating too much junk food may result in obesity.
3. Ken's many months of patient effort contributed to his success in the entrance examination.
4. His hard work led to his success.

解答

1. 彼の不注意な運転がその交通事故を引き起こした。
2. ジャンクフードの食べ過ぎは肥満という結果になるかもしれない。
3. ケンが入学試験に合格したのは，彼の何カ月もの忍耐強い努力のおかげだ。
4. 彼のがんばりが成功を導いた。

神技32 原因や結果を導く動詞

原因や結果を導く動詞がある。長文読解の答えの根拠となることが多く，出てきたら目印をつけておくべき箇所となる。

1. A cause B.「A が B を引き起こす」
   = B is caused by A.
2. A result in B.「A が B という結果になる」
   = B result from A.「B は A に起因する」
3. A contribute to B.「A は B になる一因となる，助けとなる」
4. A lead to B.「A は B につながる［を導く］」

6 各文の誤りを正しなさい。

1. We discussed about the problem.
2. You had better apologize him for that.
3. My brother will marry with the actress.
4. Please explain me how to do it.

解答

1. We discussed the problem.
2. You had better apologize to him for that.
3. My brother will marry the actress.
4. Please explain to me how to do it.

神技33 他動詞・自動詞

他動詞なのか自動詞なのか区別が難しい，受験生を悩ませる動詞がいくつかある。

1. 私たちはその問題について話し合った。
   discuss「～について話し合う」は他動詞。discuss = talk about と考える。
2. あなたはそのことを彼に謝った方がいい。
   apologize「謝る」は自動詞。人の前に to，物事の前に for がそれぞれ必要。この for は，Thank you for ～「～をありがとう」の for と同じで，理由を表す。
3. 兄はその女優と結婚する予定だ。
   marry は他動詞。前置詞は不要。= get married to 人と書きかえ可能。
4. そのやり方を私に説明してください。
   explain は他動詞だが，人を目的語に取らない。人の前に to が必要。目的語として that 節，wh 節を取ることができる。

7 次の語句を並べかえ，正しい英文を完成させなさい。

1. [a red rose, me, to, gave, the man].
2. [his, you, album, he, show, did]?
3. [time, lot, a, saved, teacher's, us, our, help, of].
4. [his, him, to, offered, office, I, a ride].

解答

1. The man gave a red rose to me.
2. Did he show you his album?
3. Our teacher's help saved us a lot of time.
4. I offered him a ride to his office.

神技 34 SVOO

SVOO の第 4 文型は，「Ⓢは人にものを…する」という形を取る。最初の目的語を間接目的語（人のことが多い）と，後の目的語を直接目的語（もののことが多い）と呼ぶ。

1. give の用法は，give + 人 + もの，または，give + もの + to 人である。to があるので後者。
2. show + 人 + もの「人にものを見せる」
   = show + もの + to 人
3. save + 人 + 時間 or 仕事「人の時間や仕事の節約になる」
   = save + もの + for 人
4. offer + 人 + もの「人にものを提供する」
   = offer + もの + to 人
   offer [give] a ride to ～「～へ車で送る」

8 下から適切な語句を選び，正しい英文を完成させなさい。

1. Our father's success in his business made us (　).
   ア rich　イ free
   ウ sad　エ valuable
2. We found it (　) for him to take the French class. For his father is from France and they talk to each other in French.
   ア difficult　イ impossible
   ウ exciting　エ unnecessary
3. The dog next door was barking all night yesterday, which (　) me awake.
   ア made　イ kept
   ウ angry　エ has

解答

1. ア　2. エ　3. イ

神技 35 SVOC

SVOC の第 5 文型は，英文解釈が難しく，英語力を見極めるうえで重宝する。ゆえに，入試問題でも文法的な力を測る問題だけではなく，内容一致など長文読解問題でも多用される。

1. 父の事業の成功は私たちを裕福にした。
   make A B「A（名詞）を B（名詞・形容詞）にする」
2. 私たちはフランス語の授業は彼にとって不要だと思った。なぜなら彼のお父さんはフランス出身で彼らはお互いにフランス語で話しているからだ。
3. 隣の家の犬は昨日一晩中吠えていた。それで私はずっと起きていた。
   keep A B「A を B のままにしておく」
   「一晩中吠えていた」からアの made よりも kept の方がより適切と言える。

仮目的語の it

よくでる find [think] it ... (for 人) to ～「～することが（人にとって）…だと気づく〔思う〕」
make it ... (for 人) to ～「～することを（人にとって）…にする」

1-7 受動態

1 各文を受動態にしなさい。

1. Bob read these books.
2. She didn't take them to the zoo.
3. Did you find the letter on the desk?
4. Why did he break the vase?

解答

1. These books were read by Bob.
2. They weren't taken to the zoo by her.
3. Was the letter on the desk found by you?
4. Why was the vase broken by him?

神技36 能動態→受動態

動詞に注目する。例えば，1. の動詞は read だから，受動態の主語は「読まれる」もの，つまり these books だということがわかる。動詞からは「時制」も判断できる。元の文の主語は Bob なのに動詞に s がついていないことから過去形と分かる。

1. これらの本はボブによって読まれた。
2. 彼らは彼女によってその動物園へ連れて行かれなかった。
3. 机の上の手紙はあなたによって見つけられたのか。
4. そのつぼはなぜ彼によって割られたのか。

2 各組が同意になるように，空所に適語を入れなさい。

1. I will take care of the dog tomorrow.
   The dog will ( ) ( ) care of by me tomorrow.
2. We can see stars at night.
   Stars can ( ) ( ) at night.
3. What did he buy at the shop?
   What ( ) ( ) by him at the shop?
4. Who threw this ball?
   Who ( ) this ball thrown ( )?
   ( ) ( ) was this ball thrown?

解答

1. be taken	2. be seen
3. was bought	4. was, by / By whom

神技37 助動詞・疑問詞と受動態

助動詞を含む受動態は，
「主語＋助動詞＋ be ＋過去分詞」となる。
「誰によって～」は，
「By whom ＋ be ＋主語＋過去分詞～ ?」
または，**「Who ＋ be ＋主語＋過去分詞～ by?」**
となる。

1. 私は明日，その犬の世話をする。
   その犬は明日，私に世話される。
2. 夜には星が見える。
   星は夜に見られることができる。
   by us は，**不特定多数のため省略する。**
3. 彼はその店で何を買ったのか。
   その店で彼によって何が買われたのか。
4. 誰がこのボールを投げたのか。
   このボールは誰によって投げられたのか。

3 次の語句を並べかえ，正しい英文を完成させなさい。

1. What [English / flower / this / in / is / called]?
2. What [spoken / is / Australia / in / language]?
3. Who [by / cake / my / was /eaten]?
4. The [drawn / the / the / on / by / wall / picture / singer / was].

解答

1. What is this flower called in English?
2. What language is spoken in Australia?
3. Who was my cake eaten by?
4. The picture on the wall was drawn by the singer.

神技38 受動態の並べかえ問題

受動態は並べかえ英作文でよく出題される。be 動詞の位置を論理的に考える。be ＋過去分詞という基本形と疑問文のときの位置，また，主語が何かを判断する力も大切である。

1. この花は英語で何と呼ばれますか。
   疑問文なので is を this flower の前に出す。
2. オーストラリアでは何語が話されますか。
3. 誰によって私のケーキは食べられたのか。
   was を my cake（主語）の前に出す。
4. 壁の絵はその歌手によって描かれた。
   （×）The picture was drawn by the singer on the wall.
   この語順では，歌手は壁にはりついてその絵を描いたことになるため，不適切。

4 空所に適語を入れなさい。

1. His song is known (　) everyone in Japan.
2. She will be surprised (　) the news.
3. The top of the mountain was covered (　) snow.
4. Wine is made (　) grapes.

解答

1. to　2. at
3. with　4. from

神技39 受動態と前置詞

by 以外の前置詞につながる受動態がある。

1. 彼の歌は日本でみんなに知られている。
   to ～は「方向」
2. 彼女はその知らせを聞いて驚くだろう。
   at ～は「～を聞いて，見て」
   be disappointed at ～ , be excited at ～
3. その山の頂上は雪で覆われていた。
   with ～は「一緒に存在する」be pleased with ～ , be satisfied with ～ , be crowded with ～ , be filled with ～
4. ワインはブドウから作られる。
   be made from ～「～から作られる」
   →「～」は原料を表す。
   be made of ～「～でできている，～製」
   →「～」は材料を表す。
   be made in ～「～で（に）製造される」
   →「～」は原産地名や年度を表す。

これも
be known for ～「～で知られている」
be known as ～「～として知られている」

5 空所に適語を入れなさい。

1. The woman with three boys ( ) seen to cross the road.

2. He entered the room without ( ) seen by us.

3. I have often ( ) spoken to by a foreigner.

4. I don't want to ( ) treated like that.

解答

1. was **2.** being
3. been **4.** be

神技40 beの選択

主語の特定，前置詞の後や現在完了の受動態に注意。

1. 3人の少年を連れた女性はその道路を渡るのを見られた。
主語は the woman のみ。

2. 彼は私たちに見られずにその部屋に入った。
動名詞部分の受動態。be は動名詞になる。

3. 私は何回も外国人に話しかけられたことがある。
現在完了の受動態。be は過去分詞になる。

4. 私はそのように扱われたくない。
不定詞部分の受動態。be は原形になる。

6 日本文に合う英文になるように，空所に適語を補いなさい。

1. そのテニスの試合にはワクワクした。
  a. The tennis match was ( ) to me.
  b. I was ( ) at the tennis match.
  c. I found the tennis match ( ).

2. 彼の授業は退屈だった。
  a. I was ( ) with his lecture.
  b. His lecture was ( ) to me.

解答

1. a. exciting
  b. excited
  c. exciting
2. a. bored
  b. boring

神技41 感情を表す動詞

英語の感情を表す動詞は「使役」のような意味を持ち，「～させる」という意味がある。

excite「を興奮（ワクワク）させる」
bore「を退屈させる」
surprise「を驚かせる」
interest「に興味を持たせる」
disappoint「をがっかりさせる」

これらの動詞は言及する人や物の立場（～する側 or ～される側）によって現在分詞にしたり，過去分詞にしたりする。

1. a. 試合は興奮させているので exciting
  b. 私は興奮させられている，つまり受動態なので，excited
  c.「試合が興奮させるものだとわかった」という関係なので，exciting

2. a. I「私」は退屈させられる側なので，bored
  b. His lecture「彼の授業」は退屈させる側なので boring

1-8 現在完了

1 日本文に合う英文になるように，空所に適語を補いなさい。

1. 私はすでに朝食を食べました。
I (　) (　) (　) breakfast.

2. ケンはまだ帰っていません。
Ken (　) (　) come home (　).

3. あなたはもう宿題を終えましたか。
(　) you (　) your homework (　)?

4. 母はちょうど出かけたところです。
My mother (　) (　) (　) out.

解答

1. have already eaten [had]
2. has not, yet
3. Have, finished [done], yet
4. has just gone

神技 42 完了

現在までにある動作が完了していることを表す。そのため，状態を表す動詞（以後，状態動詞）がこの用法に含まれることはない。
already「すでに（肯定文で）」，yet「もう，まだ（疑問文・否定文で）」や just「ちょうど」などの副詞とともに表現する。

きほん
Ⓢ have already 過去分詞（以降 Vp.p. ～）.
「すでに～しています」
Ⓢ have not Vp.p. ～ yet.
「まだ，～していません」
Have Ⓢ Vp.p. ～ yet?「もう～しましたか」**Yes, I have. / No, I haven't. [No, not yet.]**
cf. My brother has just been to the station.
「兄（弟）はちょうど駅から戻ってきたところです」

2 次の語句を並べかえ，正しい英文を完成させなさい。

1. [Germany / has / to / twice / Mike / been].
2. [America / I / been / to / before / have / never].
3. [movie / seen / have / ever / you / the]?
4. [you / often / climbed / how / have / Mt. Fuji]?

解答

1. Mike has been to Germany twice.
2. I have never been to America before.
3. Have you ever seen the movie?
4. How often have you climbed Mt. Fuji?

神技 43 経験

回数を表す副詞（句）や頻度副詞を伴うことが多い。
once「1回」, twice「2回」, ○ times「○回」, often「何度も」, sometimes「何度か」, never「一度も～ない」

きほん
Ⓢ have Vp.p. ～ before.「以前～したことがある」
Ⓢ have never Vp.p. ～ .「～したことが一度もない」
Have Ⓢ ever Vp.p. ～ ?
「今までに～したことがありますか」
Yes, I have. / No, I haven't. [No, I never have.]
How often have Ⓢ Vp.p. ～ ?
How many times have Ⓢ Vp.p. ～ ?
「何度～したことがありますか」

3 （ ）内から適切な語句を選び，正しい英文を完成させなさい。

1. I have lived in Japan (for / since) ten years.
2. He has been busy (for / since) last month.
3. We haven't seen him (for / since) he moved to another town.
4. I have (been knowing / known) him since we were little.
5. Mary has (been studying / studied) for three hours.
6. (How long / How often) has it been snowing?

解答

1. for	2. since
3. since	4. known
5. been studying	6. How long

神技 44 継続

期間や動作の始まりを表す副詞句とともに状態や動作の継続を表す。

1. for ～「～の間」，for の後には期間が来る。
2., 3. since ～「～以来，から」，since の後には過去を表す言葉や過去形の文が来る。
4. 状態動詞 know は，進行形にできない。
5. 動作動詞を継続で用いるときは進行形にする。
6. How long「どのくらい～ですか」

きほん

Ⓢ have been ＋形容詞
「Ⓢはずっとどんな（形容詞）だ」

Ⓢ have been ＋～ ing（動作動詞）
「Ⓢはずっと～している」

Ⓢ have Vp.p. ～（状態動詞）
「Ⓢはずっと～している」

4 各組が同意になるように，空所に適語を入れなさい。

1. Spring came, and it's still spring.
   Spring ( ) ( ).
2. He went to Paris, and he isn't here now.
   He has ( ) ( ) Paris.
3. He went to Paris ten years ago, and he's still there.
   He has ( ) ( ) Paris for ten years.

解答

1. has come	2. gone to
3. been in	

神技 45 結果

完了の already, yet, just，経験の twice, before, never，継続の for, since のように，現在完了の目印となる語句を持たない，have ＋ Vp.p. ～だけの用法。
過去のある動作が現在に何らかの結果をもたらしていることを示す。

1. 春が来て，今も春という意味を表す。
   Spring came. という過去形の文では，現在の季節はわからない。
2. 彼は「パリに行った」という状態を持っている，つまり，今もパリにいることを表す。
3. for がついているので，継続用法。

きほん

考え方
have は本来「持っている」という意味。
現在完了の have も意味は同じだと考えよう。
「～した」という状態を持っているということだ。

1-9 動名詞

1 （　）内の語を適切な形にしなさい。

1. (Speak) English isn't so difficult.
2. (See) is (believe).
3. My hobby is (take) pictures of flowers.
4. Your task is (get) information on this subject.

解答

1. Speaking　2. Seeing, believing
3. taking　4. getting

神技46 主語・補語になる動名詞

この用法では，不定詞で書きかえ可能。

1. 英語を話すことはそんなに難しくない。
   = To speak English isn't so difficult.
2. 見ることは信じること(百聞は一見に如かず)。
   = To see is to believe.
3. 私の趣味は花の写真を撮ることだ。
   = My hobby is to take pictures of flowers.
4. 君の仕事はこの主題の情報を集めることだ。
   = Your task is to get information on this subject.

2 日本文に合う英文になるように，空所に適語を補いなさい。

1. そのレポートを書き終えましたか。
   Did you (　) (　) the report?
2. 彼は私を見て，話を止めた。
   He (　) (　) when he saw me.
3. 彼女は私と会うのを避けている。
   She (　) (　) me.
4. 窓を開けていただけますか。
   —いいですよ。
   Would you mind (　) the window?
   — Of course (　).

解答

1. finish writing
2. stopped talking [speaking]
3. avoids meeting [seeing]
4. opening, not

神技47 目的語になる動名詞

目的語の形については，P.42 コラムも参照。

1. finish ～ ing「～し終える」
2. stop ～ ing「～するのを止める」
   give up ～ ing「(あきらめて) ～するのを止める」
3. avoid ～ ing「～するのを避ける」
4. mind ～ ing「～するのを嫌だと思う」

"Would [Do] you mind ～ ing?" は，「～することを嫌だと思いますか，そうでなければ～してもらえますか」という遠回しな依頼の表現。了解の返事をするには，
"Of course not."「もちろん嫌ではない」
"Not at all."「全く嫌ではない」で答える。

これも Would [Do] you mind my opening the window?
窓を開けても構いませんか。

3 各文を和訳しなさい。

1. Dad took a bath after jogging.
2. The man left the room without saying anything.
3. We can collect information much faster by using the Internet.
4. You must be careful in choosing friends.

解答

1. お父さんはジョギングの後風呂に入った。
2. その男は何も言わずに部屋を出た。
3. 私たちはインターネットを使うことによってずっと速く情報を集めることができる。
4. 友達を選ぶときには注意しなければならない。

神技48 前置詞＋動名詞

「前置詞＋動名詞」で副詞句になり，時間・状態・手段などを表す。副詞の働きなので，「昨日」や「私と」，「バスで」などと同じく文末の方に位置する。

1. after ～ ing「～した後で」
2. without ～ ing「～せずに」
3. by ～ ing「～することによって」
4. in ～ ing「～するときに」

これも

on ～ ing「～するとすぐに」
for ～ ing「～するための」
＊ for ～ ing は形容詞句
while ～ ing「～している間に」
＊ while は接続詞

4 次の語句を並べかえ，正しい英文を完成させなさい。

1. I [couldn't / his / help / jokes / laughing / funny / at].
2. My [good / playing / is / the / at / guitar / brother].
3. We [going / looking / trip / forward / to / are / on / a / school].
4. Thank [for / party / me / you / to / the / inviting].
5. How [shop / shopping / the / about / new / going / at]?

解答

1. I couldn't help laughing at his funny jokes.
2. My brother is good at playing the guitar.
3. We are looking forward to going on a school trip.
4. Thank you for inviting me to the party.
5. How about going shopping at the new shop?

神技49 熟語＋動名詞

動名詞をともなう熟語は数多くあり，どれも文法的にも長文読解においても重要である。

ダウンロード特典や別冊の「動名詞・不定詞の表現」も参照しよう。

1. cannot help ～ ing「～せずにはいられない」
   彼の面白いジョークに笑わずにはいられなかった。
2. be good at ～ ing「～することが得意である」
   兄はギターを弾くのが得意だ。
3. look forward to ～ ing「～するのを楽しみにする」
   私たちは修学旅行に行くのを楽しみにしている。
4. Thank you for ～ ing.「～してくれてありがとう」
   私をそのパーティーに招待してくれてありがとう。
5. How about ～ ing?「～するのはどうですか」
   新しいお店に買い物に行くのはどうですか。

よくでる

go ～ ing

go fishing「釣りに出かける」
go swimming「泳ぎに行く」
go jogging「ジョギングに行く」
go traveling「旅行に出かける」など
この表現の後の前置詞にも注意すること。
cf. I went swimming **in** the new pool.
私はその新しいプールに泳ぎに行った。

1-10 不定詞

1

日本文に合う英文になるように，空所に適語を補いなさい。

1. 散歩をすることは健康に良い。
(　　)(　　) a walk is good for the health.

2. 君の仕事は庭の掃除だ。
Your job is (　　)(　　) the garden.

3. 兄は留学することを決心した。
My brother decided (　　)(　　) abroad.

4. 買い物に行きたかったですか。
Did you (　　) to (　　) shopping?

解答

1. To take　**2.** to clean
3. to study　**4.** want, go

神技50 名詞的用法

to＋動詞の原形（以下，不定詞）は文の中で，主語・補語・目的語になる。この用法を**名詞的用法**という。

1. To take a walk「散歩をすること」が文の主語の働きをしている。

2. to clean the garden「庭を掃除すること」が文の補語になっている。

3. to study abroad「留学すること」が decided「決めた」の目的語になっている。
decide to ～＝make up one's mind to ～
＝My brother **made up his mind to** study abroad.

4. to go shopping「買い物に行くこと」が want「ほしい／したい」の目的語になっている。

2

日本文を参考に次の語句を並べかえ，正しい英文を完成させなさい。

1. 私は読むべき本を数冊持っている。
I [read / books / some / have / to].

2. その老人には住む家がなかった。
The [live / no / had / in / to / man / house / old].

3. 私は何か冷たい飲み物が欲しい。
I [to / cold / something / drink / want].

解答

1. I have some books to read.
2. The old man had no house to live in.
3. I want something cold to drink.

神技51 形容詞的用法

不定詞は名詞の直後につき，その名詞を修飾する。この用法を**形容詞的用法**という。

1. to read は，books を修飾している。

2. to live in は，house を修飾している。この文のように不定詞が前置詞をともなうことがある。単に熟語の場合と，修飾する名詞へのつながりで必要な場合がある。

3. to drink は，something を修飾している。cold の位置については**神技19**も参照。

形容詞的用法の訳し方

きほん
- ～するための
- ～するべき
- ～しなければならない　など

3

日本文を参考に次の語句を並べかえ，正しい英文を完成させなさい。

1. 彼は学校に一番に着くように早起きした。
He [school / first / early / get / got / to / to / up].
2. 私たちはその電車に間に合うように駅へ急いだ。
We [in / to / to / train / station / hurried / catch / order / the / the].
3. 私たちは彼からの便りをもらって嬉しかった。
We [him / from / happy / hear / were / to].
4. 彼女は彼の成功を知って喜びましたか。
[success / glad / know / was / his / she / to]?

神技 52 副詞的用法

不定詞は目的や原因を表し動詞や文全体を修飾する。この用法を**副詞的用法**という。

1. 「～するために」と目的を表す不定詞。早起きした目的を説明している。
2. 1. の用法の強調と捉える。in order to ～「～するために」，so as to ～で同様の意味を持つ。
hurry to ～「～（場所）へ急ぐ」
3. 感情を表す形容詞の後につき，その原因を説明する用法。「～して」と訳す。
hear from ～「～（人）から便りをもらう」
4. be glad to ～「～して嬉しい」
cf. pleased「喜んだ」，sad「悲しい」，sorry「残念な，すまない」，disappointed「がっかりした，失望した」

解答

1. He got up early to get to school first.
2. We hurried to the station in order to catch the train.
3. We were happy to hear from him.
4. Was she glad to know his success?

4

各文の下線部の不定詞は次の用法のいずれに相当するか答えなさい。

ア 名詞的用法 **イ** 形容詞的用法
ウ 副詞的用法

1. Put more sugar <u>to make it sweeter</u>.
2. He doesn't have time <u>to play his favorite games</u>.
3. Ken was sad <u>to know his friend's illness</u>.
4. The baby likes <u>to sleep on the couch</u>.

解答

1. ウ　2. イ　3. ウ　4. ア

神技 53 不定詞の用法

まず，不定詞の部分なしで文が成立するかを考える。成立しない場合は「名詞的用法」。成り立つ場合は，不定詞がどの言葉につながるかを考える。直前の名詞につながりがあれば「形容詞的用法」，動詞や感情の形容詞につながれば「副詞的用法」である。

1. <u>それをもっと甘くするために</u>もっと砂糖を入れなさい。「それをもっと甘くするために」の部分は動詞 put「入れなさい」を修飾している。よって，副詞的用法。
2. 彼には<u>大好きなゲームをする</u>時間がない。
「大好きなゲームをする」は名詞 time「時間」を修飾している。よって，形容詞的用法。
3. ケンは<u>友達の病気を知って</u>悲しかった。
「友達の病気を知って」は，ケンが悲しんだ原因を説明している。よって，副詞的用法。
4. その赤ん坊は<u>ソファーで寝るのが</u>好きだ。
「ソファーで寝るのが」の部分がなければこの英文は不完全。よって，名詞的用法。

1-11 不定詞を含む様々な表現

1

各文の（　）内に適語を入れなさい。

1. It is necessary (　　) Tom to clean his room.

2. It's kind (　　) you to help us do the dishes.

3. It's careless (　　) him to make the same mistake twice.

4. It was important (　　) us to continue to work hard.

解答

1. for　**2.** of　**3.** of　**4.** for

神技 54 It's ... for / of A to ～

形は似ているが全く意味の異なる2つの重要構文をマスターしよう。

It's ... for A to ～「～することはAにとって…だ」
It's ... of A to ～「～するとはAは…だ」

1. 部屋を掃除することはトムにとって必要だ。

2. 私たちの皿洗いを手伝ってくれるとはあなたは優しい（私たちの皿洗いを手伝ってくれてありがとう）。

3. 2度同じ間違いをするとは彼は不注意だ。

4. 努力し続けることは我々にとって大切だった。

2

日本文に合う英文になるように，空所に適語を補いなさい。

1. 彼の父親は彼に医者になってほしいと思っている。
His father (　　) him to be a doctor.

2. 私は君が成功することを期待していた。
I (　　) you to succeed.

3. 母は私たちに騒がないように頼んだ。
Our mother (　　) us (　　) to make noise.

4. 交通渋滞のため彼は大切な約束に遅れた。
The traffic jam (　　) him to be late for the important appointment.

解答

1. wants　**2.** expected
3. asked, not　**4.** caused

神技 55 主語＋動詞＋目的語＋不定詞

SVOの後にto＋動詞の原形（不定詞）が続く文で，O（下ではAと表示）には人が入ることが多い。

1. want A to ～「Aに～してほしい」

2. expect A to ～「Aが～すると期待する」

3. ask A to ～「Aに～するよう頼む」
「～しないように」と否定的なお願いをする場合は，not to ～となる。

4. cause A to ～「Aが～する原因となる」
lead A to ～「Aに～させる」

きほん

tell A to ～	Aに～するよう言う
would like A to ～	Aに～してもらいたい
advise A to ～	Aに～するよう助言する
promise A to ～	Aに～すると約束する
allow A to ～	Aが～することを許す

3 次の語句を並べかえ，正しい英文を完成させなさい。

1. I [next / know / what / do / didn't / to].

2. Please [me / the safe / tell / how / open / to].

3. My [to / the book / told / teacher / buy / me / where].

4. She [take / tall / the / bus / which / to / man / asked].

解答

1. I didn't know what to do next.

2. Please tell me how to open the safe.

3. My teacher told me where to buy the book.

4. She asked the tall man which bus to take.

神技 56 疑問詞＋不定詞

疑問詞の直後に不定詞が来る表現は，「何を～するべきか」「どのように～するべきか」「どこで～するべきか」のような意味になる。

1. 私は次に何をするべきかわからなかった。

2. その金庫の開け方を教えてください。
how to ～は the way to ～で書きかえ可能。
= Please tell me the way to open the safe.

3. 先生は私にどこでその本を買うべきか教えてくれた。

4. 彼女はその背の高い男性にどのバスに乗るべきか尋ねた。

4 日本文に合う英文になるように，空所に適語を補いなさい。

1. 姉はあまりにも具合が悪く学校へ行けなかった。
My sister was (　) sick (　) go to school.
My sister was (　) sick that she (　) go to school.

2. その箱は重すぎて私には運べなかった。
The box was (　) heavy (　) me to carry.
The box was (　) heavy that I (　) carry it.

解答

1. too, to / so, couldn't

2. too, for / so, couldn't

神技 57 too ... to ～

too には「…すぎる」という意味がある。例えば，I am too sleepy. は「私は眠すぎる」という意味。その後に to study をつけ，I am too sleepy to study. とすると，「私は勉強するには眠すぎる」，つまり「あまりに眠くて勉強ができない」という意味になる。この形を **too ... to ～構文**と呼ぶことがあり，「**あまりに…で～できない**」という意味になる。

また，この文は，so ... that ～「とても…なので～」の構文に cannot [couldn't] を加えることで同意文を作ることができる。どちらも大切な構文なので完ぺきにしておきたい。

1. too ... to ～を so ... that ～に書きかえるには，まず too ... を so ... にし，to ～以下を that 節にする。that は接続詞なので，主語が必要である。全体の主語 **My sister** を代名詞 **she** にして据える。

2. too ... to ～構文は，間に for A が入ることがある。これは不定詞（to ～）の意味上の主語を表す。この場合，that 節内の主語には A が入る。さらに，that 節内の動詞の後に**文全体の主語 The box を代名詞 it** にして据える。

1-11 不定詞を含む様々な表現

5 日本文に合う英文になるように，空所に適語を補いなさい。

1. その男性は天井に触れるほどの背の高さでした。
The man was tall (　) (　) touch the ceiling.
The man was (　) tall that he (　) touch the ceiling.
2. その本は中学生が読めるほど簡単です。
The book is easy (　) (　) a junior high school student to read.
The book is (　) easy that a junior high school student can read (　).

解答

1. enough to / so, could
2. enough for / so, it

神技 58 ... enough to ～と so ... that ～

enough は形容詞や副詞を後ろから修飾する。
... enough to ～＝「～する（できる）ほど…だ」
too ... to ～と同様に so ... that ～で書きかえ可能。

1. enough to の構文を so ... that 構文に書きかえる際には，... enough の部分を so ... に，そして to ～以下を that 節にする。that 節内の主語には**文全体の主語を代名詞にして**据える。
2. enough to の構文に不定詞の意味上の主語がつく場合は，1. の手順に加え2つの注意点がある。
... enough for A to～「A が～できるほど…だ」
① **for A の A を that 節内の主語にする。**代名詞の場合は主格にすること。
② **that 節内の動詞の後に目的語を代名詞（目的格）でつける。**

これも **enough は名詞の前につく**
He has **enough** friends to feel happy.
彼は**十分な**友達がいて幸せを感じている。

6 (　) 内から適切な語句を選び，正しい英文を完成させなさい。

1. He enjoyed (to dance / dancing) with his friends.
2. He promised (to come / coming) to my birthday party.
3. I remember (to see / seeing) him somewhere.

解答

1. dancing　2. to come
3. seeing

神技 59 不定詞と動名詞の見極め

目的語として動名詞や不定詞を取る動詞は4つのグループに分けることができる。

よくでる **P.42 コラムも参照**

Group 1　動名詞のみを目的語にできる
enjoy, finish, mind など
Group 2　不定詞のみを目的語にできる
want, hope, wish, decide など
Group 3　両方とも目的語にできる
like, love, begin, start, continue など
Group 4　両方できるが意味が異なる
remember to ～「～することを覚えている」
remember ～ ing「～したことを覚えている」など

1. 彼は友達とダンスを楽しんだ。
2. 彼は私の誕生日パーティーに行くと約束した。
3. 私はどこかで彼に会ったのを覚えている。

7 （　）内に入る組み合わせとして，最も適切な選択肢を選びなさい。

1. The father (　) his son study for eight hours a day.
2. The father (　) his son eat his favorite dessert after dinner.
3. The father (　) the engineer repair his car.

ア　1. made　2. let　3. had
イ　1. let　2. had　3. made
ウ　1. had　2. let　3. made
エ　1. made　2. had　3. let

解答

ア

神技 60 使役動詞

使役動詞は「～させる，してもらう」という意味を持つ動詞。使役動詞を使った文の語順は，

主語＋使役動詞＋目的語＋動詞の原形～

となる。この文中の「動詞の原形」を「**原形不定詞**」ともいう。

1. その父親は息子に1日8時間勉強させた。
make は，強制の意味を持つ。**force ＋目的語＋ to ～**で書きかえ可能。
2. その父親は息子に夕食後好きなデザートを食べさせた。let は，自由・許可の意味を持つ。**allow ＋目的語＋ to ～**で書きかえ可能。
3. その父親はエンジニアに車を修理してもらった。have は，依頼の意味を持つ。**get ＋目的語＋ to ～**で書きかえ可能。

8 各組が同意になるように，空所に適語を入れなさい。

1. Playing the flute is interesting to me.
It's interesting (　) me (　) play the flute.
2. He is clever to solve this math problem.
It's clever (　) him (　) solve this math problem.
3. Please tell me what to do next.
Please tell me what (　) (　) do next.
4. I won't let you do such a thing again.
I won't (　) you (　) do such a thing again.
5. She made him clean her room.
He was (　) (　) clean her room by her.

解答

1. for, to　2. of, to
3. I should　4. allow, to
5. made [forced] to

神技 61 不定詞の様々な書きかえ

本書の目標の中心となるパラフレーズに強くなるための問題。

1. フルートの演奏は私にとって面白い。
「～することはAにとって…だ」"It's ... for A to ～"
2. この数学の問題を解くとは彼は賢い。
「～するとはAは…だ」"A is ... to ～"
= "It's ... of A to ～"
3. 次に何をするべきか私に教えてください。
疑問詞 + to ～ = 疑問詞 + Ⓢ should ～
4. 私は二度と君がそんなことをするのを許さない。let + 目的語 + 原形～ = allow + 目的語 + to ～
5. 彼女は彼に部屋の掃除をさせた。
彼は彼女に部屋の掃除をさせられた。

使役動詞の文では，目的語の次に来る動詞は原形であるが，その文を受動態にすると原形部分を**to ＋動詞の原形**にしなければならない。

COLUMN 01

目的語になる不定詞と動名詞の見分け方

神技59も確認！

不定詞のイメージ：これからの希望，予定，するべきこと
動名詞のイメージ：～したこと，～すること（一般的な動作），～していること

不定詞のみを目的語とする動詞（未来へ向かう動作に多い）

want to ～	hope to ～	wish to ～	decide to ～	plan to ～
tend to ～	promise to ～	expect to ～	learn to ～	manage to ～

Mr. Smith decided **to work** in Japan.
スミス氏は日本で働くことを決心した。

I'm planning **to go** on a tour to Kochi this summer.
私は今年の夏は高知へ旅行に行こうと計画している。

動名詞のみを目的語とする動詞（過去および一般的な動作）

stop ～ ing	avoid ～ ing	mind ～ ing	enjoy ～ ing
finish ～ ing	practice ～ ing	deny ～ ing	

He didn't mind **helping** us without any return.
彼は何の見返りもなく私たちを助けることが嫌ではなかった。

Stop **watching** your smartphone and listen to me.
スマートフォンを見るのを止めて私の話を聞いて。

不定詞と動名詞で意味が異なる動詞

これから		したこと，一般的な動作	
～することを覚えている	remember to ～	～したことを覚えている	remember ～ ing
～することを忘れる	forget to ～	～したことを忘れる	forget ～ ing
～しようとする	try to ～	試しに～してみる	try ～ ing
残念ながら～する	regret to ～	～したことを後悔する	regret ～ ing

He forgot **meeting** me before.
彼は以前，私に**会ったこと**を忘れた。

He forgot **to meet** me that night.
彼はその晩，私に**会うこと**を忘れた。

1-12 分詞と補語の語形

1 (　) 内から適切な語句を選び，正しい英文を完成させなさい。

1. The girl (selling / sold) flowers looked tired.
2. Flowers (selling / sold) at the shop looked beautiful.
3. I read the book (writing / written) by the singer.
4. The cat (lying / lain) on the roof is called Mee.

解答

1. selling　2. sold
3. written　4. lying

神技62 形容詞としての分詞

現在分詞・過去分詞は文中で形容詞の働きをする。2語以上から成ることが多く，その場合には後置修飾のため注意が必要だ。

その**走っている**馬 = the **running** horse

その**公園を走っている**馬 = the horse **running in the park**

1. 花を**売っている**少女は疲れた様子だった。
2. その店で**売られている**花は美しかった。
3. 私はその歌手によって**書かれた**本を読んだ。
4. 屋根で**横たわっている**ネコはミーと呼ばれている。

2 (　) 内の語を適切な形にしなさい。

1. The actress came (surround) by three big men.
2. The men stood (wait) for a bus.
3. The dog kept (bark) all through the night.
4. The door of the house remained (close) all day.

解答

1. surrounded　2. waiting
3. barking　4. closed

神技63 主格補語となる分詞

come, go, stand, keep, remain, look, get などの動詞は SVC の C（補語）に現在分詞や過去分詞を取ることがある。

現在分詞か過去分詞かの選択は，能動的か受動的かを主語によって判断する。

1. その女優は3人の大きな男に**囲まれ**やってきた。come＋分詞「～しながら／されながら来る」
2. その男性たちはバスを**待ち**立っていた。stand＋分詞「～して／され立っている」
3. その犬は一晩中**吠え**続けた。keep＋分詞「～のままでいる」
4. その家のドアは一日中**閉められ**たままだった。remain＋分詞「～のままでいる」

3 （　　）内の語を適切な形にしなさい。

1. She kept the door (close).

2. She left the dog (bark).

3. I want the work (do).

4. I found my dog (wait) for me.

5. I found the door (lock).

解答

1. closed　**2.** barking
3. done　**4.** waiting
5. locked

神技 64 目的格補語となる分詞

keep, leave, want, findなどの動詞は，SVOCを形成するとき，C（目的格補語）に分詞を取る。Cが現在分詞か過去分詞かは，目的語と補語の能動・受動の関係によって決まる。例えば，**1.** の例文でthe doorとcloseの関係に着目すると，The door is closed.（closingではなく）で，受動だと判断できる。

1. 彼女はそのドアを**閉めたまま**にした。
keep O ＋分詞～「Oを～のままにする」

2. 彼女はその犬を**吠えたまま**放っておいた。
leave O ＋分詞～「Oを～のまま放っておく」

3. 私はその仕事を**終わらせて**ほしい。
want O ＋分詞～「Oを～してほしい」

4. 私は犬が私を**待っている**のに気づいた。

5. 私はそのドアが**カギをかけられている**のに気づいた。
find O ＋分詞～「Oが～なのに気づく」

4 （　　）内にexciting，またはexcitedを補いなさい。

1. I saw an (　　) baseball game last night.

2. People looked (　　) to see the game.

3. The game played by Tigers and Giants is always (　　).

4. I saw many (　　) people who were crying for joy at the stadium.

解答

1. exciting　**2.** excited
3. exciting　**4.** excited

神技 65 感情を表す動詞の分詞

感情を表す動詞exciteの形のミスは中高生に多い。これも能動か受動かを見極めるだけで判断できる。多くの場合，「人」を修飾する場合は受動，「もの」を修飾する場合は能動である。

1. 私は昨晩**ワクワクする**野球の試合を見た。
baseball gameを修飾しているので，能動。

2. 人々はその試合を見て**興奮した**様子だった。peopleを説明しているので，受動。

3. タイガースとジャイアンツの試合はいつも**ワクワクする**。gameを説明。

4. 私はスタジアムで喜びで叫んでいる多くの**興奮した**人を見た。peopleを修飾。

そのほかの感情を表す動詞

よくでる

驚く	surprising	surprised
興味がある	interesting	interested
退屈する	boring	bored
がっかりする	disappointing	disappointed

5 各文を和訳しなさい。

1. I saw Mike eating an apple.
2. I saw Mike eat an apple.
3. I saw an apple eaten by Mike.
4. I heard my name called.
5. I heard my mother call my name.

解答

1. 私はマイクがリンゴを食べているのを見た。
2. 私はマイクがリンゴを食べるのを見た。
3. 私はリンゴがマイクによって食べられるのを見た。
4. 私は名前が呼ばれるのを聞いた。
5. 私は母が私の名前を呼ぶのを聞いた。

神技66 知覚動詞

see, hear, watch, feel などの知覚動詞は，SVOC を形成する際，C に**分詞と原形不定詞**を取る。

① Ⓢ＋**知覚動詞＋目的語＋～ ing**
「Ⓢは目的語が～しているのを…」

② Ⓢ＋**知覚動詞＋目的語＋原形不定詞～**
「Ⓢは目的語が～するのを…」

③ Ⓢ＋**知覚動詞＋目的語＋過去分詞～**
「Ⓢは目的語が～されるのを…」

1. see A ～ ing「A が～しているのを見る」
行動の**ある瞬間**を見た場合の表現
2. see A ～「A が～するのを見る」
行動を**終始**見ていた場合の表現
3. see A 過去分詞～「A が～されるのを見る」
4. hear A 過去分詞～「A が～されるのを聞く」
5. hear A ～「A が～するのを聞く」

6 必要に応じて（　　）内の語を適切な形にしなさい。2 語になる場合もある。

1. I could make him (understand) my idea.
2. I couldn't make myself (understand) in English.
3. Ken was made (wash) the car by Bob.
4. I raised my voice to make myself (hear) in the crowd.
5. The teacher's lecture made me more and more (interest) in studying English.

解答

1. understand	2. understood
3. to wash	4. heard
5. interested	

神技67 使役動詞make

make は，目的格補語に**形容詞・原形不定詞・過去分詞**を取る。

1. 私は私の考えを彼に理解させることができた。make＋目的語＋原形不定詞～「目的語に～させる」
2. 私は英語で理解してもらうことができなかった。make＋oneself＋過去分詞～「自身を～してもらう」
3. ケンはボブにその車を洗わされた。
使役動詞 make の後の目的格補語は原形不定詞であるが，その文を受動態にする場合は，to が必要になる。
＝ Bob made Ken **wash** his car.
4. 私は群衆の中で自分の声が聞こえるように声を上げた。
5. その先生の授業で私はますます英語の勉強に興味を持った。

more and more「ますます」があり，わかりづらいが make 人 ～の文。この interest は me「私(人)」を修飾しているため，interesting ではなく，interested にする。**神技65参照**。

1－12 分詞と補語の語形

7 次の語句を並べかえ，正しい英文を完成させなさい。

1. I [cut / had / went / yesterday / barber / hair / the / my / and / to].
2. She [her / the / stolen / train / got / purse / on].
3. He [him / his / drive / the / wife / station / got / to / to].
4. Greg [the / his / had / write / report / secretary].

解答

1. I went to the barber and had my hair cut yesterday.
2. She got her purse stolen on the train.
3. He got his wife to drive him to the station.
4. Greg had his secretary write the report.

神技 68 使役動詞have, getの用法

使役動詞 have と get が SVOC を形成する際の C の語形には注意が必要である。

1., 2. have [get] + 目的語 + **過去分詞**～「目的語を～してもらう／される」ポジティブな内容でもネガティブな内容でも使用できる。

3. get + 目的語 + **to** ～「目的語に～してもらう」

4. have + 目的語 + **原形不定詞**「目的語に～してもらう」

1. 私は昨日床屋で髪を切ってもらった。
2. 彼女は電車で財布を盗まれた。
3. 彼は妻に駅まで車で送ってもらった。
4. グレッグは秘書にその報告書を書いてもらった。

8 各組が同意になるように，空所に適語を入れなさい。

1. I heard my name called by my mother.
   I heard my mother (　　) my name.
2. Kim got the man to carry her bag to the room.
   Kim (　　) the man carry her bag to the room.
3. I had him clean my room.
   I had my room (　　) by him.
4. Please keep the door closed.
   Please don't leave the door (　　).

解答

1. call	2. had
3. cleaned	4. open

神技 69 目的格補語の形に注目する問題

目的格補語の語形を利用した書きかえ問題は，パラフレーズの問題の定番となっている。根本の意味をしっかり捉えることが重要。

1. 私は母によって私の名前が**呼ばれるのを**聞いた。
   私は母が私の名前を**呼ぶのを**聞いた。
2. キムはその男性にカバンを部屋へ**運んでもらった**。
3. 私は彼に部屋を**掃除してもらった**。
   私は部屋を彼によって**掃除してもらった**。
4. そのドアを**閉めたまま**にしてください。
   そのドアを**開けたまま**にしないでください。

上の文の目的語は the door で，「閉められる」立場のため，closed と過去分詞になる。一方，下の文も同様であるが，open は形容詞の用法があるため，過去分詞 opened にしない。

1-13 関係詞

1 各文を和訳しなさい。

1. Look at the house which has a red roof.
2. I met an old man who spoke English well.
3. Ms. Green is a math teacher whom we like very much.
4. I gave her the book whose cover was red.
5. Of the two houses, I like the one that has a large garden.

解答

1. 赤い屋根の家を見て。
2. 私は上手に英語を話す老人に会った。
3. グリーン先生は私たちの大好きな数学の先生です。
4. 私は彼女に表紙が赤い本をあげた。
5. 2つの家のうち，私は広い庭のある家が好きだ。

神技70 関係代名詞を含む文①

和訳のコツは，まず動詞を確認して文構造をつかむ。次に関係代名詞節と先行詞を見つけ，関係代名詞節から先行詞の順に訳す。

1. 動詞は look at
 「〜を見なさい」
2. 動詞は met
 Ⓢ meet 〜「Ⓢは〜に会う」第3文型
3. 動詞は is
 Ⓢ is 〜「Ⓢは〜だ」第2文型
4. 動詞は gave
 Ⓢ give A 〜「ⓈはAに〜を与える」第4文型
5. 動詞は like
 Ⓢ like 〜「Ⓢは〜を好む」第3文型
 また，この文の the one は前出の houses のうちの1つを指す代名詞。the one that [which / who] 〜で前出の名詞に説明を加える。

2 各文を和訳しなさい。

1. The building which you can see over there is our school.
2. The woman whom we met at the party was Tom's mother.
3. The house which Mr. Smith bought last month stands on the hill.
4. The tall girl who asked us the way to the station said that she would go to Tokyo.

解答

1. 向こうに見える建物は私たちの学校だ。
2. 私たちがパーティーで会った女性はトムのお母さんだった。
3. スミス氏が先月買った家は丘の上に建っている。
4. 私たちに駅への道を尋ねた背の高い女の子は東京に行くと言った。

神技71 関係代名詞を含む文②

先行詞が主語の位置にある文には注意する。訳す際は主語を表す「〜は」の部分に関係代名詞節と先行詞をうまく埋め込むようにする。

1. 動詞 is で第2文型，「Ⓢは〜だ」
 Ⓢの部分に The building「その建物」，which you can see over there「あなたが向こうに見ることができる」を入れると，「向こうに見える建物は」となる。
2. 動詞 was，第2文型，「Ⓢは〜だった」
 Ⓢは The woman 〜 party まで。
3. 動詞 stands，第1文型，「Ⓢは〜に建っている」
 Ⓢは The house 〜 month まで。
4. 動詞 said，第3文型，「Ⓢは that 〜と言った」
 Ⓢは The tall girl 〜 station まで。

3 各文を和訳しなさい。

1. My uncle gave me a nice watch, which I lost.
2. Ms. Green, who is from Canada, teaches us math.
3. She said she loved me, which was a lie.
4. He has two cars, which were made in Japan.

解答

1. おじは私にすてきな腕時計をくれたが，私はそれをなくした。
2. グリーン先生は，カナダの出身で，私たちに数学を教えている。
3. 彼女は私を愛していると言ったが，それは嘘だった。
4. 彼は２台車を持っているが，２台とも日本製だ。

神技72 非制限用法

，（カンマ）の後に関係代名詞節が続く用法を非制限用法という。非制限用法の関係代名詞は，直前の名詞や前の文の一部，または全部を受け，説明を加えることができる。「そして」や「しかし」などの接続語を加えて考える。

1. = My uncle gave me a nice watch, **but** I lost **it**.
2. 挿入句的に文の主語に説明を加える非制限用法は，「～で，～ですが」を補って考える。
3. = She said she loved me, **but it** was a lie.
このwhichは，前文のshe loved meを指している。
4. = He has two cars, **and they** were made in Japan.

《思考》下の文（制限用法）との違いは？
→ He has two cars which were made in Japan.
「彼は日本製の車を２台持っている」
この文の場合，所有している車の台数が明確ではない。

4 空所に適切な関係代名詞を入れなさい。

1. Look at the horse (　) has a long tail.
2. The student (　) solved the problem was named Ken.
3. The wallet (　) the girl lost was found in the school cafeteria.
4. I know the girl (　) your brother likes.
5. I have a friend (　) brother is a famous singer.

きほん

先行詞	主格	所有格	目的格
人	who/that	whose	who [whom] / that
人以外	which/that	whose	which/that

解答

1. which [that]　2. who [that]
3. which [that]　4. whom [who / that]
5. whose

神技73 関係代名詞の選択

関係代名詞の判別は２段階。
①先行詞が人か人以外か
②関係代名詞節内での働き

関係代名詞の直後が**動詞なら主格**，**主語＋動詞なら目的格**，**冠詞のない単独の名詞なら所有格**を補う。

1. 長い尻尾をしているその馬を見て。
先行詞が人以外，直後が動詞→主格
2. その問題を解いた生徒はケンという名だった。
先行詞が人，直後が動詞→主格
3. その少女がなくした財布は学食で見つけられた。
先行詞が人以外，直後にSV→目的格
4. 私はあなたの兄（弟）が好きな少女を知っている。
先行詞が人，直後にSV→目的格
5. 私にはお兄さんが有名な歌手である友達がいる。
先行詞が人，直後に冠詞のない名詞→所有格

5

次の語句を並べかえ，正しい英文を完成させなさい。

1. I [said / what / understand / he / couldn't].
2. What [honest / to / important / always / is / is / be].
3. Tom [to / used / what / not / he / be / is].

解答

1. I couldn't understand what he said.
2. What is important is to be always honest.
3. Tom is not what he used to be.

神技 74 関係代名詞 what

関係代名詞 what の主な用法は 3 つ。

よくでる
① what SV ～「Ⓢが V ～すること」
② what is ～「～（形容詞）なこと」
③ what S used to be = what S was「以前のⓈ」

1. 私は彼が言ったことを理解できなかった。
 = I couldn't understand the thing which he said.
2. 大切なことはいつも正直でいることだ。
 = The important thing is to be always honest.
3. トムは昔の彼ではない。
 = Tom is not what he was.

これも
慣用的な表現

what is called [what we call]「いわゆる」
He is what is called a walking dictionary.
「彼は，いわゆる，生き字引だ」
what is ＋比較級～「さらに～なことに」
It got cold that night, and what was worse, the snow started to fall.「その夜は寒くなった。そしてさらに悪いことに雪が降り始めた」

6

各組が同意になるように，空所に適語を入れなさい。

1. Look at the house whose roof is red.
 Look at the house ( ) has a red roof.
2. I read the letter which Tom wrote.
 I read the letter which ( ) ( ) by Tom.
3. I cannot believe his words.
 I cannot believe ( ) he says.
4. Tom visited the town which his sister lived in.
 Tom visited the town ( ) ( ) his sister lived.

解答

1. which [that]　2. was written
3. what　4. in which

神技 75 関係代名詞の書きかえ

パラフレーズのパターンをつかみ，表現力の引き出しを増やそう。

1. 屋根の赤いその家を見て。
 赤い屋根をしているその家を見て。
2. 私はトムが書いた手紙を読んだ。
 私はトムによって書かれた手紙を読んだ。
3. 私は彼の言葉を信じられない。
 私は彼が言っていることを信じられない。
4. トムは彼の姉(妹)が住んでいる町を訪ねた。

前置詞の目的語が関係代名詞になる場合，その前置詞を関係代名詞の前に置くことができる。

Tom visited the town. His sister lived in it.
it (the town) を関係代名詞にする
Tom visited the town in which his sister lived.

7 空所に関係副詞を補い，同意文を完成しなさい。

1. The hotel at which we stayed was great.
The hotel (　) we stayed was great.

2. I remember the day on which I first came to Japan.
I remember the day (　) I first came to Japan.

3. Tell me the reason you are often late.
Tell me (　) you are often late.

4. This is the way he solved the problem.
This is (　) he solved the problem.

解答

1. where　**2.** when
3. why　**4.** how

神技 76 関係副詞

前置詞＋関係代名詞が，「場所」「時間」「理由」「方法」を表すとき，1語の関係副詞で書きかえることができる。

場所	時間	理由	方法
where	when	why	how

1. 私たちが滞在したホテルは最高だった。
場所→ at which, on which, in which など

2. 私は初めて日本に来た日を覚えている。
時間→ at which, on which, in which

3. 何度も遅刻する理由を教えてくれ。
理由→ for which（ここでは省略されている）
＝ Tell me the reason (for which) you are often late.
for which はしばしば省略される。
＝ Tell me (the reason) why you are often late.
the reason はしばしば省略される。

4. そのようにして彼はその問題を解決した。
方法→ in which（ここでは省略されている）
＝ He solved the problem in this way.

8 各文を和訳しなさい。

1. That is not what I meant to say.

2. That was when I sat down and began to cry.

3. This is where we used to play soccer.

4. My father arrived at Narita Airport in the winter of 2001, when he first met my mother.

解答

1. それは私が言おうと意図したことではない。

2. 私が座って泣き出したのはそのときだった。

3. ここは私たちがよくサッカーをした場所だ。

4. 父は成田空港に2001年の冬に到着した。そしてそのとき母に初めて会ったのだ。

神技 77 補語になる関係詞節と非制限用法の関係副詞

1. This is what ～「これは～したもの（こと）だ」

2. This is when ～「～したのはこのときだ」

3. This is where ～「ここは～したところだ」

これも
That is why ～「そのようなわけで～」
That is how ～「そのようにして～」

4. 非制限用法の関係副詞を訳す場合は，「そしてそのとき，しかしそのとき」のように接続詞を補って考える。… , where ～の場合も，「…。そして（しかし）そこで～」と訳す。

1-14 接続詞

1 空所に下の□から適語を選びなさい。

1. Ken was tired, (　) he kept on walking.
2. I put on my coat. (　) it was very cold.
3. It was very cold, (　) I put on my coat.
4. I finished my homework, (　) went to bed.
5. Put on your coat, (　) you will catch cold.

and, but, so, or, for

解答

1. but　2. For　3. so
4. and　5. or

神技 78 等位接続詞

等位接続詞を含む文は，日本語と同じ語順で訳していく。前後を読み，順接・逆接・理由・結果を考える。

1. ケンは疲れたが，歩き続けた。
   but「しかし」
2. 私はコートを着た。というのもとても寒かったからだ。
   for「というのも～だからだ」
   直前の文とつながっている1文の場合は，because も可。
3. とても寒かったので，私はコートを着た。
   so「だから」
4. 私は宿題を終え，寝た。
   and「そして，そうすれば」
5. コートを着なさい。さもないと風邪をひきますよ。
   or「または，さもないと」

2 次の語句を並べかえ，正しい英文を完成させなさい。

1. I [mother / came / game / a / my / playing / when / was / home].
2. Mary [in / staying / she / learned / was / art / while] Paris.
3. We [back / Tom / wait / comes / until / will / here].
4. He [he / his / soon / saw / as / as / ran / teacher / away].

解答

1. I was playing a game when my mother came home.
2. Mary learned art while she was staying in Paris.
3. We will wait here until Tom comes back.
4. He ran away as soon as he saw his teacher.

神技 79 時を表す接続詞

時を表す接続詞は副詞節を導き，主節の一部，または全体を修飾する。

日本語と語順が異なることに注意
母が帰った とき
when my mother came home

1. 母が家に帰ったとき，私はゲームをしていた。
2. メアリーはパリに滞在している間に芸術を学んだ。
3. 私たちはトムが戻るまでここで待つ。
4. 先生を見たとたん，彼は逃げた。

きほん

after ～	～した後に
before ～	～する前に
when ～	～したとき，～したら
until [till] ～	～するまで
while ～	～している間に
since ～	～以来，～なので
as soon as ～	～するとすぐに
by the time ～	～するまでに

3

日本文に合う英文になるように，空所に適語を補いなさい。

1. もしも明日が晴れならば，私たちはピクニックに行く予定です。

(　) it is sunny tomorrow, we'll go on a picnic.

2. 卵を割らずにオムレツは作れない。

You can't make an omelet (　) you break eggs.

3. 生きているかぎり君と一緒にいるよ。

I'll be with you (　) (　) (　) I live.

4. 一度慣れれば，自転車に乗ることは難しくない。

Riding a bicycle isn't difficult (　) you get used to it.

解答

1. If	**2.** unless
3. as long as	**4.** once

神技 80 条件を表す接続詞

以下の接続詞は，従属節（副詞節）を導き，文の一部となり主節を修飾する。

きほん

if ～	（もしも）～したら
unless ～	～しないなら
as long as ～	～するかぎり（時間の限度）
as far as ～	～するかぎり（程度の限度）
once ～	いったん～すると
in case ～	～に備えて，～の場合は

1. 条件を表す接続詞が導く節の中では，未来のことも現在形で表す。will を用いてはならない。

2. "unless Ⓢ～" の文は "if Ⓢ don't ～" で書きかえられることが多い。
この表現はことわざで，「目標を達成するにはある程度の犠牲は必要」という意味。
without を用いた同意表現もある。
= You can't make an omelet without breaking eggs.

3. "as far as" と "as long as" は，両方とも「～するかぎり」と訳されるため，選択に注意する。節の内容が時間か程度かで判断できる。

4. once には「一度，かつて」という副詞の用法のほかに「いったん～すると」という接続詞の用法がある。

4

次の文の空所に because か though のうち，ふさわしい方を入れなさい。

1. (　) I had little money, I couldn't buy the tablet.

2. He went out (　) it was raining heavily.

3. (　) the problems were difficult, Jim solved all of them.

4. The boy was absent from school (　) he was ill.

解答

1. Because	**2.** though
3. Though	**4.** because

神技 81 順接・逆接の接続詞

because, though [although] は，従属節（副詞節）を導き，主節の理由や譲歩を表す。

1. 私はほとんどお金を持っていなかったので，そのタブレットを買えなかった。
主節と従属節の主語が一致している場合は，従属節の主語の訳を省略する。

2. 激しく雨が降っていたけれど，彼は出かけた。

3. それらの問題は難しかったが，ジムはすべてを解いた。

これも

even though ～ [even if ～]
「たとえ～としても」

4. 具合が悪かったので，その少年は学校を休んだ。

5

（　）内から適切な語句を選び，正しい英文を完成させなさい。

1. I'll go shopping if it (is, will be) fine tomorrow.

2. I have no idea if it (is, will be) fine tomorrow.

3. Do you know when Ken (arrives, will arrive) here?

4. Let's start when Ken (arrives, will arrive) here.

解答

1. is	**2.** will be
3. will arrive	**4.** arrives

神技 82 名詞節・副詞節

if と when は，それぞれ名詞節・副詞節の両方の節を作ることができる。意味や文法が異なるので注意する。

【 if 】

もし〜なら	副詞節	節内で will は不可
〜かどうか	名詞節	

【 when 】

〜したとき	副詞節	節内で will は不可
いつ〜するか	名詞節	

1. 明日が晴れならば，私は買い物に出かけます。

2. 明日が晴れる**かどうか**全くわかりません。

これも　whether 〜 or not「〜かどうか」
= I have no idea **whether** it will be fine tomorrow **or not**.

---

3. あなたは**いつ**ケンがここに到着する**か**知っていますか。

4. ケンがここに到着した**とき**，出発しましょう。

6

各文を和訳しなさい。

1. I hope that it will be sunny tomorrow.

2. I'm afraid that it will rain tomorrow.

3. The trouble is that we are running out of money.

4. It is true that he has never been abroad.

5. Did you hear the news that he had a traffic accident?

6. He got up so early that he could catch the first train.

7. He got up early so that he could catch the first train.

解答

1. 私は明日が晴れることを望む。
2. 残念ながら明日は雨が降ると思う。
3. 問題はお金がなくなりかけているということだ。
4. 彼が海外に行ったことがないというのは本当だ。
5. 彼が交通事故にあったという知らせを聞いたか。
6. 彼はとても早く起きたので始発電車に間に合った。
7. 彼は始発電車に間に合うように早起きした。

神技 83 that 節

that には様々な働きがある。確認しておこう。

1. 名詞節を導く that。hope の目的語の働きを持つ。この that は省略可。think, believe, suppose, find, show なども多用される。

2. "be ＋形容詞" に続く that。他に sure, sorry, surprised, glad などの感情を表す形容詞に続きその原因・理由を表す。

3. SVC の文の C（補語）の働きを持つ that。
The problem is that 〜「問題は〜ということだ」
The fact is that 〜「事実は〜ということだ」

4. It is ... that 〜「〜ということは…だ」
これはもともと，
That he has never been abroad is true.
という文の主語の部分 That 〜 abroad「彼が外国に行ったことがない」に仮主語の It を置き，後ろに移動させたもの。

5. 同格の that は「〜という（名詞）」と後ろから直前の名詞につなげるように訳す。

6. so ... that 〜「とても…なので〜」

7. so that 〜「〜するために」

7

（　）内から適切な語句を選び，正しい英文を完成させなさい。

1. (Both / Either) Tom and you have to take a rest.

2. Neither Tom nor I (is / am / are) wrong.

3. My uncle is not a singer (but / and) an actor.

4. I like (not / no) only Giants but also Tigers.

解答

1. Both　**2.** am　**3.** but　**4.** not

神技 84 相関接続詞

2語以上から成る接続詞を相関接続詞という。

きほん

both A and B	AもBも両方とも
either A or B	AかBのどちらか一方
neither A nor B	AもBも両方とも～ない
not A but B	AでなくB
not only A but (also) B	AばかりでなくBも
B as well as A	Aと同様にBも

1. トムとあなたの2人とも休憩しなければならない。

2. トムも私も2人とも間違っていない。
neither A nor Bが主語になる場合，Bに動詞を合わせる。either A or Bも同様。

3. おじは歌手ではなく，俳優だ。

4. 私はジャイアンツだけでなくタイガースも好きだ。

8

各組が同意になるように，空所に適語を入れなさい。

1. If you work hard, you'll succeed.
Work hard, (　) you'll succeed.

2. It was raining heavily, but we went out.
(　) it was raining heavily, we went out.

3. Mary learned art during her stay in Paris.
Mary learned art (　) she was staying in Paris.

4. Mike moved to Italy when he was ten.
Mike moved to Italy (　) the age of ten.

5. You can't eat both this cake and that one.
You can eat (　) this cake or that one.

6. As soon as he saw me, he ran away.
(　) seeing me, he ran away.

解答

1. and　**2.** Though [Although]
3. while　**4.** at
5. either　**6.** On

神技 85 接続詞の書きかえ

接続詞でもパラフレーズは重要。特に節を句に書きかえるパラフレーズは長文読解における内容一致問題の定番である。

1. 一生懸命勉強すれば，成功するだろう。
一生懸命勉強しなさい。そうすれば成功するだろう。

2. 激しく雨が降っていた。しかし私たちは出かけた。
激しく雨が降っていたけれども，私たちは出かけた。

3. メアリーはパリ滞在中に芸術を学んだ。
during ～「～の間じゅう（ずっと）」
メアリーはパリに滞在している間に芸術を学んだ。

4. マイクは10歳のときに，イタリアに引っ越した。
at the age of ～「～歳のときに」

5. あなたはこのケーキとあのケーキの両方を食べていいわけではない。
あなたはこのケーキかあのケーキのどちらか一方を食べてよい。

6. 彼は私を見るとすぐに逃げた。
on ～ ing「～するとすぐに」

1-15 分詞構文

1 各文を分詞構文にしなさい。

1. As soon as he came home, he began to cry.
2. As I didn't feel well, I went to see a doctor.
3. If this machine is used carefully, it will last at least ten years.
4. A man came into the room and took off his hat.

解答

1. Coming home, he began to cry.
2. Not feeling well, I went to see a doctor.
3. Being used carefully, this machine will last at least ten years.
4. A man came into the room, taking off his hat.

神技 86 分詞構文の形

1. As soon as と he を省略し，came を現在分詞にする。
彼は帰宅するやいなや泣き出した。
2. 否定文の分詞構文は分詞の前に Not をつける。
具合がよくなかったので，私は医者にみてもらいに行った。
3. Being は省略できる。
= Used carefully, this machine will last at least ten years.
この機械は大事に使えば最低でも 10 年はもちます。
4. and を省略し，took を現在分詞にする。
男性が部屋に入ってきて，帽子を取った。

2 各文を和訳しなさい。

1. Cutting a cake, she hurt her finger.
2. Not knowing what to say, I kept silent.
3. Turning to the right, you'll find the shop.
4. The bus left Tokyo at eight, arriving at Urawa at half past nine.

解答

1. ケーキを切っているとき，彼女は指を怪我した。
2. 何を言うべきかわからなかったので，私は黙っていた。
3. 右に曲がるとその店がありますよ。
4. そのバスは 8 時に東京を出発し，9 時半に浦和に到着した。

神技 87 分詞構文の意味

分詞構文は主に「時」「理由」「条件」「連続した動作」を表す。

1.「時」when, または while の省略。
2.「理由」because, as, since の省略。
3.「条件」if の省略。
4.「連続した動作」and の省略。

文末に位置する分詞構文は，「～しながら」という付帯状況を表すこともある。

3 各組が同意になるように，空所に適語を入れなさい。

1. Finishing the homework, he went to bed.
( ) he finished the homework, he went to bed.
2. Feeling sick, I was absent from school.
( ) I felt sick, I was absent from school.
3. As I had lost my money, I could buy nothing.
( ) lost my money, I could buy nothing.
4. If the weather permits, we'll go swimming.
The weather ( ), we'll go swimming.

解答

1. After	2. As [Because / Since]
3. Having	4. permitting

神技 88 分詞構文の書きかえ

分詞構文を通常の文に戻す際には，意味を考え，補う接続詞を判断する。

1.「時」と判断でき，After, As soon as を考える。空所は1語なので After が適切。
2.「理由」と判断できる。
3. 従属節の時制が主節よりも過去（大過去）の場合は，完了形（Having＋過去分詞～）の分詞構文になる。
4. 主節と従属節の主語が異なる場合は，従属節の主語は省略しない。

4 日本文に合う英文になるように，空所に適語を補いなさい。

1. この写真から判断すると，彼は若いにちがいない。
( ) from this picture, he must be young.
2. 彼の能力を考えると，彼はその仕事に適している。
( ) his ability, he is suitable for the job.
3. 一般的な話だが，日本人は勤勉だ。
( ) speaking, the Japanese are diligent.
4. ラジオによると，今夜は雨だ。
( ) to the radio, it will rain tonight.

解答

1. Judging	2. Considering
3. Generally	4. According

神技 89 分詞構文の慣用表現

主節と従属節の主語が異なる場合でも，主語が不特定多数の場合，分詞構文で意味上の主語を残さない。

1. Judging from ～「～から判断すると」
2. Considering ～「～を考慮すると」
3. Generally speaking「一般的に言うと」

これも
Strictly speaking「厳密に言うと」
Frankly speaking「率直に言うと」
Roughly speaking「おおざっぱに言うと」

---

4. According to ～「～によると」
この表現は分詞構文由来の前置詞の表現。他に，including ～「～を含み」, regarding ～「～に関して言うと」などがある。

1-16 間接疑問

1 ［　］内の疑問文を各文の目的語にし，間接疑問文を完成させなさい。

1. I know ... . [Where does he live?]
2. Please tell me ... . [When did she leave Japan?]
3. I have no idea ... . [Who broke the vase?]

解答

1. I know where he lives.
2. Please tell me when she left Japan.
3. I have no idea who broke the vase.

神技 90 一般動詞の間接疑問

間接疑問では，節になる部分は肯定文にする。一般動詞の疑問文では do, does, did が主語の前に配置されるが，間接疑問ではそれを取り，動詞を適切な形にする。

1. 私は彼がどこに住んでいるか知っている。
   lives に注意。
2. 彼女がいつ日本を出発したのか私に教えてください。
   過去形なので，did を取った後に leave を left にすることに注意。
3. 私はそのつぼを誰が壊したか全く知らない。
   この疑問文はもともと Who が主語のため，do, does, did を必要としない。このような文ではそのまま目的語の位置につなげるだけでよい。

2 ［　］内の疑問文を各文の目的語にし，間接疑問文を完成させなさい。

1. Do you know ... ? [Where is my bike?]
2. I'm not sure ... . [Who is that man?]
3. She asked me ... . [Who is in the kitchen?]
4. I did'nt know ... . [When will he leave for France?]

解答

1. Do you know where my bike is?
2. I'm not sure who that man is.
3. She asked me who was in the kitchen.
4. I didn't know when he would leave for France.

神技 91 be動詞・助動詞の間接疑問

be 動詞や助動詞の疑問文を間接疑問にする場合には語順に注意する。疑問文にするために主語の前に出ている語を主語の後に戻す。

1. 私の自転車がどこにあるか知っていますか。
2. 私はその男性が誰なのかよく知りません。
3. 彼女は誰が台所にいるのか私に尋ねた。

疑問詞 Who が主語のため，もともと肯定文の語順である。中心となる動詞の時制が過去のため is を was にすることに注意。

4. 私は彼がいつフランスに向け出発するのか知らなかった。

過去の文なので will を would に変える必要がある。

3

［　］内の疑問文を各文の目的語にし，間接疑問文を完成させなさい。

1. Do you know ... ?［Is he a doctor?］
2. I'm not sure ... .［Will it rain tomorrow?］
3. She asked me ... .［Can Taro speak English?］

解答

1. Do you know if［whether］he is a doctor?
2. I'm not sure if［whether］it will rain tomorrow.
3. She asked me if［whether］Taro could speak English.

神技 92 疑問詞のない文の間接疑問

疑問詞のない疑問文を間接疑問にするときは，「～かどうか」を意味するifまたはwhetherで節を作る。

1. あなたは彼が医者かどうか知っていますか。
＝ Do you know whether he is a doctor (or not)?
2. 明日が雨かどうかはっきりわかりません。
3. 彼女は私にタロウが英語を話せるかどうか尋ねた。

これも　whetherの節は主語にもなる

Whether you succeed or not depends on your effort.
「あなたが成功するかどうかはあなたの努力しだいです」

4

日本文に合う英文になるように，英単語を並べかえなさい。

1. その女優が何歳か知っていますか。
［old / you / actress / do / how / is / know / the］?
2. その女優は何歳だと思いますか。
［old / you / actress / do / how / is / think / the］?
3. 彼は何時にここに来ると予想しますか。
［come / will / expect / do / here / what / he / you / time］?

解答

1. Do you know how old the actress is?
2. How old do you think the actress is?
3. What time do you expect he will come here?

神技 93 語順に注意が必要な間接疑問

間接疑問を含む文がYes/No以外の具体的な答えを求める疑問文の場合，疑問の中心となる疑問詞を文頭に置く。

1. Yes/Noの答えを求める疑問文のため，Do you knowで始める。
2. 何歳か尋ねる内容が中心のため，How oldを文頭に置く。
3. 何時か尋ねる内容が中心のため，What timeを文頭に置く。

do you suppose「思いますか」，do you believe「信じますか」，do you say「言いますか」の疑問文も同様の語順となる。

これも　主語や補語の位置に来る間接疑問

The important thing is how much money you can earn.（how much money you can earn：補語）「大切なのはあなたがいくら稼げるかだ」

Where the treasure was hidden is a mystery.（Where the treasure was hidden：主語）「その宝がどこに隠されたかはなぞだ」

1-17 仮定法

1 日本文に合う英文になるように，空所に適語を補いなさい。

1. もしも私が鳥ならば，空を飛べるだろう。
If I (　) a bird, I (　) fly in the sky.

2. 英語が話せたら，ハワイに行くかもしれない。
If I (　) speak English, I (　) go to Hawaii.

3. もしももう少しお金があったら，それを買うだろう。
If I (　) a little more money, I (　) buy it.

解答

1. were, could　**2.** could, might
3. had, would

神技94 ifと仮定法過去

現在の事実に反する仮定をする場合は，If節に過去形の動詞（助動詞）を入れ，主節には必ず助動詞の過去形を入れる。この時制を**仮定法過去**という。

If Ⓢ＋過去形～，Ⓢ＋ would / could / might ….「（もしも）～ならば，…だろう」
助動詞は伝えたいニュアンスにより選択する。

1. 仮定法のbe動詞は主語にかかわらずwere。口語では主語がyou以外の単数の場合wasがよく用いられる。
事実：As I'm not a bird, I can't fly in the sky.

2. 事実：As I can't speak English, I may not go to Hawaii.

3. 事実：As I don't have a little more money, I will not buy it.

2 日本文に合う英文になるように，空所に適語を補いなさい。

1. トムがその時私たちと一緒にいたならば，私たちを助けてくれただろう。
If Tom (　) (　) with us then, he would have helped us.

2. 私が車を持っていたならば，その会議に遅刻していなかっただろう。
If I (　) (　) a car, I would not have been late for the meeting.

解答

1. had been　**2.** had had

神技95 ifと仮定法過去完了

過去の事実に反する仮定をする場合は，If節の時制を大過去に，主節は助動詞の過去形＋have＋過去分詞にする。この時制を**仮定法過去完了**という。英語では，事実と仮定の隔たりを時制を用いて表すのである。

If Ⓢ＋had＋過去分詞～，Ⓢ＋would / could / might＋have＋過去分詞….「（もしも）～だったならば，…だったであろう」

1. 事実：As Tom was not with us then, he didn't help us.

2. 事実：As I didn't have a car, I was late for the meeting.

3 日本文に合う英文になるように，空所に適語を補いなさい。

1. トムがここにいたらなあ。
I wish Tom (　) here.

2. タロウはまるでネイティブスピーカーのように英語を話します。
Taro speaks English as if he (　) a native English speaker.

3. あなたはもう寝る時間ですよ。
It is time you (　) to bed.

解答

1. were　**2.** were　**3.** went

神技 96 if以外の仮定法

1. 事実：I'm sorry Tom is not here.
事実に反する願望は wish を用いて表す。
Ⓢ wish Ⓢ＋仮定法時制

2. 事実：Taro is not a native English speaker, but he speaks English well like a native speaker.
事実に反するたとえは，as if を用いる。
as if Ⓢ＋仮定法時制～「まるで～のように」

3. 事実：You should be in bed but you are not.
すでにある行動がなされているべきなのに，実際には実行されていないことを非難する表現。
It is time Ⓢ＋仮定法過去～「～する時間だ」
また，time の前に high，about がつくことがある。
It is high［about］time Ⓢ 仮定法過去～「とっくに［そろそろ］～する時間だ」

4 各組が同意になるように，空所に適語を入れなさい。

1. As I am not rich, I cannot buy this watch.
If I (　) rich, I (　) buy this watch.

2. As I didn't have enough money, I couldn't buy the watch.
If I (　) (　) enough money, I (　) have bought the watch.

3. I'm sorry I can't go with you.
I (　) I (　) go with you.

解答

1. were, could　**2.** had had, could
3. wish, could

神技 97 事実と仮定法の書きかえ

事実を仮定法に書きかえる，またはその逆を行う場合，事実と仮定の両方をきちんと理解することが重要である。

1. 事実：私はお金持ちではない，この時計が買えない
仮定：お金持ちであれば，買える
現在の事実に反する仮定なので，**仮定法過去**。

2. 事実：十分なお金を持っていなかった，その時計を買えなかった
仮定：十分なお金を持っていたら，買えたであろう
過去の事実に反する仮定なので，**仮定法過去完了**。

3. 事実：君と行けないのが残念
願望：君と一緒に行けたらなあ
現在の事実に反する願望なので**仮定法過去**。

1-18 時制の一致・話法

1 各文の know を過去形にし，全文を書き直しなさい。

1. I know that she lives in Tokyo.
2. I know that she lived in Tokyo.
3. I know that she will live in Tokyo.

解答

1. I knew that she lived in Tokyo.
2. I knew that she had lived in Tokyo.
3. I knew that she would live in Tokyo.

神技 98 時制の一致①

that 節につながる主節の動詞を過去形にするとき，それに合わせ従属節の動詞（助動詞）が現在形の場合は過去形に，過去形の場合は大過去（had＋過去分詞）にしなければならない。これを**時制の一致**という。

以下は過去形にした文の和訳。

1. 私は彼女が東京に**住んでいる**ことを知っていた。
2. 私は彼女が東京に**住んでいた**ことを知っていた。
3. 私は彼女が東京に**住む予定である**ことを知っていた。

2 日本文に合う英文になるように，正しい語句を選びなさい。

1. 私は彼は頭がいいと思った。
   I thought that he (is / was) smart.
2. そのとき私はバスに傘を忘れたことに気がついた。
   Then, I found I (left / had left) my umbrella on the bus.
3. 私は彼が助けてくれると信じていた。
   I believed that he (will / would) help me.

解答

1. was　2. had left　3. would

神技 99 時制の一致②

that 節につながる主節の動詞がすべて過去形なので，従属節（＝ that 節）の動詞は，現在形にしてはならない。

1. 日本語では，「頭がいい」であるが，英語では was を選ぶ。
2. この文には，「気がついた」ときと「（置き）忘れた」ときの2つの時制がある。「置き忘れた」ときの方がさらに過去なので大過去 had＋過去分詞にする。
3. 主節の動詞が過去形なので will ではなく，would を用いる。

3 日本文に合う英文になるように，正しい語句を選びなさい。

1. 私たちは太陽が東から昇ることを学んだ。
We learned that the sun (rises / rose) in the east.

2. 父はコロンブスがアメリカを発見したと言った。
My father said that Columbus (discovered / had discovered) America.

3. 祖父は毎朝散歩していると言った。
My grandfather said that he (takes / took) a walk every morning.

解答

1. rises **2.** discovered
3. takes

神技100 時制の一致の例外

主節の動詞が過去であっても，従属節の内容が**不変の真理（現在形）・歴史上の事実（過去形）・現在も続く習慣（現在形）・ことわざや格言（現在形）**である場合は，その表現内の動詞は時制の一致の影響を受けない。

1. 主節の動詞が過去形であるが，従属節の内容は不変の真理のため，過去形にしない。

2.「(父が) 言った」ときと「(コロンブスが) 発見した」ときとでは，発見の方がさらに過去ではあるが，歴史上の事実なので，大過去にしない。

3. 主節の動詞が過去形であるが，従属節の内容は現在も続く習慣と考えられるので，現在形にする。

4 各組が同意になるように，空所に適語を入れなさい。

1. He says, “I take a walk every day.”
He says that ( ) ( ) a walk every day.

2. She said, “I am sleepy.”
She said that ( ) ( ) sleepy.

3. He said to her, “I know you.”
He told her that ( ) knew ( ).

4. She said to me, “Time is money.”
She told me that time ( ) money.

解答

1. he takes **2.** she was
3. he, her **4.** is

神技101 肯定文の話法

伝達する発言が肯定文の直接話法を間接話法に言いかえる場合（これを話法の転換という），以下の点に注意する。

①伝達動詞：伝える相手がいる場合は tell/told を用い，いない場合は say/said を用いる。

②発言（“...” 内の言葉）を that 節にする。

③代名詞を必要に応じて変更

④時制の変更

1. 彼は，「私は毎日散歩する」と言う。
彼は毎日散歩すると言う。

2. 彼女は，「私は眠い」と言った。
彼女は眠いと言った。

3. 彼は彼女に，「私はあなたを知っている」と言った。
彼は彼女に彼が彼女を知っていると言った。

4. 格言なので時制の一致の影響を受けない。
彼女は私に，「時は金なり」と言った。
彼女は私に時は金なりと言った。

5

各組が同意になるように，空所に適語を入れなさい。

1. He said to her, “I saw your brother this morning.”
   He told her that he ( ) seen her brother ( ) morning.
2. She said to him, “I am near your house now.”
   She told him that she ( ) near his house ( ).

解答

1. had, that　**2.** was, then

神技 102 話法と副詞の変化

話法の転換では，指示代名詞や副詞も次のように変化する。

これも

this [these]	that [those]
here	there
now	then
yesterday	the day before, the previous day
tomorrow	the next day, the following day
～ ago	～ before
today	that day
tonight	that night

1. 彼は彼女に，「私は今朝あなたの兄（弟）に会った」と言った。
   彼は彼女にあの朝彼が彼女の兄（弟）に会ったと言った。
2. 彼女は彼に，「私は今，あなたの家の近くにいる」と言った。
   彼女は彼に彼女がそのとき彼の家の近くにいると言った。

6

各組が同意になるように，空所に適語を入れなさい。

1. The police officer said to me, “Where are you going?”
   The police officer ( ) me where ( ) ( ) going.
2. She said to him, “What did you buy for me?”
   She ( ) him what he ( ) bought for ( ).
3. I said to him, “Do you know me?”
   I ( ) him ( ) ( ) knew me.

解答

1. asked, I was　**2.** asked, had, her
3. asked, if [whether] he

神技 103 疑問文の話法

伝達内容が疑問文の場合，伝達動詞は ask/asked を用いる。また，従属節を導くのは that ではなく，疑問詞のある疑問文の場合はその疑問詞，疑問詞のない疑問文の場合は if [whether] が従属節を導く。

この場合，従属節は間接疑問になるため，疑問文を平叙文の形に直す必要がある。

1. その警察官は私に，「あなたはどこに行く予定ですか」と言った。
   その警察官は私にどこへ行くのか尋ねた。
2. 彼女は彼に，「あなたは私のために何を買ったの」と言った。
   彼女は彼に彼が彼女のために何を買ったのか尋ねた。
3. 私は彼に，「あなたは私を知っているか」と言った。
   私は彼に彼が私を知っているかどうか尋ねた。

7 各組が同意になるように，空所に適語を入れなさい。

1. He said to me, “Read the book.”
He (　　) me (　　) read the book.

2. He said to me, “Don’t read the book.”
He (　　) me (　　) (　　) read the book.

3. He said to me, “Please read the book.”
He (　　) me (　　) read the book.

4. He said to me, “Don’t read the book, please.”
He (　　) me (　　) (　　) read the book.

解答

1. told, to　　**2.** told, not to
3. asked, to　　**4.** asked, not to

神技104 命令文の話法

命令文の場合，
Ⓢ tell A to do [not to do]，
または，
Ⓢ ask A to do [not to do] の形にする。
伝達内容が依頼の場合は ask である。

1. 彼は私に，「その本を読みなさい」と言った。
彼は私にその本を読むように言った。

2. 彼は私に，「その本を読むな」と言った。
彼は私にその本を読まないように言った。

3. 彼は私に，「その本を読んでみてください」と言った。
彼は私にその本を読むように頼んだ。

4. 彼は私に，「その本を読まないでください」と言った。
彼は私にその本を読まないように頼んだ。

8 各文を和訳しなさい。

1. I knew that he was a writer.

2. I knew that he had been a writer.

3. Mike said that he loved his wife but that she didn’t love him any longer.

4. Mike asked his wife where she wanted to go for their vacation and how long her vacation would be.

解答

1. 私は彼が作家だと知っていた。
2. 私は彼が作家であったと知っていた。
3. マイクは妻を愛しているが，彼女はもう彼を愛してはいないと言った。
4. マイクは妻に休暇にどこへ行きたいか，そして彼女の休暇がどのくらいの長さかを尋ねた。

神技105 時制の不一致

日本語を英語にする際には，**時制の一致**に注意しなければならないが，英語を日本語にする際には，逆に**時制の不一致**に注意する。

1. he was a writer は，普通に訳すと「彼は作家だった」であるが，ここでは**時制の不一致**に注意し，「私は**彼が作家だ**と知っていた」と訳し，**2.** との違いを明確にする。

2. that 節内は had been で knew よりも時制がより過去だとわかる。

3. マイクが伝えた内容は，that he loved his wife「彼が彼の妻を愛しているということ」と that she didn’t love him any longer「彼女（彼の妻）は彼をもはや愛していないということ」の２つ。

4. マイクが尋ねた内容は，where she wanted to go for their vacation「彼女が休暇にどこへ行きたいか」と how long her vacation would be「彼女の休暇がどのくらいの長さか」の２つ。

1-19 前置詞

1 空所に at, on, in のうち，正しい前置詞を入れなさい。

1. I usually go to bed (　　) eleven.
2. I met the girl (　　) Christmas Eve.
3. My son was born (　　) May tenth (　　) 2012.
4. Tom likes studying (　　) the morning.
5. The party arrived (　　) Tokyo Station.
6. The party arrived (　　) Japan.

解答

1. at	2. on	3. on, in
4. in	5. at	6. in

神技 106 at, on, in

at は，地点や時刻，1 メモリなど細かいイメージを持とう。in は広い範囲を示す場合に用いられ，on はその中間である。

1. 私はたいてい 11 時に寝ます。
   at noon, at night, at midnight
2. 私はクリスマスイブにその女の子に会った。
   on 曜日，日付
3. 息子は 2012 年 5 月 10 日に生まれた。
   in 年，季節，月など
4. トムは午前中に勉強するのが好きだ。
   同様に，in the afternoon, in the evening
5. その一行は東京駅に到着した。
6. その一行は日本に到着した。
   arrive at 地点，arrive in 広い地域，arrive on 島など

2 各文を和訳しなさい。

1. We couldn't go fishing because of the storm.
2. Despite all my effort, my offer wasn't accepted by the company.
3. Let's invite them home for dinner instead of eating out.
4. According to this article, more than three thousand species may become extinct only in Japan by the end of this century.

神技 107 論理展開に利用される前置詞

ここでは話の展開に重要な役割を果たす前置詞を学習する。順接や逆接を表すため長文の理解に必要不可欠である。

1. because of ～「～のため」
   = due to ～，owing to ～
2. despite ～「～にもかかわらず」
   = in spite of ～
3. instead of ～「～ではなく，～のかわりに」
4. according to ～「～によると」

解答

1. その嵐のため，私たちは魚釣りに行けなかった。
2. 私の努力にもかかわらず，私の申し出はその会社に受け入れられなかった。
3. 外食するのではなく，彼らを夕食に家に招待しましょう。
4. この記事によると，今世紀末までに日本だけで 3,000 以上の種が絶滅するかもしれない。

3 各文に共通する前置詞を補いなさい。

1. He walked (　　) the park in order to get to the shop earlier.
I worked (　　) the night to complete the task.
Did you read (　　) the book?

2. He kissed me (　　) the cheek.
The dress looks good (　　) you.
(　　) arriving at the stadium, the players began running.

3. A giraffe runs (　　) speeds of 60 kilometers an hour.
He threw a ball (　　) me.
The class starts (　　) a quarter to nine.

4. He was lying (　　) his eyes open.
He solved the problem (　　) ease.
(　　) another two minutes, I could have finished the work.

5. Be careful (　　) choosing your friends.
The man (　　) a red hat is our teacher.

解答

1. through	**2.** On
3. at	**4.** With
5. in	

神技108 共通語問題と前置詞

1. through「貫通，～じゅう，手段，原因」
彼はその店にもっと早く着くためにその公園を通って歩いた。
私はその仕事を完了するために夜通し頑張った。
その本を読み終えましたか。

2. on「接触，着用，同時」
彼は私のほほにキスをした。
そのドレスは君に似合う。
球場に着くとすぐ，選手たちは走り出した。

3. at「地点，目標，時刻，年齢，価格」
キリンは時速60キロで走る。
彼は私に向かってボールを投げた。
その授業は9時15分前に始まる。

4. with「同時，所有，手段，付帯状況」
彼は目を開けたまま横たわっていた。
彼は簡単にその問題を解決した。
with care「注意深く」も重要。
あと2分あれば，私はその仕事を終えることができたであろう。

5. in「～するとき，～を身につけている」
友達を選ぶときには注意しなさい。
赤い帽子をかぶっている男性が私たちの先生です。
このinはwith ～ onで書きかえ可能。
= The man **with** a red hat **on** is our teacher.

4 各文の誤りを正しなさい。

1. I have to finish cleaning my room until noon.
2. The sun rises from the east.
3. The first class starts from nine o'clock sharp.
4. The family came to this town in the cold morning of February.
5. Mr. Smith has been a teacher since ten years.

解答

1. until → 正 by
2. from → 正 in
3. from → 正 at
4. in → 正 on
5. since → 正 for

神技 109 誤りやすい前置詞

1. 私は正午までに部屋をきれいにし終えなければならない。
   by ～　～までに
   until ～　～まで
2. 日は東から昇る。
   日本語の「東から」のイメージから from にするミスが多い表現。
3. 1時間目は9時ちょうどにはじまる。
   時刻なので at となる。
4. その家族は2月の寒い日の朝にこの町にやって来た。
   午前中は in the morning と表現されるが，morning に形容詞（句）がつくと特定の朝を表すことになり，日付や曜日と同じく on になる
5. スミスさんは10年前から先生をしている。
   for ＋期間
   since ＋起点

5 各文がほぼ同意を表すように，空所に適語を補いなさい。

1. I saw the politician while I was staying in Hawaii.
   I saw the politician (　　) my stay in Hawaii.
2. As soon as he entered the room, he noticed something strange.
   (　　) entering the room, he noticed something strange.
3. He went camping though it was raining.
   He went camping (　　) the rain.
4. I noticed the mistake only yesterday.
   I didn't notice the mistake (　　) yesterday.

解答

1. during　2. On
3. despite　4. until［till］

神技 110 前置詞と書きかえ問題

1.～3. は節と句の書きかえで，長文読解問題でも役立つパラフレーズの練習になる。

1. 私はハワイに滞在している間にその政治家を見かけた。
   私はハワイに滞在中その政治家を見かけた。
2. その部屋に入ったとたん，彼は何か変だと気づいた。
3. 彼は雨が降っていたけれど，キャンプに行った。
   彼は雨にもかかわらず，キャンプに行った。
4. 私は昨日になって初めてその間違いに気づいた。
   私は昨日までその間違いに気づかなかった。

COLUMN 02

句と節の言いかえ

句と節の言いかえはパラフレーズの定番です。例えば，「本文中で接続詞を使った節だった部分が，設問中では前置詞を用いた句になっている」，「本文中で関係代名詞節だった部分が設問の選択肢では分詞を用いた形容詞句になっている」などです。形が変わると同じ意味を表す文だと見抜けないことがあるので，慣れる必要があります。

句と節の言いかえ（接続詞）

Ken was absent from school **because he was sick**.

ケンは具合が悪かったので，学校を休んだ。

Ken was absent from school **because of his sickness**.

ケンは病気のため，学校を休んだ。

Ken went fishing **though it was raining heavily**.

激しく雨が降っていたけれど，ケンは釣りに出かけた。

Ken went fishing **in spite of the heavy rain**.

その激しい雨にもかかわらず，ケンは釣りに出かけた。

The heavy rain **didn't stop** Ken **from** going fishing.

その激しい雨はケンが釣りに行くことを妨げなかった（その激しい雨でもケンは釣りに行くことを止めなかった）。

The accident happened **because he was driving carelessly**.

彼が不注意に運転していたため，その事故は起こった。

His careless driving **caused** the accident.

彼の不注意な運転が事故の原因となった。

句と節の言いかえ（不定詞）

We were **glad to know that** he succeeded in the business.

私たちは彼が事業に成功したことを知って嬉しかった。

His success in the business **made** us **glad**.
彼の事業における成功は私たちを嬉しくさせた。

He was **too** proud **to** admit his defeat.
彼は自尊心が強すぎて負けを認めることができなかった。
His pride **didn't allow** him **to** admit his defeat.
彼のプライドは彼に自分の負けを認めさせなかった。

The singer is rich **enough to** buy the deserted island.
その歌手はその無人島を買うことができるほど裕福だ。
The singer's richness **enables** him **to** buy the deserted island.
その歌手の裕福さは彼がその無人島を買うことを可能にする。

The teacher **told** the students **to** repeat the sentence and they **had to** write it again and again.
その先生は生徒たちにその文を繰り返すように言い，彼らは何度もそれを書かなければならなかった。
The teacher **forced** the students **to** repeat the sentence again and again.
その先生は生徒たちにその文を何度も書くように強要した。

句と節の言いかえ（複合関係詞）

Whenever I listen to this song, I remember my school days.
この歌を聞くたびに，私は学生時代を思い出す。
This song **always** reminds me of my school days.
この歌はいつも私に学生時代について思い出させる。
I **never** listen to this song **without** remembering my school days.
私は学生時代を思い出さずにこの歌を聞くことは決してない。

このように一見すると全く違う文章に見えても，じっくり解釈してみると同じ内容であることがあります。入試ではこういった幅広い表現力が求められるわけです。ここに紹介したのはごく一部ですが，難関校を目指す諸君に身につけてほしい表現を優先して掲載しました。ぜひ特徴を押さえてください。

COLUMN 03

まぎらわしい自動詞・他動詞

動詞の中には自動詞・他動詞両方の働きを持つものがあります。どのように見極めることができるのか，考えながら後の例文の和訳に挑戦してください。

自 change「変わる」・他 change「を変える」

The rules have **changed** in many ways. 自
そのルールはいろいろな点で**変わった**。

We have to **change** the rules. 他
私たちはルール**を変え**なければならない。

自 return「帰る」・他 return「を返す」

You must **return** these books by next Monday. 他
あなたは来週の月曜日までにこれらの本**を返さ**なければならない。

He **returned** to his home country. 自
彼は故郷に**帰った**。

自 move「動く，引っ越す」・他 move「を動かす」

I **moved** to New York at the age of ten. 自
私は 10 歳の時にニューヨークに**引っ越した**。

Could you **move** your leg a little for me to enter the room? 他
私がその部屋に入れるように少しだけあなたの足**を動か**してもらえますか。

自 run「走る」・他 run「を経営する」

Let's **run** to the station to catch the last train. 自
最終電車に間に合うように駅まで**走ろう**。

My dream is to **run** a restaurant in Yokohama. 他
私の夢は横浜でレストラン**を経営する**ことです。

自 stand「立つ，建つ」・他 stand「を耐える」

I can't **stand** your loud music anymore. Please stop playing the guitar. 他
もう君のうるさい音楽に**耐えられ**ない。ギターを弾くのをやめてください。

The high building **stands** in front of the station. 自
駅前に高いビルが**建っている**。

第2章

出題形式別
入試問題演習

―― 文法 ――

第２章は，第１章　文法トレーニングを学習し，しっかり理解したうえで挑戦してください。また，この章は第１章の成果判定でもあります。解答・解説を読んでも理解できない場合は，文法トレーニングの必要な箇所に戻って勉強し直しましょう。

第２章の進め方

❶ **専用のノートで問題を解きます。**
❷ **答え合わせをします。**
❸ **間違えた問題を中心に解き直しをします。**
❹ **単語の意味，英文の意味を確認します**（本書ではできるだけ和訳をつけています）。
❺ **神技のマークがあったら，文法トレーニングの確認をします。**

文法問題は近年，徐々に変化しています。１対１の暗記だけでは正解を思いつけないように工夫された，いわゆる考える問題が多くなりました。

それらの問題に共通しているのが，豊かな表現力です。英語も言語ですから日本語のように，同じことを別の言葉を使って表現することができます。英語ではこの言いかえた表現のことをパラフレーズ "Paraphrase" と呼びます。

実はこのパラフレーズは，文法だけでなく長文読解（P.112 参照，第３章の内容一致の説明ページにて）でも役立つ技能なのです。この章では幅広い表現力を身につけることを意識し，文法問題に挑戦してください。

1 語彙
2 同意文完成
3 正誤
4 英文完成
5 整序英作文
6 和文英訳
7 自由英作文

2-1 語彙

近年の「語彙問題」の傾向は連想クイズ型。
前後の英文から空所に入る語，特にスペルミスを誘う単語を補う問題が増えています。
作題者のパラフレーズ（言いかえの表現）に気づける広い視野が必要です。

1 次の会話は，ブラウン先生が生徒に将来について聞いている会話である。（　　　）内に入る語をそれぞれ1語ずつ書きなさい。ただし，答えはすべて（　　　）内に示されている文字で始めるものとする。 〈駿台甲府高等学校〉

Mr. Brown Jessy, what do you want to be in the ①(f　　　)?
Jessy I'd like to work at a restaurant as a ②(c　　　).
Mr. Brown That's good. Do you sometimes make dinner for your family?
Jessy Yes, I do. They all like it and say, "It's ③(d　　　)!"
Mr. Brown Very good! How about you, Tim?
Tim I want to be a teacher ④(l　　　) you.
Mr. Brown Oh, thank you. What ⑤(s　　　) do you want to teach?
Tim English, of course.

2 指示に従って以下の設問に答えなさい。 〈法政大学第二高等学校〉

1. それぞれの英文の意味が通じるように，（　　　）に入る最も適切な英単語を書きなさい。ただし，指定されている頭文字で始めること。

ⓐ Yumi is my aunt's daughter. So she is my (c-　　　).
ⓑ Dennis (w-　　　) a coat yesterday because it was very cold.
ⓒ The boy lost his parents last year. Now he (d-　　　) on his uncle.

2. 2つの英文の（　　　）に入る同じつづりの英単語を書きなさい。

ⓐ Throw away that empty (　　　).
My friends (　　　) speak Chinese.
ⓑ The trees are covered with green (　　　).
The train (　　　) Tokyo Station at eight.

3. 2つの英文の意味がほぼ同じになるように，（　　　）に入る最も適切な英単語を書きなさい。ただし，指定されている頭文字で始めること。

ⓐ I won't go with you.
= Please go (w-　　　) me.
ⓑ I can't agree with your idea.
= I am (a-　　　) your idea.

3 次の各組の文に発音が同じでつづりの異なる語を答えなさい。 〈愛光高等学校〉

1. We often see a vase for a single (　　　) in Japanese tea ceremony rooms.
Scones are served as part of "afternoon tea" in the UK. They are made from (　　　), baking powder, milk, eggs and sugar.

2. Your idea cannot be brand-(　　　). I heard about it from another source last month.
His mother (　　　) that Tezuka Osamu had a talent for drawing. So, she didn't stop him from drawing at school as well as at home.

3. My daughter wants to study abroad. I'll say, "OK." I expect her to see the world (　　　) her eyes.
A: We're planning a charity event. Can you bring your old books or clothes?
B: Oh, I'm sorry. I just (　　　) them away the other day.

4 次の各組のそれぞれの文の空所に同じ単語を入れ，意味が通るようにしなさい。 〈愛光高等学校〉

1. ⓐ The thieves tried to (　　　) away from the police, but they were caught.
ⓑ I've (　　　) out of money, so have to look for a job.

2. ⓐ I am going to (　　　) in this report tomorrow morning.
ⓑ Mary often asks for my advice. On the other (　　　), Sam never listens to me.

3. ⓐ If you don't (　　　), please tell me your phone number.
ⓑ John finally made up his (　　　) to leave the town.

4. ⓐ Don't you think it's getting cooler day (　　　) day?
ⓑ Bill entered someone else's room (　　　) mistake, but no one noticed it.

5. ⓐ You should always believe your dream will (　　　) true.
ⓑ The Gardners are not British. They (　　　) from Australia.

5 （　　）に指定された文字で始まる語を入れ，英文を完成させなさい。その際に［　］内の定義を参考にすること。〈明治大学付属中野高等学校〉

1. Have you ever been (a 　　)?
   [in or to a foreign country or countries]
2. He recently started a fruit (b 　　) in Florida.
   [the activity of making money by making or buying and selling things]
3. I have (d 　　) this car for almost ten years.
   [to get in a car and move it]
4. Their dance performance was (w 　　) than the average in the contest.
   [poor quality and below an acceptable level]
5. I thought they were brothers but actually (c 　　).
   [children of your aunt or uncle]

6 次の１～５は，ある単語の定義とその例文です。それぞれの例文の（　　）に当てはまる語を適切な形で１語答えなさい。ただし，書き出しの文字が与えられている場合は，その文字で始まる語を答えること。〈早稲田大学系属早稲田実業学校高等部〉

1. coming before all others in time or order
   The (　　) *boy to finish the difficult homework was John.*
2. to ask somebody to come to a social event
   Thank you for (　　) *us for dinner.*
3. to put or keep something out of sight
   He tried to (h- 　　) *himself behind the door.*
4. the system of communication in speech and writing that is used by people of a particular country or area
   What's the best way to learn a (　　)?
5. a piece of special glass that reflects images, so that you can see yourself when you look in it
   She often looks at herself in a (　　).

7 空欄に共通して入る語をそれぞれ答えなさい。 〈早稲田大学系属早稲田実業学校高等部〉

1. You don't begin English sentences with a small (　　　).
I sent a long (　　　) to her in order to express my feelings.

2. Why do you get angry so easily? Be more (　　　).
The (　　　) has to go to see a doctor once a week.

3. All the rooms of the hotel (　　　) the sea.
His (　　　) turned pale when he saw the accident.

4. The books may (　　　) from the shelf when an earthquake happens.
My father likes drinking, so he always empties a glass to the last (　　　).

5. Be careful not to (　　　) off the bed.
How about going to temples in Kyoto this (　　　)?

8 次の英文の空所①～⑤に入る最も適切な１語を，下に順不同に示された定義に相当する単語を使い答えなさい。最初の文字が与えられている場合にはそれに従い，最初の文字も含めて書くこと。 〈開成高等学校〉

When you set a table, the ①(p-　　　) is put in the center of the place setting and the ②(　　　), ③(f-　　　) and spoon, are arranged on either side of the ①(p-　　　).

If you are serving more than one ④(c-　　　), place the silverware for the first ④(c-　　　) on the outside.

As the meal progresses, the silverware will gradually be used, working from the outside, until only the ③(f-　　　) for the ⑤(　　　) remains.

Before serving ⑤(　　　), remove the bread ①(p-　　　) and the salt and pepper. Brush any bits of food off the table.

(注) silverware — 銀食器

- a sharp thing with a handle, used for cutting
- sweet food eaten at the end of a meal
- a tool with a handle and four sharp points, used for picking things up
- a flat, usually round, dish that you put food on
- any of the separate parts of a meal

2-2 同意文完成

「同意文完成」こそ英語力を UP させてくれる材料だと思ってください。パラフレーズの宝庫です。ここで豊富な表現力とそのパターンをつかめれば，長文読解でも力を発揮できるようになります。

1 各組の英文がほぼ同じ意味になるように，(　　　) 内に適切な 1 語を入れよ。

〈 早稲田大学系属早稲田佐賀高等学校 〉

1. It is a lot of fun to swim in the sea.
(　　　) in the sea (　　　) a lot of fun.

2. I'm twenty years old.
I (　　　) (　　　) twenty years ago.

3. He asked me to tell him the way to the museum.
He (　　　) to me, "Please tell (　　　) the way to the museum."

4. A woman who has blue eyes came to meet you.
A woman (　　　) blue eyes came to meet you.

2 次の各組の文がほぼ同じ意味を表すように，(　　　) に 1 語ずつ入れなさい。〈 四天王寺高等学校 〉

1. ⓐ No other boy in this class is as kind as Takashi.
ⓑ Takashi is kinder than (　　　) (　　　) (　　　) in this class.

2. ⓐ You can see the picture Tom drew.
ⓑ You can see the picture (　　　) (　　　) Tom.

3. ⓐ I went to the museum while I was staying in the US.
ⓑ I (　　　) the museum (　　　) my (　　　) in the US.

4. ⓐ I started school ten years ago.
ⓑ I (　　　) (　　　) a student for ten years.

5. ⓐ I said to her, "Please speak more slowly."
ⓑ I (　　　) (　　　) (　　　) speak more slowly.

3 次の各組の文がほぼ同じ意味になるように (　　　) に最も適切な語を入れたとき，(　＊　) に入る語を答えなさい。

〈 中央大学附属高等学校 〉

1. When she heard the story, she felt sad.
The story (　＊　) her sad.

2. Melissa is very kind to help you with your homework.
It is very kind (　＊　) Melissa to help you with your homework.
3. It has been five years since my grandfather died.
Five years have (　＊　) since my grandfather died.
4. I would like to study abroad after I finish high school.
I would like to study in a (　＊　) country after I finish high school.
5. This box is too heavy for me to carry.
This box is so heavy that I (　　) carry (　＊　).

4 各組の２文の意味がほぼ同じになるように，(　　)にそれぞれ１語を入れなさい。

〈愛光高等学校〉

1. Why don't we take a walk?
(　　) about (　　) a walk?
2. While we were staying in New York, we visited several museums.
(　　)(　　) stay in New York, we visited several museums.
3. The ice on the lake is quite thin, so children can't play on it.
The ice on the lake is (　　) thin for children (　　) play on.
4. I have decided to buy this house.
I have made (　　) my (　　) to buy this house.
5. How well their mothers cook!
What (　　)(　　) their mothers are!

5 次の 1. ～ 5. の各組の文がほぼ同じ内容になるように (　　) に適する語を入れなさい。

〈久留米大学附設高等学校〉

1. That is all I have to say.
I have (　　) more (　　) say.
2. I don't know how far it is from Kurume city to Fukuoka city.
I don't know the (　　)(　　) Kurume city and Fukuoka city.
3. John said that the game excited him very much.
John said, "(　　)(　　) the game is!"
4. You have to take off your hat when you come in.
You can't come in (　　) your hat (　　).
5. How much is this bicycle?
(　　) is the (　　) of this bicycle?

6 次の各組の文がほぼ同じ内容を表すように，空所（ア）～（コ）に適語を入れなさい。

〈久留米大学附設高等学校〉

1. He likes to lie on the lawn.
   He's (ア) of (イ) on the lawn.
2. The year before last it snowed a lot in Fukuoka.
   The year before last we (ウ) (エ) snow in Fukuoka.
3. If you don't get up at once, you'll be late for school.
   Get up at once, (オ) you'll be (カ) time for school.
4. Show me your dictionary, will you?
   Please (キ) me have a (ク) at your dictionary.
5. After Jiro did his homework, he went fishing.
   (ケ) done his homework, (コ) went fishing.

7 次の各組の英文がほぼ同じ意味を表すように，各々の（　　）内に適切な1語を入れなさい。

〈慶應義塾高等学校〉

1. ⓐ I want to visit Harajuku when visiting Tokyo.
   ⓑ I do not want to leave Tokyo (　　) (　　) Harajuku.
2. ⓐ What has happened to you?
   ⓑ What's the (　　) (　　) you?
3. ⓐ "Back to the Future" is the most interesting film I have ever seen.
   ⓑ I have never seen (　　) (　　) interesting film as "Back to the Future."
4. ⓐ Students are not allowed to speak Japanese in this class.
   ⓑ Japanese mustn't (　　) (　　) in this class.
5. ⓐ If you learn more about hip hop music, you will get to know more about the black history in the U.S.
   ⓑ The (　　) you learn about hip hop music, (　　) more you will get to know about the black history in the U.S.
6. ⓐ The true story of Martin Luther King, Jr. became the movie "Selma."
   ⓑ The movie "Selma" is (　　) (　　) the true story of Martin Luther King, Jr.
7. ⓐ Ryan told me not to use his teacup.
   ⓑ Ryan said to me, "(　　) use (　　) teacup."
8. ⓐ Did you have a great time at my home party last night?
   ⓑ Did you (　　) (　　) party at my house last night?
9. ⓐ He has no friends that he can talk to.
   ⓑ He has no friends (　　) (　　) with.

8 次の各組の英文がほぼ同じ意味を表すように，各々の（　　）内に適切な１語を入れなさい。

〈慶應義塾高等学校〉

1. This is a new experience for me.
   = I (　　) (　　) (　　) this experience before.
2. He knows more about history than I do.
   = I don't know (　　) (　　) about history (　　) he does.
3. You don't have to talk so loudly.
   = (　　) is (　　) (　　) for you to talk so loudly.
4. The number of people who have become infected by the coronavirus is increasing.

   (注) infected ― 感染した

   = (　　) (　　) (　　) people have become infected by the coronavirus.
5. I'm excited that we will be working together.
   = I'm (　　) (　　) (　　) working together with you.
6. Nothing could be done because it was very late.
   = It was (　　) late for (　　) (　　) be done.
7. Let's go to the movies tomorrow.
   = (　　) (　　) (　　) to the movies tomorrow?
8. He won the race and also set a new record.
   = (　　) (　　) did he win the race, (　　) he also set a new record.
9. I would like you to help me put the chairs away.
   = (　　) you (　　) (　　) me put the chairs away?
10. Why aren't you dressed yet? You'll be late for school!
   = (　　) (　　) and get dressed (　　) you'll be late for school!

2-3 正誤

「正誤問題」は，中学生が間違えそうな文法ポイントについて，「あなたはしっかり理解できていますか」「ここを理解できている生徒に入学してほしいです」という高校の先生からのメッセージです。正誤問題を苦手とし，挑戦を躊躇する生徒は多いですが，間違えやすい文法事項が整理されたとても効率のよいメソッドになるのです。ここで得た知識は，あとの和文英訳や自由英作文に活きてきます。

1 次の各文で，下線部**ア～エ**に誤りがあればその記号を答えなさい。誤りがなければ，**オ**で答えなさい。

〈 須磨学園高等学校 〉

1. I kept [ア]walking around the town [イ]for two hours [ウ]to find a hotel [エ]to stay at.
2. Michael is [ア]so healthy [イ]that he [ウ]has not been caught a cold [エ]this winter.
3. [ア]Last Saturday [イ]my sister and I went [ウ]shopping, and I bought a present [エ]to her.
4. My brother studies people [ア]who [イ]lives in developing countries, [ウ]such as Asian countries [エ]as well as African countries.
5. Naomi speaks English [ア]enough well to [イ]communicate with a native speaker [ウ]without [エ]anyone's help.

2 次の英文には下線部**ア～エ**のいずれかに誤りがある。誤りを含むものを記号で答えなさい。

〈 城北高等学校 〉

1. [ア]Our school has [イ]a pool big enough for [ウ]the whole class [エ]to swim at the same time.
2. [ア]Even a child [イ]knows [ウ]no other mountains in Japan is [エ]as high as Mt. Fuji.
3. [ア]People often say that [イ]an only child can't think about [ウ]another people because he or she [エ]is raised with too much care.
4. When I was [ア]younger, I [イ]was often told [ウ]find the things [エ]that would be important in the future.

3 次の英文のうち誤りのあるものについては，誤りを含む下線部の記号を答えなさい。誤りがないものについては，○を記入しなさい。

〈 愛光高等学校 〉

1. [ア]How do you think [イ]of that [ウ]surprising report?
2. Lots of [ア]flowers which he [イ]picked up for her [ウ]smell sweetly.
3. This pamphlet [ア]reminds you [イ]to the importance [ウ]of brushing your teeth.

4. She doesn't ア<u>dance much</u> now, but I イ<u>know that</u> she ウ<u>was used to</u> a lot before.
5. The engineers chose to ア<u>quit their jobs</u> at the factory because they イ<u>could no longer</u> ウ<u>believe in</u> the safety of nuclear energy.

4 次の英文には文法の誤りが1つずつあります。例にならって，誤りのある箇所の記号を答え，その誤りを訂正しなさい。 〈洛南高等学校〉

（例） I ア<u>have decided</u> イ<u>visiting</u> my aunt ウ<u>in</u> Shiga エ<u>this winter</u>.
（解答例） 記号：イ　正：to visit

1. Kyoto is ア<u>an interesting city</u>. I hope イ<u>to go</u> ウ<u>to there</u> エ<u>again</u>.
2. That new-model microwave oven ア<u>is</u> イ<u>too expensive</u> ウ<u>for me</u> エ<u>to buy it</u>.
3. Many years ア<u>ago</u>, イ<u>there was</u> ウ<u>the old building</u> エ<u>on top of the hill</u>.
4. If it ア<u>will rain</u> tomorrow, we イ<u>should stay home</u> ウ<u>all day</u>. I hope エ<u>it won't</u>.

5 各問題の文には抜けている単語が1つあり，文法的に間違っているか，不自然な文になっています。最も適切な文となるよう，抜けている単語とその前後の単語を書きなさい。 〈青山学院高等部〉

1. What did you arrive home after the baseball game yesterday? Was it late?
2. This is one of the beautiful pictures I have ever taken. I like it very much.
3. We never sung this song before, but we are going to try it tomorrow.
4. I heard you like music very much. Please tell me how CDs you have.
5. Everybody has to work very hard in order pass the examination.

6 あなたは日頃，思いついたことを英語で書き記すことにしています。過去に書いたものをあらためて読み返したところ，1～5の英文に語法・文法上の誤りが見つかりました。その誤っている部分をそれぞれ下線部**ア**～**エ**から1か所ずつ選び，正しく直しなさい。
〈渋谷教育学園幕張高等学校〉

1. I'm very ア<u>happy with</u> my English class. One of イ<u>the good things</u> ウ<u>are learning</u> about the people and エ<u>cultures of</u> foreign countries.
2. Yesterday my teacher ア<u>said to me</u>, "What's wrong? You look sick." So I replied, "Oh, イ<u>am I</u>? I ウ<u>haven't slept</u> well recently. I have to study for hours エ<u>every day</u> for the entrance examination."
3. ア<u>Most of</u> my friends like soccer better than baseball, but I prefer baseball. I like イ<u>not only playing</u> it, but also watching games at a stadium. ウ<u>Last Sunday</u> I was エ<u>very exciting</u> when I was watching a game between the Marines and the Lions.

4. I usually walk ア<u>to school</u>, but this week I イ<u>am taking</u> the bus. ウ<u>It is</u> very cold since last week. I don't want to walk エ<u>in</u> this cold weather.

5. Toshi ア<u>was chosen</u> イ<u>as a member</u> of our relay team for our sports day. We knew that he was ウ<u>the fastest</u> runner エ<u>in</u> our thirty-nine classmates.

7 例にならって，各英文の下線部**ア〜エ**の中から文法的・語法的に間違っているものを1つ選び，<u>選んだ箇所全体</u>を正しい形に直しなさい。 〈慶應義塾高等学校〉

【例】 ア<u>It</u> is kind イ<u>for you</u> ウ<u>to tell</u> me エ<u>the way</u> to the station.

【解答例】記号：イ　正しい形：of you

1. Lucy ア<u>has been working</u> very イ<u>hard</u>. All of us ウ<u>hope</u> that she will エ<u>success</u> in the project.

2. My brother ア<u>lives</u> in Paris イ<u>for studying</u> modern art. This ウ<u>is</u> a great chance エ<u>for</u> him to see the world.

3. This year's first snow ア<u>on</u> Mt. Fuji イ<u>fell</u> six days ウ<u>faster</u> than エ<u>last</u> year.

4. Though I ア<u>spend</u> イ<u>most of</u> the day looking for this book ウ<u>in</u> my house, I couldn't エ<u>find</u> it.

5. I've never eaten this blue vegetable ア<u>before</u>. イ<u>How</u> do you ウ<u>call</u> エ<u>it</u> in English?

6. I ア<u>like</u> this city イ<u>even</u> more every time something ウ<u>exciting</u> エ<u>is happened</u>.

7. The rugby game you ア<u>were talking</u> イ<u>about</u> yesterday ウ<u>will begin</u> エ<u>from</u> 2 p.m.

8. We were suddenly ア<u>said</u> to get out イ<u>of</u> the building ウ<u>quickly</u>, but we エ<u>didn't know</u> why.

8 例にならって，各英文の下線部ア～エの中から文法的・語法的に間違っているものを１つ選び，選んだ箇所全体を正しい形に直しなさい。 〈慶應義塾高等学校〉

【例】 ア It is kind イ for you ウ to tell me エ the way to the station.

【解答例】記号：イ　正しい形：of you

1. I'd better ア to go イ see ウ a doctor because my shoulder エ hurts.

2. John thought he ア will have to wait until tomorrow to talk to his homeroom teacher イ about his grades, but he ウ was able to talk to him because the teacher エ was free today.

3. ア In order to focus on イ studying, I had to ウ give up エ to play baseball.

4. Students ア have to finish イ making the art work ウ completely エ until tomorrow.

5. ア At the end of a year, the イ amount of ウ accidents on highways dramatically エ increases.

6. ア The Internet has helped us イ have close ウ communications and share エ informations with others.

7. I ア use to イ think that I was ウ nothing, but now I am very confident and feel that the society エ needs me.

8. I am really ア interesting in イ the politics of the U.S. after ウ watching the presidential election エ last year.

9. ア Since I イ passed the entrance exam, I ウ am looking forward to エ start my high school life.

2-4 英文完成

以前の「英文完成問題」は暗記分野に近い役割でした。近年は品詞や空所に入る語句が文の中でどのような役割を果たしているかを見極める力が問われます。正答だけでなく，なぜ他の語（句）が当てはまらないのか，別解はないかなど，深い理解を目指し学習を進めましょう。

1 次の（　）内に入る最も適切な語を語群から選び，必要に応じて正しい形に直しなさい。なお，それぞれの語は1度しか使えず，正しい形は1語とは限らない。〈関西学院高等部〉

【語群】 call / clean / get / live / sound / talk

1. It is (　　) dark. We should go home.
2. That (　　) really difficult. Can we get there in time?
3. Have you finished (　　) your room yet?
4. The boy (　　) to Mr. Johnson is my brother.
5. I (　　) in this town since I was born.
6. Let's (　　) this cat Sunny. She is our new family member!

2 次の日本語の意味に合うように，英文の空所に適当な語を入れなさい。〈城北高等学校〉

1. クラスのみんなは夏休みを心待ちにしている。
   All the class is (　　) forward to the summer vacation.
2. 昨日，約 500 人の学生がパレードに参加した。
   About 500 students (　　) part in the parade yesterday.
3. 2 年間ジムから連絡をもらっていない。
   We haven't (　　) from Jim for two years.
4. この点に関しては私はあなたに同意する。
   I (　　) with you on this point.
5. 彼と彼の弟の見分けがつかない。
   I can't (　　) him from his brother.
6. 昨晩，彼女は誕生日パーティーのために新しいドレスを着た。
   She (　　) on a new dress for the birthday party last night.

3 次の各文中の空所に入る最も適切な語（句）を選び，その記号を答えなさい。〈愛光高等学校〉

1. There are two famous high schools in this area. One is for boys and (　　) is for girls.

ア another　イ other　ウ the other　エ each other

2. The girl (　　) the school uniform was kind enough to lend me her umbrella.

ア on　イ at　ウ of　エ in

3. We talked about it for hours, but no one (　　) up with a better idea.

ア came　イ hit　ウ did　エ got

4. You have to practice (　　) for at least 50 hours, including 10 hours at night.

ア drive　イ driving　ウ to drive　エ for driving

5. I hear a new game shop has opened. Have you ever been there? — No, (　　).

ア I've not still　イ I never have　ウ ever not　エ yet not

4 次の英文の（　）に最も適するものを選び，記号で答えなさい。〈明治大学付属中野高等学校〉

1. In many cultures, couples exchange rings, usually (　　) of gold or silver, during the marriage ceremony.

ア make　イ made　ウ have made　エ making

2. Something must be (　　) with this engine. It doesn't work!

ア wrong　イ bad　ウ strange　エ curious

3. I spent the evening (　　) swimming matches on TV with my family.

ア watch　イ watched　ウ to watch　エ watching

4. The traffic was (　　) than usual and I arrived here early this morning.

ア lighter　イ weaker　ウ busier　エ heavier

5. A Do you think it will rain tomorrow?

B I hope (　　).

ア no　イ not　ウ never　エ none

6. A I have been to Paris several times.

B (　　) I.

ア Either have　イ Neither have　ウ So have　エ Both have

5 次の英文が日本語の意味になるように，空所に入れるのに最も適切な語を【　　】内に与えられた動詞から選び，必要なら適切な形に変えて入れなさい。ただし，同じ語を2回使ってはならない。

〈大阪星光学院高等学校〉

1. ジェニファーはいつも朝にコンタクトレンズを入れる。
   Jennifer always (　　) in her contact lenses in the morning.
2. その牛乳は腐っているので，飲んではいけない。
   The milk has (　　) sour, so don't drink it.
3. 博物館まで乗せていってくれませんか。
   Can you (　　) me a ride to the museum?
4. 新聞を読めば，世界の出来事がわかる。
   The newspaper (　　) you what's going on in the world.

【 go / come / say / tell / give / make / set / put 】

2-5 整序英作文

「整序英作文」，または「並べかえ英作文」こそ考える英語です。複数の文法事項に関する知識を要する混合型の問題が多くなります。ここでもパラフレーズ力が活きてきます。与えられた日本語通りにはうまくいかない問題もあります。解答をすぐに確認せず，じっくり時間をかけて考えてほしい問題を集めました。

1 日本語の意味を表す英文になるように下の語（句）を並べ替え，（ A ）～（ H ）に入る語（句）の記号を答えなさい。ただし，文頭に来る語（句）も小文字で書かれています。

〈中央大学杉並高等学校〉

1. 食事をする前に，手を洗うことが何よりも重要だ。
(A) (　　) (　　) (　　) (　　) (B) (　　) (　　) (　　) (　　) meals.
ア important　イ your hands　ウ you　エ than　オ nothing
カ more　キ washing　ク eat　ケ before　コ is

2. あなたは年にどのくらいニューヨークに住んでいるお姉さんの所へ行きますか。
(　　) (　　) (C) (　　) (　　) (　　) (D) (　　) (　　) every year?
ア do　イ living　ウ visit　エ often　オ in　カ how
キ New York　ク you　ケ your sister

3. 私は兄が帰ってきたらすぐに，この問題について聞いてみるつもりだ。
I (　　) (　　) (　　) (E) (　　) (　　) (　　) (　　) (　　) (F) (　　).
ア he　イ as　ウ back　エ this question　オ comes
カ ask　キ my brother　ク soon　ケ about　コ will
サ as

4. その問題の解き方を習ったのを覚えている生徒はほとんどいなかった。
(G) (　　) (　　) (　　) (H) (　　) (　　) (　　).
ア solve　イ how　ウ students　エ the problem　オ few
カ learning　キ to　ク remembered

2 次の日本語に合うようにカッコ内の語句を並べ替えたうえで，英文中の空所（ 3 ）（ 6 ）の位置に来るべき語（句）を選び，記号で答えなさい。〈 城北高等学校 〉

1. お母さんは何時に起きれば良いのか僕に言ってくれなかった。
My mother [ア didn't / イ to / ウ me / エ what / オ had / カ get up / キ tell / ク time / ケ I].
My mother（ 1 ）（ 2 ）（ 3 ）（ 4 ）（ 5 ）（ 6 ）（ 7 ）（ 8 ）（ 9 ）.
2. これは私が電話したときに彼女が読んでいた本だ。
This was [ア was / イ the / ウ that / エ book / オ called / カ reading / キ I / ク she / ケ when] her.
This was（ 1 ）（ 2 ）（ 3 ）（ 4 ）（ 5 ）（ 6 ）（ 7 ）（ 8 ）（ 9 ）her.
3. たくさん宿題をだしても生徒は学習への意欲をもつようにはならない。
A lot of [ア in / イ studying / ウ will / エ not / オ students / カ interested / キ make / ク homework].
A lot of（ 1 ）（ 2 ）（ 3 ）（ 4 ）（ 5 ）（ 6 ）（ 7 ）（ 8 ）.
4. この問題は君が昨日解決したものほど易しくはない。
This [ア you / イ one / ウ solved / エ is / オ not / カ problem / キ as / ク as easy / ケ the] yesterday.
This（ 1 ）（ 2 ）（ 3 ）（ 4 ）（ 5 ）（ 6 ）（ 7 ）（ 8 ）（ 9 ）yesterday.

3 次の日本語の内容になるよう［　］内の語句を並べかえ，英文を完成させなさい。解答は（ A ）（ B ）（ C ）に入るものを書きなさい。〈 明治大学付属中野高等学校 〉

1. 太陽の体積は地球のよりもはるかに大きい。
The volume of the sun is（　）（ A ）（　）（ B ）（ C ）（　）.
[that / the earth / much / than / greater / of]
2. 近年，多くの交通事故は携帯電話を使用している運転手によるものである。
These days,（　）（　）（ A ）（ B ）（　）（ C ）（　）mobile phones.
[drivers / caused / traffic accidents / by / using / are / many]
3. 私たちは若い人たちに留学するチャンスを与える必要がある。
We need to（　）（　）（ A ）（ B ）（　）（ C ）（　）.
[a / younger people / study / chance / to / abroad / give]
4. 自分のことは自分でできる年頃だよ。
You're（ A ）（　）（　）（ B ）（　）（　）（　）（ C ）（　）yourself.
[care / to / to / of / enough / able / old / take / be]

5. 私が楽しみにしていた試合は雨のため延期になった。

The game (　　) (A) (　　) (　　) (B) (　　) (C) (　　) because of the rain.

[off / to / was / was / put / forward / I / looking]

6. 頭に花をつけたあの女の子が，今朝私が話しかけた女の子です。

The girl (　　) (　　) (A) (　　) (B) (　　) (C) talked to this morning.

[on / the one / flowers / is / her head / I / with]

4

それぞれの［　］内の語句を最も適切な語順に並べ替え，その並べ替えた語句の中で3番目と5番目にくるものを答えなさい。語群の中に実際には使用しない語句が1つ入っているので，それは使用せずに並べ替えること。なお，［　］内の語句は文頭にくるものも小文字で記しています。

〈青山学院高等部〉

1. My sister is quite tall for her age, but [tall / she / my brother / not / than / as / as / is].
2. People often say that spicy food is good for you. I tried a curry the other day, but it [me / to / for / cannot / spicy / was / too] eat and I could not finish it.
3. "Hi Sam. Do you have any plans this holiday? [shopping / day / about / the / to go / after / going / how] tomorrow?" "That sounds great! Why don't we ask Ken and Jane, too?"
4. There are two Italian restaurants near my house. They are both good, but the one [is / called / the one / much / *Passagio* / cheaper / which / than] called *Disagi*.
5. I went on vacation, but [I / my / all / was / money / on / of / stolen] the first day, so I couldn't visit many places. It was so terrible.

5

日本語に合うように，〔　　〕内の語句を並べかえて意味の通る英語にしなさい。解答の際はAとBに入るものを記号で答えなさい。ただし，文頭に来る語も小文字で示してあります。

〈立教新座高等学校〉

1. 何か面白い読み物を持っていますか。

〔ア anything ／ イ do ／ ウ have ／ エ interesting ／ オ read ／ カ to ／ キ you〕?

_____ _____ __A__ _____ __B__ _____ _____?

2. そのテストを受けるかどうかはあなた次第です。

Whether you〔ア is ／ イ not ／ ウ take ／ エ test ／ オ to ／ カ the ／ キ or ／ ク up ／ ケ you 〕.

Whether you ＿＿ ＿＿ ＿＿ ＿A＿ ＿＿ ＿＿ ＿B＿ ＿＿ ＿＿.

3. 彼がなぜ昨日そこへ行ったのか誰にもわかりません。

〔 ア knows ／ イ there ／ ウ why ／ エ no ／ オ went ／ カ he ／ キ one 〕 yesterday.

＿＿ ＿A＿ ＿＿ ＿＿ ＿B＿ ＿＿ ＿＿ yesterday.

4. メアリーはトムの約３倍の本を持っている。

〔 ア books ／ イ three ／ ウ Mary ／ エ about ／ オ has ／ カ as ／ キ as ／ ク Tom ／ ケ many ／ コ times 〕 does.

＿＿ ＿＿ ＿＿ ＿A＿ ＿＿ ＿＿ ＿B＿ ＿＿ ＿＿ ＿＿ does.

5. その店に行く道は彼しか知らないのですか。

〔 ア the way ／ イ that ／ ウ the ／ エ the shop ／ オ person ／ カ knows ／ キ only ／ ク is ／ ケ he ／ コ to 〕？

＿＿ ＿A＿ ＿＿ ＿＿ ＿＿ ＿B＿ ＿＿ ＿＿ ＿＿ ＿＿？

6 日本語に合うように（　　）内の語を並べかえなさい。ただし，それぞれの文は１語不足しているので，それを補いなさい。また，文頭に来る語も小文字になっている。

〈久留米大学附設高等学校〉

1. どこに行けばその靴を買えると思いますか。

(you / I / buy / do / think / the / can / shoes)?

2. 彼の言うことは全然分からない。

(I / him / impossible / understand / find / to).

3. その男は，車に乗り込むところを目撃された。

(car / man / get / seen / was / the / the / in).

4. 彼女の歌でみんなが踊りたくなります。

(everyone / songs / her / dance / want / to).

5. 彼らはジャックの何倍ものお金を稼ぐ。

(money / Jack / they / does / make / much / many / as / as).

7 日本文に合うように，［　］内の語（句）を並べかえたとき，2番目と5番目にくるものの記号を答えなさい。ただし，文頭に来るものも小文字で記してある。〈久留米大学附設高等学校〉

1. イヤホンをしながら自転車に乗る行為は大変危険です。

(　)(**2**)(　)(　)(**5**)(　)(　)(　).

［**ア** bicycle　**イ** very　**ウ** earphones　**エ** a
オ dangerous　**カ** is　**キ** riding　**ク** wearing ］

2. モーツアルトの音楽は今まで聴いた中で一番美しい。

(　)(**2**)(　)(　)(**5**)(　)(　)(　) beautiful as Mozart's.

［**ア** as　**イ** I　**ウ** have　**エ** no
オ music　**カ** heard　**キ** is　**ク** ever ］

3. 彼らの歌はもう二度と聞きたくない。

I (　)(**2**)(　)(　)(**5**)(　)(　)(　) again.

［**ア** those　**イ** want　**ウ** songs　**エ** hear
オ of　**カ** theirs　**キ** to　**ク** don't ］

4. アシュリーは自分で宿題をしました。ほかの生徒はみな誰かに手伝ってもらいました。

Ashley did her homework by herself. (　)(**2**)(　)(　)(**5**)(　)(　)(　).

［**ア** students　**イ** help　**ウ** them　**エ** someone
オ had　**カ** the　**キ** all　**ク** other ］

5. 庭が紅葉で有名なその美術館の名前を知っていますか。

Do you know (　)(**2**)(　)(　)(**5**)(　)(　)(　) its autumn leaves?

［**ア** garden　**イ** the museum　**ウ** the name　**エ** for
オ famous　**カ** of　**キ** whose　**ク** is ］

6. その建物の向こうにはためいて見えるのが，私たちの校旗です。

The flag (　)(**2**)(　)(　)(**5**)(　)(　)(　) our school flag.

［**ア** buildings　**イ** is　**ウ** flying　**エ** over
オ you　**カ** see　**キ** the　**ク** can ］

2-6 和文英訳

以前から「和文英訳問題」は，日本語力も必要とされてきました。いわゆる文法事項が思い浮かぶ不自然な日本語ではなく，自然な日本語で出題され，それを英語にできる日本語へ変換する必要があるからです。例えば，以前，「土砂降りの雨だった」，「3月の声を聞かずに」といった表現が出されたことがあります。それぞれ「激しく雨が降っていた」，「3月になる前に」と解釈できたかがキーポイントとなりました。日本語のパラフレーズ力を身につける問題です。

1 白陵高等学校の1年の生徒Aと生徒Bの会話を読み，下線部を英語にしなさい。〈白陵高等学校〉

A 去年の東京オリンピックは，いろいろと大変だったけど，(1)<u>たくさんの日本人選手が*メダルをとったのは嬉しかったなぁ</u>。

B 開会式で選手たちが入場する時，(2)<u>日本のテレビゲーム音楽が聞こえてきたのにはワクワクしたよね</u>。

A ピクトグラムのパフォーマンスも面白かったよ。

B ピクトグラムってなんだっけ？

A 何らかの指示や案内を説明するための単純な絵のことだよ。
(3)<u>1964年の*東京大会以来，世界中で使われているんだよ</u>。

B 外国にいるとき，(4)<u>言葉がわからなくても，レストランがどこにあるかわかるのは助かるね</u>。

A これからも，(5)<u>みんなを幸せにするものが日本でたくさん作られたらいいなあ</u>。

(注) メダル — medal　東京大会 — the Tokyo Olympics

2 次の日本語の下線部を英語に直せ。必ず，主語と動詞を記すこと。

〈早稲田大学系属早稲田佐賀高等学校〉

〈A〉
A お父さん。猫と犬だと，どっちが走るのが速いの。
B そうだな。(1)<u>どっちが速いと思う</u>。
A (2)<u>わからないから聞いているの</u>。

〈B〉
A ジョン，お久しぶり。(1)<u>どうしているの</u>。
B えーと…。
A (2)<u>僕のこと覚えてないの</u>。

3 次の日本文を英文にしなさい。 〈中央大学杉並高等学校〉

1. 私達はお互いに知り合って８年以上になります。

2. 彼女が何を怖がっているのか誰も知りません。

4 次の日本語を英語になおしなさい。 〈城北高等学校〉

1. 彼女にはカナダ（Canada）出身のおじさんがいます。

2. ティム（Tim）と一緒に走っている男の人は私の父です。

5 次の下線部（1），（2），（3）を英語に直せ。 〈東大寺学園高等学校〉

A 春休み中は何をするの？

B (1)長い間会っていない友人を訪ねるつもり。実は僕の大好きな映画が撮影された小さな町に引っ越したんだ。

A わあ！ (2)映画と同じ町を歩くのは，わくわくする経験になるだろうね。

B うん。そうだと思う！ 君はどうするんだい？

A 特別な予定はないんだけど，うーん，そうだね，(3)学校が始まったら忙しくなるだろうし，出来るだけたくさん本を読むことにするよ。

6 次の下線部(1)，(2)を英語にしなさい。 〈桐朋高等学校〉

「ケン，お願いがあるんだけど。(1)君が昨日読んでいた本，僕に貸してくれないかな？」

「あっ，ごめん。(2)まだ読み終わってないんだ。あと２，３日かかりそうだから，別の人に当たってみた方がいいと思うよ。」

7 次の日本文を英語に直せ。 〈西大和学園高等学校〉

1. 将来その国に何が起こるかなんて誰にもわからない。

2. 私は彼に授業中うるさくしないで欲しかったのに，彼はしゃべり続けた。

3. 終電に間に合うように，私は駅まで全力で走った。

2-7 自由英作文

以前の「自由英作文」は，面接試験で質問されるような「中学校での思い出」「行ってみたい場所」などの報告型や「冷蔵庫とは何か」などの説明型が主流でした。近年の特徴は，「理由」や「具体例」が要求される説得型の問題です。論理展開を考え，適切なつなぎ言葉をはさみつつ表現していく必要があります。

1 あなたが高校生活で頑張ろうと思っていることは何ですか。〈成城学園高等学校〉

① その内容

② それを挙げた理由

③ そのためにどんなことが必要か

上記の3点について，①～③の順でそれぞれ7語以上の英文で書きなさい。

2 多くの日本の学校では，生徒が教室の掃除をする。しかし，生徒は清掃をせず，職員などが清掃を行う学校もある。あなたはどちらが好ましいと思うか。20語程度の英語で述べなさい。ただし，印刷されている単語を語数に含まない。〈同志社高等学校〉

I think ______________________________

This is because ______________________________

____

3 次の英語の質問に対する答えを，理由を含めて40語程度の英語で書きなさい。ただし，「.」「,」「?」「!」などは語数に含めない。また，語数を記入しなさい。〈大阪星光学院高等学校〉

What do you think is the best season to travel in Japan?

4 次の質問に対して自身の考えを英語で書きなさい。その際，理由を2つ述べ，40語以上50語程度で書くこと。コンマ，ピリオド等は語数に含みません。〈立教新座高等学校〉

Where do you want to go on your next trip, a foreign country or a place in Japan?

COLUMN 04

不定代名詞

不定代名詞とは，人や物，数量について漠然と置き換えられる代名詞を指し，one, some, any, no one, someone, something, everything, another, the other などがあります。
ここでは，その中でも高校受験で重要になる表現を扱います。

some と any：漠然とした数量を表す

I forgot to bring my money. Will you lend me **some** if you have **any**?

お金を持ってくるのを忘れた。（いくらか）持っていたら，いくらか貸してくれないか。

one と the other：既出の２つについて説明する

There are two balls on the box.

One is big and **the other** is small.

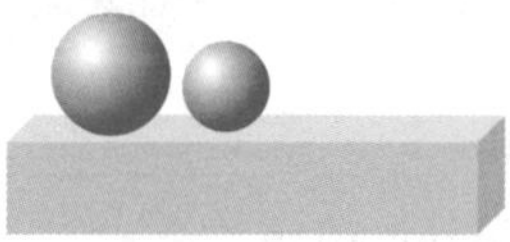

箱の上にボールが２つあります。

１つは大きく，もう１つは小さいです。

たとえば，外国に住む友達が２人いて，一人はアメリカにいて，もう一人はイギリスに住んでいるということを表すときに便利な表現です。

one と the others：既出の２つ以上について説明する

There are four balls on the box.

One is big and **the others** are small.

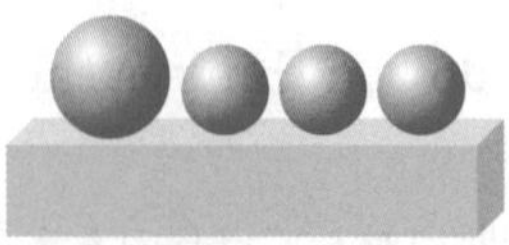

箱の上にボールが４つあります。

１つは大きく，**残りの３つ**は小さいです。

the other は，「最後の１つ」を表し，the others は，「残り全部」を表します。

another：複数の中の任意の１つについて説明する

There are four balls on the box. **One** is big, **another** is small, and **the others** are even smaller.

箱の上にボールが４つあります。１つは大きく，

もう１つは小さく，**残りの２つ**はさらに小さいです。

another は，複数の中のどれか１つを表すときに用います。たとえば，買い物のとき，ある商品について「もう１つ（別のもの）」というときに便利です。
This cap is nice, but would you show me **another**?
この帽子は素敵ですが，もう１つ（別のもの）見せてもらえますか。

第3章

出題形式別
入試問題演習

― 長文 ―

第3章に取り組む前にもう一度，第1章の確認をしましょう。第1章の文法トレーニングを8割以上身につけていることが望ましいです。

第3章の進め方

注意1 **問題を解く前にそれぞれの出題形式の取り組み方をマスター**

注意2 **大問を1題ずつ解きましょう。1題ずつに習得してほしい知識があります。その内容を身につけたうえで，次の問題にチャレンジしてください。**

また，長文読解の学習効果はその復習方法により大きく変わります。本書に取り組む際には，通常の学習（①解く＋②答え合わせ）に加えて，**③並行音読**（長文トレーニング法，別冊第3章で説明する）を徹底してください。時間配分の目安を記すので参考にしましょう。**③並行音読**に最も多くの時間をかけることで，これまでにない学習効果をあげることができます。

時間配分

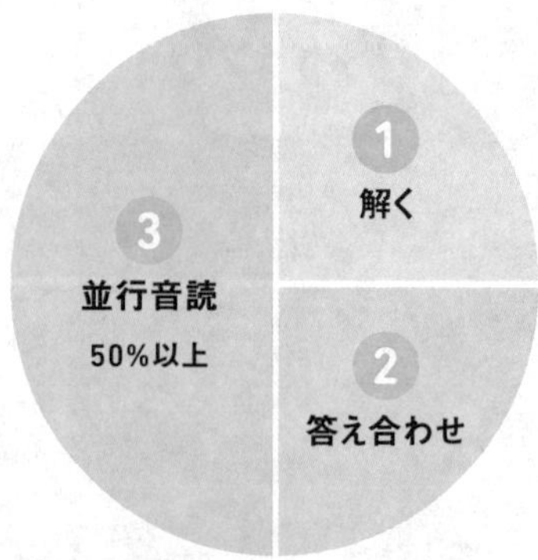

1 解く（時間オーバー可）
- **1** 辞書は使用しない
- **2** 設問内容を確認してから本文に取り組む
- **3** 文脈理解に主眼を置く

2 答え合わせ
- **1** ○×をチェック
- **2** 解説を確認する，正解箇所も確認すること
- **3** 和訳チェック（自分の考えと照合）

3 並行音読
- **1** スラッシュポイントの確認
- **2** 音読トレーニング（慣れたら日本語を見ない）
- **3** 本文ページで確認

並行音読の方法は別冊第3章で詳しく説明しています。

3-1 整序英作文

長文中の「整序英作文」の特徴は，多くの場合，日本語によるヒントがないということです。前後の文から流れを予想し，英文を組み立てることが大切です。

パズルのように戦略的に

整序英作文は闇雲に解いてもなかなか順調に上達しません。しっかり考えていく順序を決めることが重要です。

❶ 端から ➡ つまり，SV を特定する

パズルをするとき，端（周り）から攻めるのがセオリーです。英語では主語と動詞になる可能性のある語句の選別から始めます。

❷ 色・柄合わせ ➡ つまり，かたまり（熟語・連語）

パズルはピースが少ないほど簡単です。並べかえる語句を少なくするためにつながりのある語句をまとめてみましょう。

❸ 余ったもの ➡ つまり，冠詞や形容詞，副詞を加える

端でもなく色分けも難しいピースは「トライアンドエラー（試してみる）」で挑戦します。最後に冠詞や修飾語句の位置を文法知識総動員で考えます。

例えば，下の①，②を解いてみましょう！

During my stay in New Zealand, I happened to meet a Japanese man at a bookshop near the market place. The man ①[wearing, made, easy, Kimono, me, was, Japanese, it, a, which, for, to] recognize him. He looked cheerful and friendly, so before I knew what I was doing, I talked to him. He said that he was a scientist and had been studying the old society and people's lives in the area called Tasman Region. The scientist also ②[going, that, he, was, said, hold, a, weekend, would, party, on, to, and, the] invite me to the party.

① すでに主語が The man と確定しているので，動詞を探す。made または was だと判断できる。動詞が2つあるので接続詞か関係代名詞を含む。今回は後者。次にかたまりは，was wearing, Japanese Kimono, make it ... for A to の構文。a がつく名詞は Kimono のみ。また，recognize が原形なのは to につながるからと判断できる。

➡ The man [was wearing a Japanese Kimono which made it easy for me to] recognize him.

② こちらも主語は確定している。動詞は was, said, would である。hold と［　］の外の invite が原形であることに注目する。かたまりは，said that, was going to, hold a party, on the weekend。さらに also「さらに，もまた」もヒントになる。前文の He said から，直後に said を入れると「その科学者はまた～と言った」と自然なつながりとなる。

The scientist also [said that he was going to hold a party on the weekend and would] invite me to the party.

3-1 整序英作文

1 次の英文を読み，下線部**1**～**5**の語（句）を並べ替えて意味の通る英語にしなさい。ただし，文頭に来る語も小文字になっています。 〈巣鴨高等学校〉

① When three men in California were taken to a hospital with strange *symptoms, the hospital doctors thought the men had been poisoned. They couldn't speak, and they *had trouble breathing. The doctors finally found out the men had just shared a dish of *fugu*.

② Fugu, the Japanese name for the puffer fish, **1** [the / fish / of / is / one / strangest] in the ocean. The puffer fish gets its name from the way the fish protects itself from enemies. Whenever it is attacked, the fish *puffs up its body to over twice its normal size!

③ The reason the three men were taken to the hospital is because the puffer fish is also very poisonous. *As a rule, you **2** [a whole / if / will / eat / die / you] puffer fish. The three men were also dying. (Luckily they all survived.)

④ *Despite the danger of fugu poisoning, the fish is actually a very expensive, and very popular, kind of food in Japan. Because of the danger, fugu can only be prepared **3** [cooks / a special license / from / by / with / the local government]. These cooks can *identify and remove the poisonous parts of the fish. **4** [eating / people / die / most / from / who] fugu these days have tried to prepare the fish *on their own.

⑤ Fugu is **5** [be / delicious / that / so / said / to] it has even started to be imported into Hong Kong and the United States. Several tons of fugu are now exported from Japan every year.

（注） symptom ― 症状　　have trouble breathing ― 呼吸困難である
puff up ― ～をふくらませる　　as a rule ― 原則として
despite ― ～にもかかわらず　　identify ― ～を特定する
on their own ― 自分自身で

2 次の英文中の空らん [1] ～ [5] に適するように，それぞれ与えられた語句を並べかえなさい。ただし，**A**，**B**，**C** の位置にくる語句を記号で答えなさい。文頭にくるべき語も小文字で書き始めてあります。 〈渋谷教育学園幕張高等学校〉

① There once was a man who travelled the world on a fine elephant. One evening, [1] and found a house where six brothers lived.

② He knocked on the door and asked them to lend him a bed and some space for his elephant.

③ The brothers looked confused. "What is an elephant?" they asked.

④ "You've never seen one?" asked the man. "You will be amazed!"

⑤ But it was already dark and there was no moon that night, so the man said, "Let's sleep and I will show you the elephant in the morning."

⑥ The brothers smiled. "We are all blind," they told the man. "Please [2] now. We want to know all about it!"

⑦ The man led the brothers to the elephant which was standing outside eating the leaves of a tree, and the brothers stood around and began touching it. However, the elephant [3] was different. One brother touched its leg and said it was like the pillar of a building. Another brother held its tail and said it was a thick rope. A different brother touched its ear and said it felt like a leather apron.

⑧ The brothers [4]. After a little while, the man said, "Friends, there is no need to fight. You are each right about the elephant. But you are all wrong to think that you know the whole truth. An elephant has many different parts. [5] if you want to understand an elephant."

1. ____ **A** ____ **B** ____ ____ **C** ____

ア a　イ for　ウ he　エ looking
オ place　カ sleep　キ to　ク was

2. ____ **A** ____ ____ **B** ____ **C** ____

ア an elephant　イ call　ウ show　エ that
オ the　カ thing　キ us　ク you

3. ____ **A** ____ ____ **B** ____ **C** ____

ア being　イ big　ウ every　エ part
オ so　カ that　キ touched　ク was

4. ________ ________ ___A___ ________ ___B___ ________ ___C___

ア about イ began ウ fight エ right

オ to カ was キ who

5. ________ ________ ___A___ ________ ________ ___B___ ________ ___C___

ア for イ important ウ it's エ listen to

オ other brothers カ to キ you ク your

3 次の英文の **1** [　　]〜**4** [　　] の中の語句を正しく並べかえて文を完成せよ。ただし，文頭の語は大文字で始めること。 〈武蔵高等学校〉

① When you run in a race, it's just for fun. But many kinds of **1** [run / that / animals / in / races / often mean / life or death] for one of them.

② When a lion hurts a *wildebeest it tries to *creep as close as it can. If the lion gets close enough, it can jump on the wildebeest's back and kill it. But if the wildebeest sees or smells the lion, it dashes away. Then the race begins!

③ **2** [for / run / both / lives / their / animals]. The lion must catch wildebeest *so it can eat. The wildebeest must escape so it can go on living. If the wildebeest gets a quick start, or if the lion is old and slow, the wildebeest may escape. But if the lion is young and fast it will probably catch the wildebeest and kill it.

④ Animals that get their food by *chasing other animals are fast runners. A person can never win a race against them. Foxes and wolves can run *twice as fast as a person. And a cheetah can run three times as fast as a person. It's the fastest of all land animals.

⑤ The kinds of **3** [are / eat / that / animals / fast runners / lions and other hunting animals], too. *Gazelles can run faster than race horses, and *zebras are nearly as fast as gazelles. *Giraffes look like slow runners, but they can run much faster than a man.

⑥ The hunter runs so it can eat. The animal it chases runs to *keep from being eaten. **4** [is / that / wins / the one / the race / the animal] that *stays alive.

〈注〉 wildebeest — ヌー（ウシに似たアフリカ産の動物）　creep — はう，忍び寄る
so... (can 〜) — (〜できる) ように　chase — 追いかける
twice (three times) as fast as 〜 — 〜の2倍（3倍）速く
gazelle — ガゼル（シカに似たアフリカ，西アジア産の動物）　zebra — シマウマ
keep from 〜 ing — 〜しないようにする　stay alive — 生き残る
giraffe — キリン

3-2 適語補充

長文中の「適語補充」の出題意図は，**文脈**を予想する力と**英文構造**の理解を試すことです。第一に空所部の文全体における働き，第二に文脈を考えます。

❶ 知識から攻める

空所部が熟語や構文の一部になっていないかを考える。

❷ 品詞を特定する

名詞・動詞・形容詞・副詞・接続詞・関係代名詞の判断が大きなヒントとなる。

❸ 文脈から考える

思考力を求める出題形式で近年増加傾向にある。

例えば，(1)～(3)に入る語を考えてみよう。

During my stay in New Zealand, I happened to meet a Japanese man at a bookshop near the market place. The man was wearing a Japanese Kimono which made (1) easy for me to recognize him. He looked cheerful and friendly, so (2) I knew what I was doing, I talked to him. He said that he was a scientist and had been studying the old society and people's lives in the area called Tasman Region. The scientist also said that he was going to hold a party on the weekend and would (3) me to the party.

(1) 直後の“形容詞 for A to ～”の形から，仮目的語 it の用法と判断できる。仮目的語の it を入れると，which made it easy for me to recognize him「それ（着物）が私が彼に気づくのを容易にさせた」となる。→神技35 SVOC

(2) so「だから」に続く文。空所部の後は，I knew what I was doing と I talked to him という2つの文が続いている。よって，(2) は接続詞とわかり，before を入れると「自分が何をしているか気づかぬうちに彼に話しかけていた」となる。

(3) would の次なので動詞の原形が入る。直前で「パーティーを開く」という発言があり，直後には，me to the party「私をパーティーへ」という言葉が続く。invite を入れると「私をそのパーティーに招待するつもりだ」となり自然な文脈となる。

このように適語補充は文法的な視点と文脈上の推測を必要とする問題である。選択肢がある場合も同様の過程を踏み，慎重に考えて得点源にしてほしい。

1 次の英文を読んで，空所（ A ）～（ G ）に補うのにもっとも適切な語を語群から選び，必要があれば正しい形に直して書きなさい。ただし，文頭に来る語も小文字で始めてあります。また，同じものを複数回用いてはいけません。〈東海高等学校〉

The Great Chicago Fire

The worst *disaster in the history of the city of Chicago began in a farm building on the night of Sunday, October 8, 1871. A woman（ A ）Mrs. O'Leary was milking her cow when the cow kicked over a *lantern and（ B ）a fire. It is said that a combination of bad planning and dry weather（ C ）the fire to destroy the city. While firefighters were fighting the fire downtown, the wind（ D ）it across the river.（ E ）, the city was burning on both sides of the river! The firefighters didn't have enough men or necessary items to fight the fire. Chicago was still burning when rain finally（ F ）on Tuesday and the fire stopped. In the end, 2,000 *acres of land and 18,000 buildings burned — all because of a cow.（ G ）, Mrs. O'Leary's house survived!

（注） disaster ― 災害　lantern ― ランタン　acre ― エーカー（1エーカーは約4,047平方メートル）

【語群】

amazingly	easily	suddenly	especially
want	come	go	allow
blow	give	start	name

2 次の英文を読み，空欄（ 1 ）～（ 5 ）に入れるのに最も適切な語（句）をそれぞれ選び，記号で答えなさい。 〈青山学院高等部〉

① Imagine you are going to make a speech in front of a large audience. How do you feel in that situation? Probably you feel a lot of stress and pressure! Then what should you do under such a stressful condition to make your speech (1)? Is it a good idea to relax and keep cool, or is there a better way?

② Harvard Business School professor Alison Wood Brooks did research on how your way of thinking about stress and pressure can influence your performance of a speech. She told one group of people to relax and say to themselves in their heart, "I am calm." (2) group was told that they should accept their worries and say to themselves, "I am excited." What do you think the result was? The judges of the speeches thought the excited speakers gave better speeches than (3) who tried to calm down. What was the difference between the two groups? It was the way they thought about stress and pressure before they made a speech.

③ Many people think that when we come under a stressful condition, we should calm down and relax. However, this study shows that we can do better if we change how we react to the situation. The best way to deal with it is not to just relax (4) to accept how we feel and try to enjoy the situation.

④ There are different ways to react to stress. This is just one example (5) how our approach to difficult situations can affect our performance.

1. A success	B succeeded	C successful	D succeeding
2. A Other	B The other	C Some other	D Any other
3. A that	B one	C these	D those
4. A but	B only	C as	D also
5. A showed	B have shown	C showing	D shown

3-3 適文補充

「適文補充」とは本文中の空所部にあてはまる文を補う出題形式です。ここでは主に選択問題を扱います。文脈を把握する力をつけるには非常によい練習になります。第４章の前にその特徴をしっかり理解しておきましょう。

❶ 冠詞に注目する

英語では初出の可算名詞には不定冠詞 a/an がつく。2回目の登場では the がつき，その後は代名詞となる。

I have *a dog*. We named *the dog* Hachiko. *It* is very friendly.

私は犬を飼っている。私たちはその犬をハチ公と名付けた。ハチ公はとても人懐っこい。

❷ 指示語・代名詞に注目する

it や they, this や those などがヒントとなる。

❸ キーワードを探す

選択肢の中にある語句と関係のある語句を本文中から探す。

例えば，次の問題を解いてみましょう。

次の空所①～④を補うのに最も適切な文をア～エより選びなさい。大文字であるべき文字も小文字にしてある。

ア he looked cheerful and friendly

イ by doing so, he could learn their lives

ウ I happened to meet a Japanese man at a bookshop near the market place

エ the man was wearing a Japanese Kimono

During my stay in New Zealand, [　①　]. [　②　] which made it easy for me to recognize him. [　③　], so before I knew what I was doing, I talked to him. He told me that he was a scientist and had been studying the old society and people's lives in the area called Tasman Region. The scientist also said that he was going to hold a party and would invite the people living there to the party. [　④　].

不定冠詞 ➡ 定冠詞 ➡ 代名詞の法則（a man ➡ the man ➡ he）により①②③はそれぞれ**ウエア**となる。④は**イ**の so が「パーティーを開いて現地の人と話す」を表し，their が「現地の人々の」を表していることに気づけるようにする。

並行音読トレーニングの際に，代名詞・指示語が何を指し示すのかを考えるようにすることで適文補充問題は得意分野となるだろう。

1 次の対話文の空所（ a ）～（ e ）に入れるのに最も適切なものを下の選択肢**1**～**5**より選び，番号で答えなさい。ただし，番号はそれぞれ1回しか使えません。 〈久留米大学附設高等学校〉

Nancy Excuse me. Do you mind if I ask you for directions?

Rie （ a ）

Nancy （ b ）

Rie （ c ）

Nancy （ d ）

Rie （ e ）

Nancy Really? I often use the ATM machine, but I never knew about the mailbox. Thank you very much.

Rie You're welcome.

【選択肢】

1. Do you know where I can get some stamps? I want to mail some post cards.

2. Not at all. Where do you want to go?

3. Yes. Go out of the bookstore and turn right. There is an ATM machine there, and the mailbox is right next to it.

4. If you just need stamps, the university bookstore sells them.

5. Do you know if there is a mailbox near the bookstore?

2 次の会話文を読み，文章全体の意味が通るよう空所 [1] ～ [10] に入れるのに最も適切なものを**ア**～**コ**よりそれぞれ1つ選び，記号で答えなさい。選択肢は各1回のみ使用すること。＊が付いている語（句）には(注)がある。 〈慶應義塾高等学校〉

Marty Hi, Mom! It's good to see you. [1] Watch your step.

Mom Hi, Marty. I haven't seen you for ages. It's good to see you too.

Marty [2]

Mom Thank you. Do you want me to take my shoes off?

Marty Yes, please, if you don't mind. [3] I've missed you.

Mom I've missed you too. I'm sorry I'm late. I couldn't find your house.

Marty No need to *apologize. You're here now. [4] How's your flight?

Mom I got a little bit nervous before take-off. But I enjoyed it, watching some short films and taking a nap.

Marty That's great.

Mom Oh my, your house is very nice. These stained-glass windows are lovely.

[5]

Marty Thanks. Let me help you with your suitcase. [6] I'll show you your room. There it is.

Mom Thank you. It looks very comfortable.

Marty [7] Can I get you anything to drink? Would you like some tea or coffee?

Mom Yes, I'd like a cup of coffee, please.

Marty Alright. [8]

Mom With two sugars and milk, please. Could I use your phone? I have to call George.

Marty Of course. Dad must be *expecting you to call him. The phone is in the living room.

Mom Thank you. [9]

Mom Dad says hi to you. Hmm, something smells wonderful...

Marty Are you ready to eat?

Mom [10] Actually, I missed the in-flight meal.

Marty Okay, let's go into the dining room.

(注) apologize — 謝る　expecting — 期待している

ア Yes, I'm starving.
イ Please come on in.
ウ How do you take it?
エ You have very good taste.
オ That's all that matters.
カ Shall I take your coat?
キ Well, you look very good.
ク Make yourself at home.
ケ Follow me.
コ I'll be back in a minute.

3 次の英文を読み，後の問いに答えなさい。 〈明治大学付属明治高等学校〉

❶ （ ア ） From high-tech clothing to artificial arms and legs, there are many new ways to improve performance. However, many people worry that technology can give some athletes an advantage. It can make competitions unfair. Also, often only wealthier athletes and teams can buy expensive, high-tech equipment. Do we want the best athlete to win, or the athlete with the best equipment to win?

❷ （ イ ） Several years ago, sports engineers invented a new material for swimsuits. It has many of the same qualities as shark skin. When swimmers use full-body suits made of this material, they swim faster and float better. The material also sends more oxygen to swimmers' muscles.

❸ （ ウ ） Soon after, swimmers using the suits began breaking world swim records at the surprising rate. In the 2008 Beijing Olympic Games, swimmers broke twenty-five world records. Twenty-three of those swimmers wore the high-tech suits. By comparison, Olympic swimmers broke only eight world records in 2004. Then, in the 2009 World Championships, swimmers broke forty-three world records. People knew that the new suits were helping athletes. In January 2010, the Federation Internationale de Notation (International Swimming Federation, or FINA) banned high-tech suits. Most competitive swimmers were happy about the ban. As one Olympic swimmer said, "Swimming is actually swimming again. It's not who's wearing what suit, who has what material. We're all under the same guidelines."

❹ （ エ ） Clearly the expensive high-tech suits were the reason behind the faster swimming times. The suits gave some swimmers an unfair advantage.

❺ （ オ ） New equipment can certainly be good for sport. For example, tennis rackets used to be wooden. The heavy rackets could break and cause injuries. In the 1980s, companies introduced new high-tech carbon rackets, which are easier and safer to use. The new rackets have made tennis more enjoyable for the average tennis player. Technology has improved equipment in all sports, from downhill skiing to bicycle racing.

❻ （ カ ） In the future, sports engineers may invent an artificial leg that is better than a real leg. Will it be acceptable for competitions? Do high-tech contact lenses give golfers an advantage? Can runners use special shoes that help them run faster while using less energy? These questions do not have easy answers. We must be aware that technology can sometimes make sports unfair. However, we should welcome improvements that make sports more enjoyable and safer for all.

(1) 本文中の（　ア　）～（　カ　）に入る最も適切なものをそれぞれ1つ選び，番号で答えなさい。

1 Better equipment is not always a bad thing, of course.

2 Companies introduced these new high-tech swimsuits in 2008.

3 In the two years after the ban, swimmers broke only two world records.

4 Nowadays, new technology is helping athletes.

5 The question is this: When does technology create an unfair advantage?

6 The story of high-tech swimsuits shows how technology can make sports unfair.

(2) 次の英文のうち，本文の内容に合うものを2つ選び，番号で答えなさい。

1 With full-body swimsuits, swimmers can swim faster and float better.

2 Most of the swimmers who broke world records in the 2008 Beijing Olympic Games were wearing the high tech suits.

3 After January 2010, it became clear that the full-body suits had little connection to new world records.

4 Technological advances in the field of sports are not always bad because they can help people buy new tools at low cost.

3-4 内容一致

「内容一致」問題は，長文の全体像をつかめているかがポイントです。また，昨今の入試問題の特徴は内容理解に加え，英文解釈力も求められている点です。本文中の表現を大きく言いかえたパラフレーズが選択肢に含まれる傾向にあります。その言いかえに気づく練習をしなければ対応できません。

パラフレーズとは

言いかえ表現のことです。日本語もそうですが，正式な文章では類似表現の重複は好まれません。様々な言葉を用いて説明していく表現力が求められるのです。それを理解していくためには，読む側も同様に表現の幅を広げていく必要があります。高校入試ではこのパラフレーズする力が求められる問題が増加傾向にあるのです。

例えば，ア～ウのうち，次の英文の内容に合う選択肢はいくつあるか答えなさい。

During my stay in New Zealand, I happened to meet a Japanese man at a bookshop near the market place. The man was wearing a Japanese Kimono which made it easy for me to recognize him. He looked cheerful and friendly, so before I knew what I was doing, I talked to him. He said that he was a scientist and had been studying the old society and people's lives in the area called Tasman Region. The scientist also said that he was going to hold a party on the weekend and would invite me to the party.

ア The writer noticed the man easily because he was dressed in traditional Japanese clothes.

イ It took the writer a few minutes to decide to talk to a stranger.

ウ The writer was invited to the party which was planned to be held on the weekend.

ア The writer noticed the man easily は which made it easy for me to recognize him のパラフレーズ。he was dressed in は was wearing のパラフレーズ。traditional Japanese clothes は，Japanese Kimono のパラフレーズ。よって，合致している。

イ It took the writer a few minutes「筆者は数分かかった」は before I knew what I was doing「自分が何をしているか気づかぬうちに」と合致しない。

ウ he was going to hold a party が，the party which was planned to be held にパラフレーズされている。would invite me to the party の部分は，The writer was invited to the party と言いかえられている。よって，合致する。

よって，合致する選択肢は2つである。

すべてのパラフレーズに気づき，正しい答えを導くことができましたか。本書では，文法セクションでも長文セクションでも受験生の知識に幅をもたせるこのパラフレーズする力を高める問題を意識的に集めました。ですから，諸君も様々な表現の習得を意識して学習を進めてください。それが本書の活用法です。

パラフレーズの例　(P.68，69 の column もあわせて見ておこう)

1. 単語・品詞の言いかえ

It is impossible for you to finish the work in a day.
その仕事を一日で終えることは君にとって不可能だ。

You can't finish the work in a day.
君は一日でその仕事を終えることはできない。

2. 語順の変更

He went fishing though it was raining heavily.
彼は激しく雨が降っていたけれど釣りに出かけた。

It was raining heavily but he went fishing.
激しく雨が降っていたが，彼は釣りに出かけた。

3. 態の変換

The boy hit the ball and it broke the window.
その少年はそのボールを打ち，それはその窓を割った。

The ball was hit by the boy and the window was broken by it.
そのボールはその少年によって打たれ，その窓はそれによって割られた。

The ball hit by the boy broke the window.
その少年によって打たれたボールはその窓を割った。

4. 句と節の言いかえ

I didn't know how important the health was until I lost it.
私はそれ（健康）を失うまで健康がどんなに大切かを知らなかった。

I didn't know the importance of the health until I lost it.
私はそれ（健康）を失うまで健康の大切さを知らなかった。

He went fishing though it was raining heavily.
彼は激しく雨が降っていたけれど釣りに出かけた。

He went fishing in spite of the heavy rain.
彼は激しい雨にもかかわらず釣りに出かけた。

The heavy rain didn't stop him from going fishing.
その激しい雨は彼が釣りに行くことを止めなかった。

1　次のそれぞれの英文の設問に答えなさい。(左肩に＊のついた語には(注)がある)

〈 駿台甲府高等学校 〉

【英文 A】

Can you imagine traveling to another country for work and then back to your home country every day? For many people from Malaysia, this is everyday life. They take their passports and they drive, ride bikes, or take buses or trains to get to work in Singapore. Then, they go back home to Malaysia at the end of the day. The bridge between these two countries is very busy. About *a quarter of a million people use the bridge. They make the *journey between the two countries each day.

(注) a quarter — 4分の1　journey — 旅

問. Which is the best title for this passage?

ア Going back home
イ Making new bridges
ウ Crossing between countries
エ Traveling the world

【英文 B】

There are a lot of festivals in the world. Easter is one of them. Every year, in March or April, *Christians celebrate the festival of Easter. Before the festival, people color eggs with colorful paint. Eggs have an important meaning at Easter. They remind people of birth and new life. When Easter Friday comes, Christians remember the death of *Jesus Christ. On Easter Sunday people celebrate his coming back to life. Eggs are a symbol of his death and *rebirth.

(注) Christians — キリスト教徒　Jesus Christ — キリスト　rebirth — 復活

問. What is this passage mainly about?

ア The paint for eggs at Easter.
イ The meaning of eggs at Easter.
ウ The eating of eggs at Easter.
エ The festival for eggs at Easter.

2 次の英文をよく読み，本文の内容に合う最も適当な英文を４つ選び，記号で答えよ。

〈 西大和学園高等学校 〉

❶ Miss Martha Meacham kept a small bakery in her city.

❷ One day in spring, the bell of her bakery rang, and a man came in.

❸ "Two loaves of old bread, please," the customer said.

❹ He showed no interest in other kinds of bread. From that day, he always bought the same bread.

❺ The customer looked a middle-aged man. His clothes were not clean. But he was handsome and had very good manners. Martha began to take an interest in him and expected that he would come to her shop more often.

❻ Three weeks later, the man came and ordered the same bread. When she received five cents, she saw red and brown spots on his fingers. She thought then that he was an artist and very poor.

❼ Martha wanted to know his job. One day she brought a painting to the shop. She hung it on the wall behind the counter. A few days later, the man came in and ordered the old bread as usual. Then he looked at the painting and asked her about it. He seemed to be interested in it.

❽ "Yes, he must be an artist," she thought.

❾ One day, Martha thought he began to look thinner and tired. She wanted to give him something good to eat, but she couldn't do anything then. The next Tuesday morning, she made her mind. There was a pound of fresh butter in the shelf. With a bread knife she cut the old loaves, and put a lot of butter in them.

❿ Near lunch time, the man came in as usual. He put his money on the counter and said, "Two loaves of old bread, please." She quickly wrapped his two loaves of bread with paper and her gift. Miss Martha smiled to herself. Her dream came true.

⓫ Near the evening the front door bell of the bakery rang. Somebody was coming in. Martha hurried to the counter. Two men were there. One was a young man whom she had never seen before. The other was the artist. His face was red with anger. Martha was terribly shocked at his anger, and could not speak at all.

⓬ "What a fool you are! I will tell you...," the customer cried, but he was so excited that he could not talk. Then the other man said, "I'll explain why he is so angry. His name is Anderson. The loaves of your old bread damaged his work. He is a painter. He has been working hard for three months and drawing a plan for a new city hall. It is a prize competition. He finished inking the lines yesterday. He always makes his first drawing in pencil, and uses ink later. After the inking, he erases the pencil lines. He uses old bread to do the work. That's better than an eraser."

⑬ Martha suddenly covered her face with her hands and began to cry. She understood everything.

⑭ The next day Martha went to his office. As soon as she saw Mr. Anderson, she said in tears, "My name is Martha Meacham. Yesterday I caused you such trouble. I'm so sorry."

⑮ "Miss Meacham," he said with a smile. "Yesterday I was terribly shocked to see the dirty finish of my drawing. At first I didn't understand why it got dirty. That was not what I always buy at your shop. So I got very angry. I'm very sorry."

⑯ "May I ask you a question?" he added.

⑰ "Oh, yes. Go ahead," she said.

⑱ "I want to talk with you over a cup of coffee. Are you free tomorrow?" She felt like she was over the moon.

⑲ "Why not?" she replied.

ア Martha began to be interested in the customer because she wanted him to order different kinds of bread.

イ The young man seemed poor to Martha because he couldn't pay five cents every day.

ウ At first Martha thought that the customer was an artist because his clothes were not clean.

エ Martha gave a special gift to the customer because she thought he was unhealthy.

オ Mr. Anderson, a young painter drawing a city hall, always bought old bread for his job.

カ When she passed her gift to Mr. Anderson near lunch time, he was pleased with it and paid five cents as usual.

キ When she looked at Mr. Anderson's angry face, she was disappointed because he didn't like her gift.

ク Martha began to cry because she found that her special gift made his work dirty in the end.

ケ After she said sorry to the young man, she felt happy because she made a promise to meet him again.

COLUMN 05

Discourse Markers「つなぎ言葉」

ディスコースマーカーとは，言語表現の中で使用する言葉や表現であり，発信者が意図する意味や文脈の方向性をわかりやすくする役割を持つものです。Readingでは文脈を捉える指標となり，Writingでは自分の意見を相手に伝わりやすくし，説得力を持たせる機能があります。第4章に挑戦する前に覚えておくとよいでしょう。

追加

in addition その上 ／ **in addition to ～** ～に加えて ／ **also** また ／
moreover さらに ／ **furthermore** さらに ／ **besides** その上 ／ **what is more** さらに

The teacher gave us a lot of useful advice. In addition, she helped us create costumes for the play.
その先生はたくさんの有益な助言を私たちにくれた。**その上**，劇の衣装の作製も手伝ってくれた。
In addition to a lot of useful advice, the teacher helped us create costumes for the play.
たくさんの有益な助言**に加え**，その先生は劇の衣装の作製も手伝ってくれた。

列挙

first, firstly 1つ目に ／ **second, secondly** 2つ目に ／ **to begin with** 第一に ／
next, then 次に ／ **after that, following that** その後に ／ **lastly, finally**「最後に」／
some ... , others ～ …するものもあれば～するものもある ／
one ... , the other ～ （2つのうち）1つ（1人）は…でもう一方は～ ／
the former ... , the latter ～ 前者は…後者は～

First, I finished my homework. Next, I cooked dinner for my little sister. Then, I watched a baseball game on TV, and following that I took a bath. Finally, I went to bed.
最初に私は宿題を終えました。**次に**，私は妹のために夕食を作りました。**それから**，私はテレビで野球の試合を見て，**その後に**お風呂に入りました。**最後に**，私はねむりました。

結果

so だから ／ **therefore** したがって ／ **as a result** 結果として

I told a few lies to hide my failure. **As a result**, I lost the trust of my boss.
私は失敗を隠すために少し嘘をついた。**その結果**，上司の信用を失った。

順接

because SV ～ , as SV ～ , since SV ～ ～なので ／
that is because SV ～ それは～だからです ／
that's why SV ～ そのようなわけで～なのです

順接の since は主に文頭で使用するとされる。

We decided to stay at home **because** the weather was terrible.
＝ We decided to stay at home **as** the weather was terrible.
＝ **Since** the weather was terrible, we decided to stay at home.
天候がひどかった**ので**，私たちは家に留まることに決めた。

The weather was terrible. **That was why** we decided to stay at home.
天候はひどかった。**そのようなわけで**私たちは家に留まることに決めた。

We decided to stay at home. **That was because** the weather was terrible.
私たちは家に留まることに決めた。**それは**天候がひどかった**からだ**。

対比

however しかしながら ／ **yet** しかし ／
nevertheless, nonetheless それにもかかわらず ／ **instead** その代わり ／
on the contrary それどころか ／ **in contrast** 対照的に ／ **otherwise** さもなければ
／ **unlike** ～と異なり

英作文では文頭に But を置くのはよくないとされる。これらを文脈にあわせて but の代わりに用いるとよい。

The weather was terrible. **Nevertheless**, the soccer game was not put off.
天候はひどかった。**それにもかかわらず**，そのサッカーの試合は延期されなかった。

You should hand in the report at once. **Otherwise**, you will fail the course.
すぐにそのレポートを提出するべきだ。**さもないと**，そのコースに落第する。

Unlike people in Europe, we don't drink green tea with sugar in Japan.
ヨーロッパの人々**と異なり**，日本では緑茶に砂糖を入れて飲みません。

譲歩	though SV ～, although SV ～ ～だけれど／even if SV ～ たとえ～としても／ while SV ～ ～だが，～する一方／whether SV ～ ～であろうとなかろうと／ in spite of ～, despite ～ ～にもかかわらず

Though it was raining heavily, he went out without an umbrella.

雨が激しく降って**いたが**，彼は傘を持たずに出かけた。

In spite of heavy rain, he went out without an umbrella.

激しい雨**にもかかわらず**，彼は傘を持たずに出かけた。

詳細	in other words 言いかえると／that is つまり／it means つまり／ in short, in brief 手短に言うと／in fact 実際／actually 実際／indeed 確かに

The company has been experiencing financial difficulties. In other words, it's in danger of going bankrupt.

その企業は財政的な困難に直面している。**言いかえると**，倒産の危機に瀕しているということだ。

Indeed the restaurant serves delicious dishes, but they are too expensive.

確かにそのレストランはおいしい料理を提供する**が**，高すぎる。

具体例	for example, for instance 例えば／especially 特に／ let's take ～ as an example ～を例にとってみよう

I have a lot of things to do today. For example, I need to take my grandmother to the hospital. Then, I have to return these books to the library. In addition, my mother asked me to buy some milk on the way home from the library. Especially, I have to finish one report, which may take at least two hours.

今日はやることがたくさんある。**たとえば**，祖母を病院に連れて行かなければならない。**その後**，図書館にこれらの本を返さなければならない。**さらに**，母親が図書館からの帰り道に牛乳を買ってくるように頼んでいる。**特に**，レポートを１つ終わらせなければならないが，それは少なくとも２時間かかる可能性がある。

COLUMN 06

関係詞を用いた書きかえ

関係代名詞の文には様々なパラフレーズがあります。文法問題だけでなく，長文読解問題にも役立つ知識です。

「関係代名詞（主格）と be 動詞」は省略できる

I want a white vase which is on the shelf. which is は，省略可

I want a white vase on the shelf.

私は棚にある白い花びんがほしい。

I bought a book which was written by my favorite singer. which was は，省略可

I bought a book written by my favorite singer.

私は大好きな歌手に書かれた本を買った。

Look at the girl and the dog that are running over there. that are は，省略可

Look at the girl and the dog running over there.

向こうを走るその女の子と犬を見て。

関係代名詞と現在完了の書きかえ

This is the biggest dog that I have ever seen.

これは私が見たことがある中で最も大きな犬だ。

I have never seen such a big dog before.

私は以前，こんなに大きな犬を見たことはない。

「…した中で最も～な A」
＝こんなに～な A を…したことはない

all と only の書きかえ

All (that) you have to do now is (to) have a good sleep.

あなたがしなければならないことのすべてはよく眠ることだ。

[あなたがしなければならないのはよく眠ることだけだ]

The only thing (that) you have to do now is (to) have a good sleep.

あなたがしなければならない唯一のことはよく眠ることだ。

You have only to have a good sleep. [You only have to have a good sleep.]

あなたはよく眠りさえすればよい。

能動態と受動態を用いた書きかえ

I bought a book which my favorite singer wrote. 関係代名詞節の中が能動態

私は大好きな歌手が書いた本を買った。

I bought a book which was written by my favorite singer. 関係代名詞節の中が受動態

私は大好きな歌手に書かれた本を買った。

第4章

入試問題演習

── 長文読解総合 ──

この入試問題に挑戦する前に

効果的に過去問に取り組むべく，その挑戦前に様々なことを終えていなければなりません。単語や文法などはもちろんのこと，本書で説明した長文問題への取り組み方，その復習法「並行音読」の習得も終えておきましょう。

第４章は，総合問題です。実際の難関私立高レベルの問題に挑戦します。

ただし，総合問題といっても，第３章で学習した取り組み方を参考にすれば，極端に身構える必要はありません。まず第３章を振り返り，取り組むプロセスを確認してから進めるようにしましょう。

事前確認 or 同時進行

多くの受験生が，時間不足に悩まされます。本書で学習を勧める「並行音読」もそういう受験生の弱点を補うために考え出した学習法の１つなのです。

第４章では，もう一つ意識して臨んでほしいスキルがあります。

それは，「本文を読み始める前に設問内容を確認すること」です。

設問に目を通す際には，事前に読んだ方が有利になる問題がないかどうかを見極めることが大切です。例えば，第３章で挑戦した内容一致問題の多くは事前に設問内容，質問や選択肢の英文を読んでおくことで，素早く解き進めることができます。事前確認（先読み）が有効な形式を確認しておきましょう。

【有効】

- **内容一致：選択肢の中から本文の内容に合う英文を選ぶ形式の問題**
- **内容真偽：本文の内容と一致するように不完全な英文の空所部を補う語句を選ぶ形式の問題**
- **英問英答（選択）：英語の質問に合う英文を選択肢の中から選ぶ形式の問題**
- **タイトル（選択）：本文の内容に合うタイトルを選ぶ問題**
- **要約文完成：本文の要約文の空所を補う形式の問題**
- **適文補充：本文から抜き出された１文の入る位置を特定する問題**

その他の出題形式は本文を読みながら解いていきます。本文を全文読んでから戻って解き直すのではなく，「同時進行」で解いていきます。

1 ケン（Ken）とリサ（Lisa）は放課後，図書館のコンピュータを使用して，2018 年と 2019 年のそれぞれ 1 月に発表された各国のインターネットの使用者の利用時間を調べています。2 人の会話を読み，設問に答えなさい。〈 中央大学附属高等学校 〉

Ken Wow! 10 hours!

Lisa What's that?

Ken Sorry, I'm just looking at this chart on the Internet. It's about which country spends the most time on the Internet. Who do you think was top of the list in 2019?

Lisa Maybe Japan?

Ken Why do you think it's Japan?

Lisa Because we use the Internet a lot.

Ken Actually, Japanese people spent less than 4 hours a day using the Internet. The Philippines was ranked first. They were second in 2018. Which country do you think was in second place in 2019?

Lisa Um, I'd say the US?

Ken No, sorry, actually they were not in the top 10 in either year. Brazil was in second place. They were ranked third in 2018. What country do you think was in third place in 2019?

Lisa Probably India, as they have a large population and are good at IT.

Ken No. Actually, wow... they weren't even in the top 10. I'm surprised. Thailand was in third place. Actually, they were first in 2018.

Lisa Interesting! Can you show me the data?

Ken Sure.

Lisa Hmm, does 'Worldwide' mean the average amount of time spent using the internet by all countries?

Ken Yeah, that's right.

Lisa In that case, the 'Worldwide' average (a) in 2019, compared with 2018.

Ken You're right. If we look at both graphs carefully, Colombia was not in the top 10 list in 2018, but they were ranked fourth the following year.

Lisa You can say the same thing about the UAE. They were not in the top 10 in 2018, but they were ranked tenth the year after.

Ken On the other hand, Egypt wasn't even in the chart in 2019, but they were ranked ninth in 2018.

Lisa Taiwan was not in the 2019 chart, either, yet they spent more than an average of 7 and a half hours online in 2018. I wonder why they stopped using the Internet so much.

Ken　Me, too. I also realized that none of the countries had the (b) rank in both 2018 and 2019.

Lisa　Let me see. That's true. Also, Japan spent about (c) the amount of time as Malaysia in 2018, and spent less than (c) the amount of time as the UAE in 2019.

Ken　I thought Japanese people spent longer using the Internet than the data in this chart shows.

Lisa　Yeah, me too. In addition, the time spent using the Internet per day in 2019 was (d) than it was in 2018. I think that people, particularly students like us, spend more time studying than using the Internet just for fun.

Ken　Oh no! That means I'm not Japanese!

Lisa　What do you mean?

Ken　Well, I spend at least 6 hours a day playing games!!!

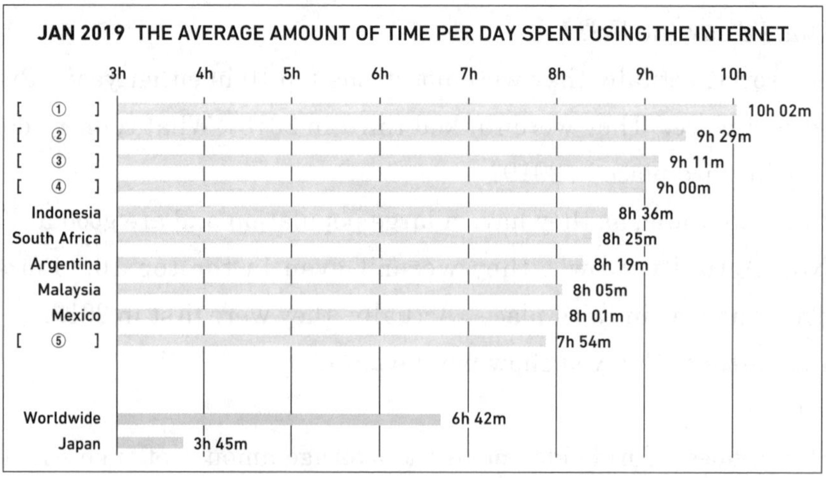

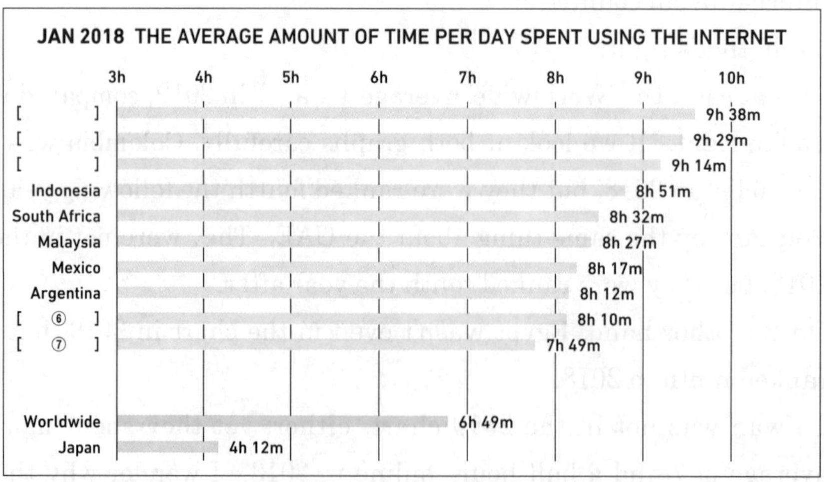

参考資料：GLOBALWEBINDEX

1. グラフの［ ① ］〜［ ⑦ ］に入る最も適切な国もしくは地域名を1つずつ選び，記号で答えなさい。

あ Brazil　い Colombia　う Egypt　え The Philippines
お Taiwan　か Thailand　き The UAE

2.（ a ）に入る最も適切なものを選び，記号で答えなさい。

あ increased a little　い increased a lot
う decreased a little　え decreased a lot

3.（ b ）に入る最も適切なものを選び，記号で答えなさい。

あ different　い higher　う lower　え same

4.（ c ）に共通して入る1語を答えなさい。

5.（ d ）に入る最も適切なものを選び，記号で答えなさい。

あ shorter　い longer　う smaller　え larger

COLUMN 07

グラフの表現に慣れよう

図表やグラフを含む入試問題は珍しくありません。そういう表現に慣れることも英語力 UP に必要です。英文を読んで何を表しているのかを理解できるようにしておきましょう。

【グラフの種類】

円グラフ　a pie chart [graph]　棒グラフ　a bar chart [graph]　折れ線グラフ　a line graph

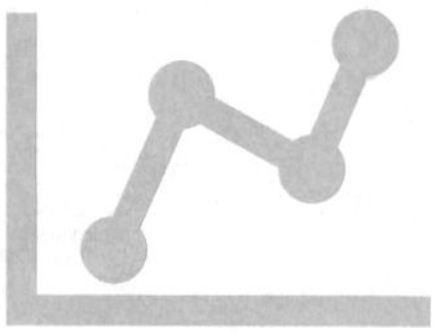

【円グラフの表現】

この円グラフは高校 2 年生がスマートフォンを 1 日に使用する長さを示したものです。

This pie chart shows how long second-year high school students use their smartphones per day.

shows は，illustrates，describes，represents などの動詞で言いかえられます。

per day は，「1 日につき」の意味を表します。

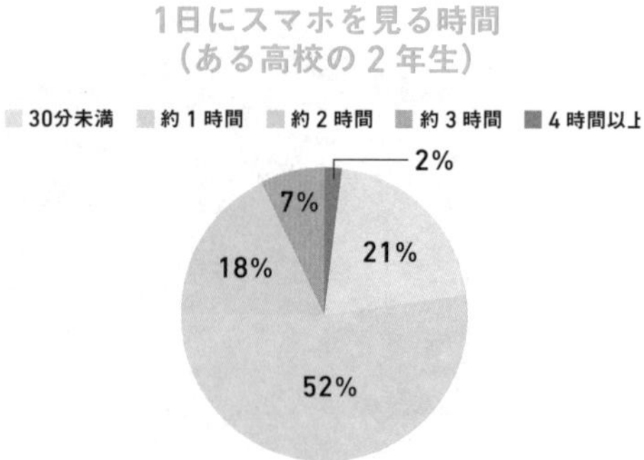

52% の生徒が 1 日につき約 1 時間スマートフォンを使用しています。

52% of students use their smartphones for about one hour per day.

one hour per day ＝ an hour a day

30 分未満と約 2 時間の割合は同じくらいでした。それらはそれぞれ 21% と 18% です。

The percentages of those who use their smartphones for less than 30 minutes and about two hours were about the same. They were 21% and 18%, each.

each は「それぞれ」を表し，respectively という表現を用いるとより明確になります。

4 時間以上使用している生徒も 2% いました。

There were also 2% of students who used their smartphones for more than 4 hours per day.

【棒グラフの表現】

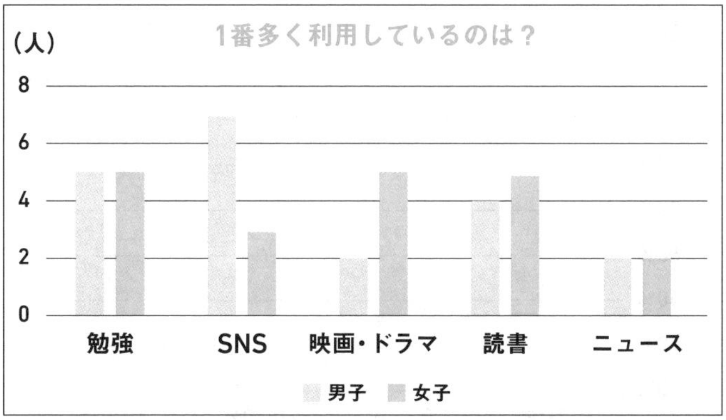

この棒グラフはスマートフォンを用いて何をしているかを男女別に示しています。

This bar graph shows what students are doing with their smartphones separated by gender.

separated by gender「男女別に」

男子に最も人気があるのは SNS の利用です。

For boys, the most popular activity is using SNS.

SNS にスマートフォンを使用する男子の数は女子よりずっと多いです。

The number of boys who use their smartphones for SNS is much higher than that of girls.

The number of As who ～ is ... .「～する A の数は…」は，図表問題だけでなくさまざまな場面で使用される表現です。自分でも英作文できるようにしておきましょう。

例えば，

日本を訪れる外国人の数は 2020 年に急激に減少しましたが，今年は急増しています。

The number of foreigners ***who visited Japan*** sharply decreased in 2020, but it is rapidly increasing this year.

女子には，映画・ドラマや読書が人気です。

For girls, watching movies, dramas and reading books are popular.

また，男女ともに勉強にスマートフォンを利用しています。

Additionally, both boys and girls are using their phones for studying.

ニュースに利用する男子の人数は 2 名です。

The number of boys who use their phones for news is two.

【折れ線グラフの表現】

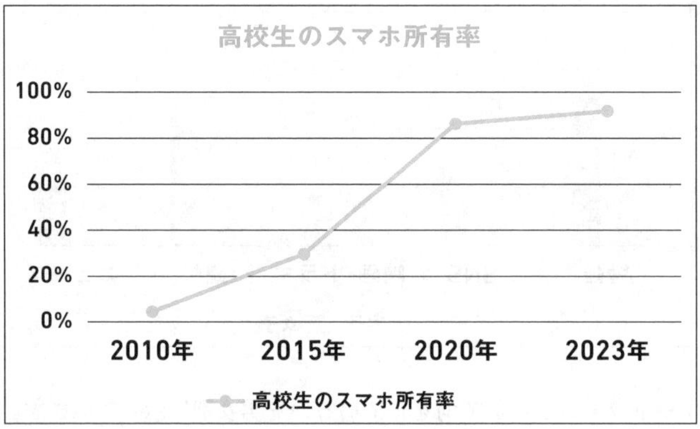

高校生のスマホ所有率は 2010 年には 4.6% でした。

The percentage of high school students who had their own smartphones was 4.6% in 2010.

The percentage of As who/which ～ is … .「～する A の割合は…です」も便利な表現です。また，この場合グラフのスタート地点なので，以下のように started at を用いることもできます。

The percentage of high school students who had their own smartphones ***started at*** 4.6% in 2010.

その率は毎年上がり，2023 年に 92.7% に達しました。

The percentage gradually increased each year and reached 92.7% in 2023.

reach ～「～に到達する」

percentage を rate や ratio で表すこともできます。

その率は 2015 年から 2020 年の間に急激に上昇しました。

The rate has rapidly increased between 2015 and 2020.

2 次のJackの家での会話文を読んで設問に答えなさい。 〈慶應義塾女子高等学校〉

Jack Have you decided your theme of the science contest at school?

Eric I'm interested in volcanoes, so I'm thinking of making a model of a volcano. But I haven't started anything. [A]

Jack I'm planning to study about insects and write a report. Actually, my sister and I have insects. Come over here. I'll show you some of them. We also have lots of books about insects.

Eric Thanks. I'd love to.

Jack [B] This jar has two grasshoppers in it. We put grass and twigs in the jar with them. Grasshoppers have two pairs of wings. The back wings are large though the front wings are small and hard. They also have long back legs that help them jump a long way. They can jump twenty times the length of their body.

Eric That's amazing! I didn't know that. Do you keep any other insects?

Jack Yes. Let me show you our ant farm. Ants are (ア) insects. That means they live together in large colonies or groups. In a colony, the queen is the only ant that can lay eggs. (あ O-) the queen becomes an adult, she spends the rest of her life laying eggs! The other female ants are worker ants. They build the nest and gather food for the colony. There is a lot of work to be done. They are hard workers.

Eric You know a lot about insects. Do you know which insect becomes the best (い m-)?

Jack As far as I know, it's the earwig.

Eric The earwig? What's it like?

Jack Well, I have a picture of one. She spends all winter looking after her eggs. She licks them clean and keeps them warm. When they hatch, she feeds them.

Eric I see. She really does a lot.

Jack This is a picture of another insect. She also takes good care of her babies. She carries them in a pouch.

Eric [C]

Jack Yes, exactly like that. Let me show you one more picture. This shows the insect I like most. It is a giraffe weevil. The name comes from its long neck. Its neck is twice as long as its body.

Eric Wow! (1) <u>I've become more interested in insects than before</u>. I also want to keep some at home if possible.

Jack　I'm glad to hear that. Summer is a good time to collect insects. Let's go outside and catch some. That should be fun.

Eric　That sounds good, but I have to go home now. [D] So, as soon as I get home, I'll start (2) <u>my science project!</u>

（注）jar —（広口の）びん　grasshopper — バッタ
twig — 小枝　～ times — ～倍　colony — 集団
lay — 産む　earwig — ハサミムシ
lick ～ ... — ～をなめて…にする
hatch —（卵が）かえる　pouch — 小袋
giraffe weevil — キリンクビナガオトシブミ

問 1. [A] ～ [D] を補うのに，最も適切なものを①～⑧より１つずつ選び，番号で答えなさい。ただし，同じ番号を２度以上選ばないこと。

① That reminds me of kangaroos!
② I'm inspired by your passion for insects.
③ What's wrong with you?
④ Do you know how long it took?
⑤ They are willing to pay.
⑥ Take a look at this.
⑦ How about you, Jack?
⑧ It was important to remove them.

問 2.（ ア ）に入る最も適切なものを①～④より１つ選び，番号で答えなさい。

① social　② national　③ medical　④ local

問 3.（ あ ），（ い ）にそれぞれ最も適切な１語を補いなさい。ただし，指定された文字で書き始めること。

問 4. 下線部(1)を，"interesting" を用いてほぼ同じ意味の文に書きかえなさい。

問 5. 下線部(2)の具体的な内容を日本語で答えなさい。

問 6. 本文の内容に合わないものを①～④より１つ選び，番号で答えなさい。

① Jack has decided his research theme of the science contest.
② The size of the front wings of grasshoppers is different from that of the back wings.
③ Jack and his sister keep earwigs as well as grasshoppers and ants.
④ A giraffe weevil is Jack's favorite insect.

3 次の英文を読んで，後の設問に答えなさい。なお，＊の付いている語には本文の最後に（注）があります。

〈 桐蔭学園高等学校 〉

① During Christmas vacation one year, my mom, my seven-year-old sister and I went on a two-week trip to India. I was really excited because I couldn't wait to see all my cousins, aunts and uncles. I visited them when I was only three years old. I also wanted to buy *souvenirs and clothes for myself, go sightseeing, see *the Taj Mahal, ride elephants, and much more. I imagined India to be a beautiful place, with palm trees moving in the air and giant shopping centers. Before I left, I told my friends about riding elephants and buying precious stones.

② But I was wrong. As soon as I stepped out of the plane, the whole airport smelled like... I can't even explain it, but let's just say it was something you probably never smelled before. It was like a mix of body smell and waste gas from cars. I felt I hated it. Plus, the airport was filled with people! People were pushing each other and shouting at the *security guards. (1) I thought I was dreaming. "This is not the India I imagined," I felt. I couldn't wait to get out of the airport. I said to myself, "Maybe the city will look more like my India." When we left the airport, it was already one in the morning, so (2) I didn't really pay much attention on the ride to my grandmother's house.

③ A few days later, a lot of things happened. My Aunt Joyce and my thirteen-year-old cousin Michelle came to spend time together. Michelle, my sister Samantha, and I played games, read books, and much more. Soon, I was ready to see the country; I wondered what adventures were waiting for us.

④ "Mom?" I asked. "What are we going to do today? I really want to go shopping and buy some new clothes."

⑤ "Stephanie, today we are going to one of the public schools in town. Do you remember the hundred-dollar bill Aunt Lila gave us before our trip? I decided that we are going to use the money to buy school goods for the children there. And I am going to use another hundred dollars of my own to help the children," Mom said.

⑥ "But I wanted to go shopping today! You said before our trip I could get some new clothes!" I cried. I did not want to spend my whole vacation helping poor people. I thought, "What should I tell my friends when I get back from my trip?"

⑦ "Stephanie, we can go shopping some other time. But we need to put a little time in helping these poor children. Now go to tell your sister to get ready because we will leave in ten minutes," said Mom.

8 "Oh, all right. What a vacation I am having!" I said to her. I came to India to go sightseeing, not do charity work.

9 Ten minutes later, we were on our way. We didn't even have our own rental car. We traveled in an old *rickshaw over the bad road.

10 When we arrived at the school, (3) I couldn't believe my eyes. There was a lot of pollution in the air and there was only one old building. There was no schoolyard, no space to park, nothing. Just a brown, unclean, old building. I thought, "This elementary school is very small. The school I go to back home is a million times bigger."

11 The classroom we arrived at was unbelievable. There were about forty students in the class and they looked so weak and thin. All the students stood up and said something to us in another language. Later, the teacher told us that they were welcoming us to their school. Their school bags were very small plastic ones, the kind you get after a trip from the market. They had very few school goods and most of the students had only one pencil. Can you even imagine writing with only one pencil for the whole school year? In addition, there were three students sitting at every desk. Just then, (4) I felt like my heart was broken in half. That morning, I felt like spending money on clothes and souvenirs, though there were people who really needed the money.

12 I was amazed at what two hundred dollars could buy. Each student received a coloring book, crayons, two new pencils and some candy. I wanted to show you (5) the expressions on their faces as Samantha and I passed the goods out to the children. They might think of us as sacred creatures sent from heaven. Every child who received the goods was so thankful for everything. Some of them started eating their candy and coloring in the coloring books right away. I was so happy about making the students smile that I felt like getting all my money and buying goods for every classroom in the whole school.

13 I learned (6) a very important lesson that day. Life isn't always about receiving. When I first arrived in India, I was feeling sorry for myself. All I thought about was sightseeing and riding elephants. There are millions of people all over the world who don't have enough food, and who are very ill. I think every human on earth should do something for someone else. For example, you can coach a student who is not good at studying. When it is our

turn to die, nobody is going to ask us what car we owned, what university we graduated from, or how many times we were in the newspaper. The point is how much we gave to other people.

(Adapted from *Chicken Soup for the Soul*)

（注） souvenir — 土産
the Taj Mahal — タージマハル（インド・イスラム文化の代表的建築）
security guard — 警備員　　rickshaw — 人力車

問 1. 下線部(1)の理由として最も適当なものを次の①〜④の中から一つ選び，その番号を答えなさい。

① 夢にまで見た国にやってきたから
② 飛行機の中で熟睡していて空港に着いて目を覚ましたから
③ 空港の匂いやインドの人々の振る舞いに驚いたから
④ 空港の外のインドの街並みが予想通りだったから

問 2. 下線部(2)の理由として最も適当なものを次の①〜④の中から一つ選び，その番号を答えなさい。

① It was already past midnight.
② Stephanie went to her grandmother's house a few times.
③ It was dangerous for Stephanie to put her head out of the window.
④ Stephanie was interested only in going shopping and riding elephants.

問 3. 下線部(3)の理由として最も適当なものを次の①〜④の中から一つ選び，その番号を答えなさい。

① 人力車が通る道があまりにもひどかったから
② 校庭がなく汚くて古めかしい小学校だったから
③ 大気汚染のせいで街の風景がよく分からなかったから
④ 案内された教室にいた生徒達がやせ細っていたから

問 4. 下線部(4)の理由として最も適当なものを次の①〜④の中から一つ選び，その番号を答えなさい。

① All the students in the class stood up and welcomed Stephanie and her family.
② Stephanie found she should use her money for the students in the class.
③ Stephanie learned the students received a coloring book for the first time.
④ Stephanie knew she could spend only one hundred dollars of the two hundred dollars.

問 5. 下線部(5)の指している内容として最も適当なものを次の①～④の中から一つ選び，その番号を答えなさい。

① 天国から降りてきた天使を見たかのような表情
② 姉妹からもらったお土産が気に入らない表情
③ 自分達のクラスだけがお土産をもらえたことに対する得をした表情
④ 自分達にたくさんお土産をくれる姉妹の裕福さをうらやましく思う表情

問 6. 下線部(6)の指している内容として最も適当なものを次の①～④の中から一つ選び，その番号を答えなさい。

① It is important to give something to others.
② It is not necessary to feel sorry for poor people.
③ It is necessary for us to forget there are poor people in the world.
④ It is hard to coach a student who isn't good at studying.

問 7. 本文の内容と一致するものを次の①～⑧の中から三つ選び，その番号を答えなさい。

① The writer's father, her mother, her sister and the writer took a trip to India.
② The writer, her mother and sister spent two hundred dollars helping students in one of the public schools in town.
③ The writer went shopping after she handed the goods to the children in the school.
④ The writer's school is much bigger than the elementary school in India.
⑤ About forty students in the class welcomed the writer and her family in English.
⑥ When the writer first reached India, she was glad to get there.
⑦ The writer took children in the classroom to the shopping center and bought school goods.
⑧ The visit to India gave the writer a chance to think about what's important in life.

4 次の英文を読み，後の問いに答えなさい。ただし，＊を付した語は注を参照すること。

〈東海高等学校〉

❶ John Duncan's report was very long. After he finished it, he went to talk with David Wilson about the results.

❷ Mr. Wilson wasn't a scientist. He was a businessman. He knew how to do business, how to make money.

❸ "Thanks for coming, John." David Wilson came out from behind his desk and shook hands with John. They sat in two big, comfortable armchairs by the window.

❹ David Wilson's office was large, and there was a thick carpet on the floor and beautiful pictures on the walls. From the window, John could see the river, and the woods and fields on the other side. He felt comfortable, happy, and safe.

❺ "I have read your report," Wilson began. Then he stopped, and lit a cigarette. "Not very good, is it?"

❻ "What?" John looked at him in surprise.

❼ Wilson smiled, and moved his hand through the clouds of smoke. "No, no, don't worry — I don't mean the report is [あ], of course not. You have worked very hard, and done your job well. What I mean is, I don't like ①<u>the ideas at the end of the report</u>."

❽ "What is wrong (X) them?"

❾ "They are too expensive." The two men looked at each other for a while, and John felt [い] and sick in his stomach. Wilson smiled, but ②<u>それはジョンが好むような微笑みではなかった</u>.

❿ "Look, John," he said. "Your report says that we should build some new machines to clean up the *waste products before they go into the river, right? And those machines will cost eight million dollars! Where can we find all that? Money doesn't grow on trees, you know!"

⓫ "③<u>No, of course not</u>." John's mouth was [う]. He took a drink of water, and felt his hand shaking. "But we are selling a lot of new paint. We are making millions of dollars every month from that, aren't we?"

⓬ "We are doing very well, yes," said Wilson. "But if we spend eight million dollars to build these new machines, the paint will have to cost more, and we will not sell so much."

⓭ "But ... we have to do it," said John. "These waste products are much more

入試問題演習——長文読解総合——

[え] than I thought. Didn't you read that in my report? When I put the *chemicals in rats' drinking water, some of the baby rats were born without eyes and ears. And some were born without legs when they drank only a little water. We can't put those chemicals in the river."

⑭ "Of course I read that, John. I read your report very carefully. ④We both know that no drinking water comes out of this part of the river, don't we? And in two kilometers the river goes into the sea and nobody is ever going to drink that water. So why is it [え]? We don't need to build these new machines!"

⑮ John thought of his children, sailing on the river in their boat. He thought of people fishing, and little children playing on the beach and swimming. "We have to build them!" he said.

⑯ David Wilson looked at him carefully. When he spoke, his voice was very quiet and hard. "Listen (Y) me, John. You are a very good [A], and we are lucky to have you in this company. But you are not a [B] and I am. Look at this." ⑤He picked up a sheet of paper, and held it across the table for John to see. It showed how much money the company had. "We borrowed twenty million dollars last year, and we *employed three hundred more people. ⑥Think how much that means to a small town like this!"

⑰ "I know," said John. "But ...."

⑱ "Just a minute. Listen (Y) me. If we build these cleaning machines of yours, people will lose their jobs — a lot of people! This company can't *afford to borrow any more money, John. We can't do it!"

⑲ John stood up. "And what happens if people get ill because (Z) this? Have you thought of that? What will the newspapers say then?"

⑳ "No one will get ill, because [C]. The newspapers will never know about it."

㉑ "⑦They will if I tell them."

㉒ There was a long silence. Then David Wilson stood up. He walked past John Duncan, without looking at him, and sat down behind his desk. When he looked up, his eyes were cold and gray, like stones from the beach.

㉓ "If you do that, John, I will say you're a *liar. You will [D], and will never get another job. You will have to sell your house, and go back to living in a dirty little apartment. You will never have a house or any money again. You will only be an old man without friends or money. Do you want that?"

㉔ John didn't answer. He stood for a long time, and looked at David Wilson, and didn't say a word. After nearly two minutes, Wilson smiled — a thin, quiet smile.

25 "But if you stay with us, you will be paid twice as much next year. And no one will ever be hurt, because [C]."

26 He got up from his desk, came round to the front, and held out his hand. ⑧John stood still for a long moment. Then he shook hands.

27 John Duncan turned, and walked slowly towards the door.

(adapted from *Chemical Secret* by Tim Vicary)

(注) waste products — 廃棄物　chemicals — 化学物質
employ — 雇う　afford to ... — ～する余裕がある
liar — 嘘つき

問 1. 空所 [あ] ～ [え] に入れるのに最適な英語を以下から選び，記号で答えなさい。ただし，同じ語を二度以上使用することはできません。また，同じ記号の空所には同一の語が入ります。

A wet　**B** cold　**C** good　**D** bad
E difficult　**F** dry　**G** dangerous

問 2. 下線部①の具体的内容を，30 字以内（句読点も含む）の日本語で説明しなさい。

問 3. 空所（ X ）～（ Z ）に入れるのに最適な前置詞をそれぞれ書きなさい。ただし，同じ記号の空所には同一の語が入ります。

問 4. 下線部②の意味になるように以下の語句を並べ替えたとき，2 番目・5 番目・7 番目に来るものの記号をそれぞれ答えなさい。

［**ア** smile　**イ** John　**ウ** it　**エ** liked　**オ** the kind　**カ** wasn't　**キ** of］

問 5. 下線部③の意味として最適なものを以下から選び，記号で答えなさい。

ク もちろん，お金は樹木を栽培することからは得られないということ。
ケ もちろん，お金は樹木を栽培するためには使うべきでないということ。
コ もちろん，お金は何もせずに得られるものではないということ。
サ もちろん，お金は何もしなければ失われてしまうということ。

問 6. 下線部④・⑤・⑥を，それぞれ日本語にしなさい。ただし，⑥は that の指す内容も明らかにすること。

問7. 空所［ A ］・［ B ］に入れるのに最適な英語1語を，それぞれ本文から抜き出しなさい。

問8. 2か所の空所［ C ］に文脈上共通して当てはまる英語を，5語以上10語以下で本文から抜き出しなさい。

問9. 下線部⑦の意味として最適なものを以下から選び，記号で答えなさい。

シ John が新聞社に川の汚染のことを伝えたら，人々が怒りを感じるということ。

ス John が新聞社に川の汚染のことを伝えたら，新聞社はそれを知るということ。

セ John が人々に川の汚染のことを伝えたら，新聞社もそれを知るということ。

ソ John が人々に川の汚染のことを伝えたら，人々が怒りを感じるということ。

問10. 空所［ D ］に入れるのに適切な英語を自分で考え，3語以上で書きなさい。

問11. 下線部⑧で John が下した決断はどのようなものか。30字以内（句読点も含む）の日本語で説明しなさい。ただし，「汚染」「報酬」「会社」という言葉をすべて使うこと。

問12. 以下の英文は，本文から読みとれる Wilson の人物像について述べたものです。本文の内容をふまえて，空所［ E ］は2語以上，空所［ F ］は4語以上の英語で補いなさい。

Wilson is interested only in［ E ］, and he doesn't worry about［ F ］.

問13. 以下の英文から，本文の内容に合致するものを2つ選び，記号で答えなさい。

タ There were woods and fields and a river near Wilson's office.

チ John's report was so long that Wilson stopped reading before the end of it.

ツ John thought the cleaning machines were necessary because he wanted to help the baby rats.

テ Wilson was getting old, so his eyes sometimes looked cold and gray.

ト Wilson says if John stays in the company, next year he will get more money than now.

5 次の英文を読み，設問 A，B，C に答えなさい。＊の付いている語（句）には（注）がある。

〈 慶應義塾高等学校 〉

1 When I was quite young, my family had one of the first telephones in the neighborhood. I remember the beautiful *oak case hanging on the wall by the stairs. The shiny receiver hung on the side of the box. I even remember the number: 105. I was too little to reach the telephone, but I used to listen with *fascination when my mother talked to it. Once she lifted me up to speak to my father, who was away on business. Magic!

2 Then I discovered that somewhere inside that wonderful *device lived an *amazing person —— her name was "Information Please," and (ア) [did / know / not / nothing / she / that / there / was]. My mother could ask her for anybody's number; when our clock ran down, Information Please *immediately told the correct time.

3 My first personal experience with this genie-in-the-receiver came one day while my mother was visiting a neighbor. Playing by myself at the tool bench in the basement, I *whacked my finger with a hammer. The pain was terrible, but there didn't seem to be much use crying, because there was no one home to offer *sympathy. I walked around the house *sucking my finger, finally arriving at the stairs. The telephone! Quickly I brought the stool from the kitchen. Climbing up, (イ) [and / ear / held it / I / my / picked up / receiver / the / to]. "Information Please," I said into the *mouthpiece just above my head.

4 A click or two, and a small, clear voice spoke into my ear. "Information."

"I hurt my fingerrrr ——" I said into the phone. The tears came running down, now that I had someone to speak to.

"Isn't your mother home?" came the question.

"Nobody's home but me," I cried.

"Are you *bleeding?"

"No," I replied. "I hit it with the hammer, and it hurts."

"Can you open your icebox?" she asked. I said I could. "Then *chip off a little piece of ice, and hold it on your finger. That will stop the hurt. Be careful when you use the ice pick," she said. "And don't cry. You'll be all right."

5 After that, I called Information Please for everything. I asked her for help with my geography, and she told me where Philadelphia was, and the

Orinoco, the beautiful river that I was going to visit when I grew up. She helped me with my math, and she told me that my pet squirrel —— I had caught him in the park just the day before —— would eat fruit and nuts.

6 And there was the time that my pet *canary passed away. I called Information Please and told her the sad story. She listened, then said the usual things that grown-ups say to cheer up a child. But I was not happier: Why was it that birds should sing so beautifully and bring joy to whole families only to end as a ball of feathers, feet up, on the bottom of a cage?

Somehow she read my mind and said quietly, "Paul, always remember that there are other worlds to sing in."

Somehow I felt better.

7 Another day I was at the telephone. "Information," said the now familiar voice.

"How do you spell fix?" I asked.

"Fix something? F-i-x."

At that moment, my sister, who tried to scare me, jumped off the stairs at me with a big yell —— "Yaaaaaaa!" I fell off the stool, pulling the receiver out of the box. We were both shocked —— Information Please was no longer there, and I was not at all sure that I hadn't hurt her when I pulled the receiver out.

8 Minutes later, there was a man on the porch. "I'm a telephone repairman," he said. "I was working down the street, and the operator said there might be some trouble at this number." He reached for the receiver in my hand. "What happened?"

I told him.

"Well, we can fix that in a minute or two." He opened the telephone box, spent some time working with the wires. He moved the hook up and down a few times, then spoke into the phone. "Hi, this is Pete. Everything's under control at 105. The kid's sister scared him, and he pulled the cord out of the box."

He hung up, smiled, gave me a pat on the head, and walked out the door.

9 All this took place in a small town in the Pacific Northwest. Then, when I was nine years old, we moved across the country to Boston —— and I missed my friend deeply. Information Please belonged in that old wooden box back home, and I somehow never thought of trying the tall, skinny new phone that sat on a small table in the hall.

⑩ Yes, as I grew into my teens, the memories of those childhood conversations never really left me; often in moments of doubt and difficulty, I would remember feeling stronger when I knew that I could call Information Please and get the right answer. I was thankful for how very *patient, understanding, and kind she was to have wasted her time on a little boy.

⑪ A few years later, on my way west to college, my plane put down at Seattle. I had about half an hour between plane connections, and I spent 15 minutes or so on the phone with my sister, who lived there now, happy in her marriage and motherhood. Then, (i) really without thinking what I was doing, I dialed my hometown operator and said, "Information Please."

⑫ To my surprise, I heard again the small, clear voice I knew so well: "Information." I hadn't planned this, but I heard myself saying, "Could you tell me, please, how to spell the word fix?"

⑬ There was a long pause. Then came the softly spoken answer. "I guess," said Information Please, "that your finger must be O.K. by now."

⑭ I laughed. "So it's really still you," I said. "I wonder if you have any idea how much you meant to me during all that time..."

"I wonder," she replied, "if you know how much you meant to me? I never had any children, and (ウ) [answering / calls / forward / I / look / to / to / used / your]. Funny, wasn't it?"

⑮ It didn't seem funny, but I didn't say so. Instead I told her how often I had thought of her over the years, and I asked if I could call her again when I came back to visit my sister after the first semester was over.

"Please do. Just ask for Sally."

"Goodbye, Sally." (ii) It sounded strange for Information Please to have a name. "If I run into any squirrels, I'll tell them to eat fruit and nuts."

"Do that," she said. "And I expect one of these days, you'll be going to the Orinoco. Well, goodbye."

⑯ Just three months later, I was back again at the Seattle airport. A different voice answered, "Information," and I asked for Sally.

"Are you a friend?"

"Yes," I said. "An old friend."

" (iii) Then I'm sorry to have to tell you. Sally had been working only part-time in the last few years because she was ill. She died five weeks ago." But before I could hang up, she said, "Wait a minute. Did you say your name was Paul?"

"Yes."

"Well, Sally left a message for you. She wrote it down."

"What was it?" I asked, almost knowing *in advance what it would be.

"Here it is; I'll read it —— 'Tell him I still say there are other worlds to sing in. He'll know what I mean.' "

⑰ I thanked her and hung up. I did know what Sally meant.

(注) oak — かしの木の　fascination — ときめき　device — 機器
amazing — 素晴らしい　immediately — 瞬時に　whacked — 強く打った
sympathy — 同情　sucking — 吸う　mouthpiece — 送話口
bleeding — 流血している　chip off — 砕く　canary — カナリア
patient — 寛容　in advance — すでに

A. **1〜10** の書き出しに続くもの，もしくは質問に対する答えとして，本文の内容に最も一致するものを **(a)**〜**(d)** の中から一つ選び，記号で答えなさい。

1. 105 is the number for ________.

(a) the operator
(b) Paul's house
(c) the repairman
(d) Paul's father's office

2. What services are offered by the operators?

(a) They give weather information.
(b) They supply the correct time.
(c) They provide a news service.
(d) They offer a library service.

3. The genie-in-the-receiver is ________.

(a) "Information Please"
(b) a neighbor
(c) a first-aid service
(d) a clock

4. Which question did Paul NOT ask the operator?

(a) Where the Orinoco is.
(b) Why his canary had to die.
(c) How to treat his painful finger.
(d) Where squirrels like to live.

5. What did the man come to do?

(a) To see Paul's mother.

(b) To sell and set a new phone.

(c) To fix the phone.

(d) To use the phone.

6. Why didn't Paul call the operator for some years?

(a) Because his family moved to another town.

(b) Because he went to college.

(c) Because he had somebody else to talk to.

(d) Because the phone was still broken.

7. Why did Paul miss the operator?

(a) Because he forgot her voice.

(b) Because he no longer had any question.

(c) Because she always told him funny stories.

(d) Because she always guided him when he needed help.

8. Why did Paul ask how to spell "fix" for the second time?

(a) Because he wanted to know how to spell it.

(b) Because he wanted to see if she was "Information Please."

(c) Because that was the password for them to start a conversation.

(d) Because that was the question he often asked.

9. Where could you reach Sally?

(a) In Seattle.

(b) In Oregon.

(c) In Orinoco.

(d) In Boston.

10. What does Sally's last message mean?

(a) She will turn into a bird after she dies.

(b) She will sing in a different language.

(c) She will continue to live in people's heart.

(d) She would like to sing with a bird.

B. 下線部（ア）～（ウ）の［　］内の語（句）を，内容に合わせ正しい語順に並べ替えなさい。

C. 下線部 (i)，(ii)，(iii) を和訳しなさい。

6 次の英文を読み，下の問いの答えとして最も適切なものをA－Dの中から選び，記号で答えなさい。

〈青山学院高等部〉

❶ Devon Still is 196 centimeters tall, and weighs almost 150 kilograms. He is a professional American football player, and people have sometimes called him one of the scariest players in the National Football League (NFL). In July, 2015, however, Devon gave a speech at a sports ceremony in the United States, and on that evening, nobody was afraid of him. In fact, people were clapping and cheering for him.

❷ In June of 2014, doctors found that Devon's daughter, Leah, had Stage 4 cancer. In the United States, close to 80% of children with some type of cancer will get better, but children with Stage 4 of the sickness have only a 50% chance of living and getting better. When the doctors discovered Leah's sickness, Devon stopped playing football at once, and said: "My daughter is fighting for her life. That's more important than playing football."

❸ Leah had to begin staying in the hospital, and her father stayed with her there for the next three weeks. Leah started to lose her hair because of the medicine the doctors gave her, so Devon also cut all of his hair, and said he would not grow it again until all her cancer was gone. Devon told his daughter again and again that everything would get better, and that there would be happier days in the future.

❹ Leah's first *operation could not make her better, so two months before the ceremony in 2015, she had another operation. In fact, she had six days of operations, and started getting better right after them. Devon and Leah started trying to use the experience as a chance to teach others about cancer. They started the Still Strong charity, and organized events and started to collect money on social media for children sick from cancer. Together, he and Leah, and pictures of her smiling face in the news are encouraging people who have the same illness that she has.

❺ In his speech at the ceremony, Devon thanked the Cincinnati Bengals (his team at that time) and other people, and then said: "We had two choices. We could give up, or we could use this chance to try to make people aware of the situation." Many people started to cry, and then Devon said: "Leah, I know you wanted to be here, but I know you're watching from the hospital. I just want to thank you, because you helped me become the man I am today. In the five years since you were born, you've taught me more about life than I could ever teach you." After he said this, tears were on faces all around the hall.

6 In the United States, the average hospital cost for a child with cancer is $40,000 (about ¥4,800,000). This cost is about five times higher than for other sicknesses, because both the medicine and operations for cancer are very expensive. Also, 95% of children with some type of cancer will get another type of illness, and this means that there will be even more medical costs. In fact, the doctors told Devon that Leah's operations would cost more than $1 million. He did not have that much money, but his team paid part of the cost with money from selling his team jersey.

7 Devon realized that many other parents do not have the money to pay for hospital care when their children need it, so he and Leah decided to start collecting money for families with sick children. "One of the things that broke my heart was that many parents had to leave their child and go to work so they could pay for the hospital," he said. Devon also knew that many parents are too busy to cook, so he and Leah wanted to send meals to their homes.

8 Devon believed that using SNS was a good way to help others, and in August of 2015, he used Instagram to ask each of his 556,000 followers to (**1**) $1 to help these families and cancer research. Their goal is to reach more than $500,000. They collected $10,000 in the first 20 hours, and by December, they collected over $70,000 of this amount.

9 There are always many famous people at the sports ceremony. That evening in July, there were many famous actors and sports people listening to Devon's speech. When Devon finished speaking, many of them stood up and started clapping, and many told him they looked forward to his football games the next season. Sadly, when Devon was ready to return to playing football, there was no place for him with the Cincinnati Bengals. In December, 2015, he was still looking for a new team, and Leah was still healthy. There is no way to know how this story will end, but (**2**), and they will keep trying their best to help others.

(注) operation－オペ，手術

1. What is said about Devon Still in the text?

A. He is usually a scary player.

B. He is a professional speech maker.

C. He sometimes scares people at ceremonies.

D. He is a player that people always cheer for.

2. What is said about Stage 4 cancer in the text?

A. Most children who get the sickness will die.

B. It is bad, but not as bad as Stage 5 cancer.

C. About half of the children who get the sickness might get better.

D. It is one of the worst sicknesses for children in the United States.

3. What did Devon think about Leah's becoming sick?

A. It was not as important as his career.

B. It was a chance to help others.

C. It was a chance to help her.

D. It was not a good time to quit his job.

4. According to the text, what problem do many parents in the United States have?

A. They cannot stop their children from getting sick.

B. They cannot give enough money to charity.

C. They cannot show their children many things in life.

D. They cannot pay for their children's hospital care.

5. How has Leah usually been shown in the news?

A. She usually looks happy.

B. She is usually sad because she's sick.

C. She is never getting better.

D. She has many new friends from the hospital.

6. Choose the best word to complete (1).

A. take B. spend C. make D. give

7. Which is the correct order of events?

A. Leah became sick. → Leah started to become better. → Devon decided to stop playing football. → Leah's father made a speech.

B. Leah became sick. → Devon decided to stop playing football. → Leah started to become better. → Leah's father made a speech.

C. Leah's father made a speech. → Leah became sick. → Leah started to become better. → Devon decided to stop playing football.

D. Leah became sick. → Devon decided to stop playing football. → Leah's father made a speech. → Leah started to become better.

8. Choose the best words to put in (2) to complete the sentence.

A. Devon and Leah are not going to give any more money

B. people will continue to give money to the Cincinnati Bengals

C. people will continue to ask Devon and Leah about her sickness

D. Devon and Leah will continue to think in a positive way

9. Which of the following is NOT true?

A. Many parents cannot find the time to cook for their sick children.

B. The Cincinnati Bengals paid for part of Leah's operation.

C. Devon used social media to collect money for Leah's operation.

D. Most children with cancer will get another sickness.

10. Choose the best title for this text.

A. The Cost of Hospitals in the U.S.A.

B. A Family That Doesn't Give Up

C. Saving Lives on the Football Field

D. Parents Need More Money for Children

7 次の英文を読み，A～Fの質問に対する最も適切な答えを選び，記号で答えなさい。
(＊のついた語句には本文の最後に（注）があります。) 〈中央大学杉並高等学校〉

1 Do you know Albert Einstein? Maybe many of you know that he was one of the most famous scientists that the world has ever had. Actually, in 1922, he won a Nobel Prize for his idea about "*the photoelectrical effect." Later this idea led to the invention of the TV. Until he died in 1955, he published many important ideas in the field of science. Those ideas have inspired not only other scientists but also many young students who learn science.

2 Albert Einstein was born on March 14, 1879, in Germany. When he was a child, he was so quiet and shy. Albert didn't speak any words until he became 3 or 4 years old. His parents worried so much that they thought there was something wrong with his brain. They often took Albert to doctors, but the doctors found nothing wrong with him. One of the doctors said it was just Albert's character. He said that Albert was not a talker but a thinker. Most of the boys of his age wanted to be a soldier and play violent games, but Albert did not. He preferred to stay alone. He was thinking and *daydreaming for hours. Albert enjoyed thinking about a world that he couldn't see or explain. As he later said, "Imagination is more important than *knowledge. Knowledge is limited. Imagination can quickly go around the world."

3 His father had a business that sold batteries, *generators, electric lines and so on. Albert was interested in electricity very much, and he asked his father a lot of questions about it. He thought electricity was very powerful and mysterious. "Is there any way to see it? How fast is it? What is it made of?" Albert was also interested in the compass that his father gave him. He was so excited because its needle always pointed in the same direction: North. Albert was surprised to know that there was some strange force like this around him, though he couldn't see or feel it. He often went hiking with the compass and lay on the grass. He liked to look up at the sky and think about space. "Is there anything outside of space? How does light get to our eyes from those stars? Is there anything bigger than space?"

4 Albert liked his elementary school because the teachers were kind, and tried their best to answer all of Albert's questions. However, things changed suddenly. At the age of 10, he started going to *gymnasium. It was a very strict school. The students had to wear uniforms and walk like soldiers to go

anywhere in the school. Questions were not allowed. They only had to read and *memorize the things they learned. Albert felt that he was not allowed to think and imagine. However, only mathematics gave him time to think and imagine. So, at home, he spent a lot of time studying difficult mathematics problems with help from his uncle. They often studied *geometry together. Albert enjoyed solving problems with shapes like *squares, cubes, circles, and *spheres. For him it was like playing with blocks. While other boys in his class had a hard time with mathematics, it was just like a game of puzzles for Albert. In school, however, he was always asking questions that teachers could not answer and was often punished. The teachers thought he was a bad influence on his classmates and finally told him to leave the school forever. So, at the age of 15, he moved to Italy because his family was already there for his father's business.

5 Albert loved Italy so much because everything was so different from Germany. His days in Italy gave him a lot of time to read. He enjoyed reading books about the lives of famous scientists: Nicholas Copernicus and Galileo Galilei. Nicholas Copernicus, the *Polish astronomer, was *criticized because he said that the earth moves around the sun. Later Galileo Galilei, an Italian scientist, was *arrested for agreeing with Copernicus' idea. However, in Albert's time, nobody believed that the sun moves around the earth. After Albert studied those scientists' ideas and thoughts, he learned that scientific truth would be accepted by people in the end. He felt confident in himself and his scientific ideas.

6 Later, Albert went to college in Switzerland. There he got a job at the *patent office. His years at the patent office were wonderful because he had a lot of time after work. So he wrote and published many scientific *papers. Those papers were so amazing that he was asked to become a professor of *physics at the University of Zurich in 1909. He accepted, and later he taught at some different universities in Europe. However, in 1933, he moved to the United States and remained there until he died.

7 Many of Albert's ideas were known widely, but some of them were very difficult for even scientists to understand. Unfortunately, one of his ideas was later used to create an *atomic bomb. However, Albert and his ideas still have a great influence on not only scientists but also many people in many fields around the world.

（注）the photoelectrical effect — 光電効果（物質に光を照射した際，電子が放出されたり電流が流れたりする効果）

daydream — 空想にふける　knowledge — 知識　generator(s) — 発電機

gymnasium — ギムナジウム（ドイツの７または９年制の中等教育機関）

memorize — 暗記する　geometry — 幾何学　square(s) — 正方形

sphere(s) — 球体　Polish astronomer — ポーランドの天文学者

criticize — 批判する　arrest — 逮捕する　patent office — 特許局

paper(s) — 論文　physics — 物理学　atomic bomb — 原子爆弾

A. What did the doctor mean when he said, “Albert is not a talker but a thinker?”

ア It is difficult for Albert to remember what he sees.

イ Albert doesn’t talk but he is thinking a lot in his mind.

ウ He doesn’t talk because he has something wrong with his brain.

エ He doesn’t think enough, so he doesn’t talk well.

B. Which is true about Albert’s childhood?

ア Albert didn’t believe anything without seeing it with his own eyes.

イ For Albert, collecting information was more important than imagining something he couldn’t explain.

ウ Albert was excited about a mysterious power which moved a needle on a compass always to the North.

エ Albert sometimes had bad dreams while he was sleeping on the grass.

C. Which is NOT true about Albert’s days in gymnasium?

ア The teachers tried their best to answer most of Albert’s questions, so he liked the school.

イ Albert was often punished because he was asking too many questions to the teachers.

ウ There were strict rules for Albert and other students even when they studied and walked in school.

エ Albert had to leave school because teachers thought that his classmates would be influenced by his bad attitude.

D. Which is true about Albert in Italy?

ア Albert wrote many books about the history of his favorite scientists, Galileo Galilei and Nicholas Copernicus.

イ It was difficult for Albert to find time for reading and studying because he had to help his father's business.

ウ After Albert knew that some people were arrested for their scientific ideas, he decided not to show his own ideas to the public.

エ Albert found that he should not give up his scientific ideas after he learned about the famous scientists, Galileo Galilei and Nicholas Copernicus.

E. What happened to Albert after he went to Switzerland?

ア His years at the patent office didn't allow Albert to have enough time to think because he had a lot of things to do there.

イ Albert went to the United States in 1933, but he moved back to Switzerland after a while.

ウ The University of Zurich decided to give Albert a job as a physics professor because his papers were so wonderful.

エ Albert stayed in Europe and never left there, because he loved the jobs he got there.

F. 本文の内容に合っているものを**ア**～**キ**から二つ選び，記号で答えなさい。

ア Albert received a Nobel Prize for his scientific invention which was later used as one of the terrible weapons.

イ When Albert was 3 years old, his parents thought he was smarter than any other child.

ウ Albert didn't like playing violent games with other boys and often stayed alone.

エ Albert thought that imagining something was more important than getting information because imagination has no limits.

オ Most of Albert's ideas were not so difficult that anyone could understand them easily.

カ After Albert studied about Nicholas Copernicus and Galileo Galilei in Italy, he became very much interested in electricity and compasses.

キ Albert produced many scientific ideas during his life and all of them were used for people to live a happy life.

8 次の英文を読んで，あとの問いに答えよ。 〈青雲高等学校〉

❶ What happens if you don't get enough (A)? Randy Gardner, a high school student in the United States, wanted to find out. He designed an *experiment on the effects of sleeplessness for a school science project. With Dr. William C. Dement from Stanford University and two friends watching him carefully, Gardner stayed awake for 264 hours and 12 minutes. That's eleven days and nights without sleep!

❷ What effect did sleeplessness have on Gardner? After 24 hours without sleep, Gardner started having trouble reading and watching television. The words and pictures were too (1) blurry. By the third day, he was having trouble doing things with his hands. By the fourth day, Gardner was (2) hallucinating. For example, when he saw a street sign, he thought it was a person. He also imagined he was a famous football player. Over the next few days, Gardner's speech became so (3) slurred that people couldn't understand him. He also had trouble remembering things. By the eleventh day, Gardner couldn't pass a counting test. In the middle of the test he simply stopped counting. He couldn't remember what he was doing.

❸ When Gardner finally went to bed, he slept for 14 hours and 45 minutes. The second night he slept for twelve hours, the third night he slept for ten and one-half hours, and by the fourth night, he had returned to his normal sleep schedule.

❹ (4) Even though Gardner recovered quickly, scientists believe that going without sleep can be dangerous. [(5)] Eventually, the rats died.

❺ Has anyone stayed awake (B) than Randy Gardner? Yes! According to *The Guinness Book of World Records*, Maureen Weston from the United Kingdom holds the record for staying awake the longest. She went 449 hours without sleep in 1977. That's 18 days and 17 hours!

❻ During your lifetime, you will likely spend 25 years or more sleeping. But why? What is the purpose of sleep? Surprisingly, scientists don't know for sure. Scientists *used to think we "turned our brains off" when we went to sleep. Sleep researchers now know, (C), that our brains are very active when we sleep. Some scientists think we sleep in order to *replenish brain cells. (6) Other scientists think [to grow / helps / and / sleep / the body / that] *relieve stress. *Whatever the reason, (7) we know that [important / enough / is / get / to / it / sleep].

[出典：Linda Lee and Erik Gundersen, *Select Readings* second edition, Oxford University Press]

(注) experiment — 実験　used to ～ — 以前は～していた
replenish brain cells — 脳細胞に活気を与える
relieve ～ — ～を和らげる
Whatever the reason — 理由はどうであれ

問 1. 空所（**A**），（**B**）に入る適当な１語を英語でそれぞれ答えよ。

問 2. 下線部 (1)～(3) の単語の意味に最も近いものを**ア**～**オ**から１つずつ選び，記号で答えよ。

ア deep in sleep　**イ** difficult to hear
ウ long and boring　**エ** not looking clear
オ seeing things that aren't really there

問 3. 下線部 (4) を日本語に直せ。ただし，Gardner は英語のままでよい。

問 4. 空所 (5) には以下の**ア**～**エ**が入る。正しい順番に並べ替え，記号で答えよ。

ア After a few weeks without sleep, the rats started losing *fur. (注) fur 毛
イ Tests on white rats have shown how serious sleeplessness can be.
ウ And even though the rats ate more food than usual, they lost weight.
エ They say that people should not repeat Randy's experiment.

問 5. 空所（**C**）に入る最も適当な語（句）を，**ア**～**エ**から１つ選び，記号で答えよ。

ア sadly　**イ** for example　**ウ** however　**エ** I think

問 6. 下線部 (6)，(7) の [　　] 内の語（句）をそれぞれ正しい順番に並べ替え，文を完成させよ。ただし，並べ替えた語句のみ記入すること。

9 次の英文を読んで，設問に答えなさい。 〈早稲田大学高等学院〉

❶ When I was an eight-year-old girl, my favorite television program was *The Land of The Lost*, which was about a family (1) <u>(live)</u> in the world of dinosaurs. (2) <u>I was really into the dinosaurs on the show</u>, and my favorite was the *Tyrannosaurus Rex, T-Rex. Since Christmas was coming, that was what I wanted, my very own dinosaur.

❷ I'd seen a box in my local toy store, a model dinosaur for children (3) <u>(age)</u> twelve years or older. The picture on the cover was frightening; the green plastic T-Rex had long white teeth and huge sharp *claws.

❸ Immediately after I saw the dinosaur model, I told my father, "Dad, please ask Santa to get me that for Christmas."

"But that's an ugly dinosaur. Don't you want a doll?"

"No. I really want the dinosaur," I said.

"We'll have to see what Santa brings," he added.

❹ On Christmas morning I rushed to my presents and opened several boxes. Never was I more pleased than to get the model T-Rex. I stared at the model box, barely able to wait to put it together. I got skates, a few teddy bears, a Barbie but nothing meant more to me than the green plastic model dinosaur.

❺ As soon as my dad had finished opening his presents, he (4) <u>【the model / help / offered / put / to / me】</u> together. "It says 'twelve years or older.' You may not be able to put the model together without help." "Okay," I said because I was happy that someone else was interested in my dinosaur, too.

❻ We went to the table and my father began opening the box. He took out the pieces and found that the dinosaur had fifty or more parts. (5) <u>He asked, "Where are the instructions?"</u>

❼ For a while, I nervously waited as he looked over the tiny manual. "It's written in Chinese. I guess we'll have to figure this (6) on our own."
In front of me (7) <u>(lie)</u> a giant claw. I picked it up, "This is part of the hand."

"You keep that, and pull out all the other claws for me," my father said.

"Sure!" I gladly did what he asked.

❽ Hours passed, and I watched him try very hard to put one leg together while I continued to find pieces. By now (8) <u>he was sweating in frustration</u>.

"Can't you put it together faster, Daddy?"

"I'm trying. Isn't this fun?"

"Yes. But you're taking too long. Let me try!"

My dad smiled, "Okay." He handed the huge, green leg over to me.

9 I quickly tossed the toy together. Sticking arms and legs to the body, I put an arm in one hole and a leg in another. Suddenly, (9) <u>my dad started laughing</u>.

"What's wrong?" I asked.

"Do you like it that way?" he wondered.

Well, it didn't really look like the dinosaurs I saw on television, but it was my dinosaurs and I could still play with it. (10) "<u>I do!</u>"

My dad kissed my forehead. "Merry Christmas. Enjoy!"

10 I played with my model for hours and hours. Like all my toys, however, it eventually got put away after I lost interest in it.

11 Several years went by and it was Christmas time again, and I began thinking of my once-favorite toy, the T-Rex. I thought I had put it at the back of my closet and went to look for it.

12 Finding the old but still scary box under a pile of clothes, I pulled out my T-Rex. But it didn't look like a T-Rex at all! His head was hanging to one side. One tiny arm came out of a leg joint while a leg fitted into the arm hole. Curiously, teeth stuck out of the hands. The bright green skin had come off in several places.

13 That's when I realized (11). My father hadn't corrected my mistakes, either. I wondered why not. Putting it back into the box, I saw the old Chinese directions. I pulled out the manual and noticed then that the English instructions were written directly on the side of the box.

14 "Hey, Dad," I called him into my room.

"Yeah?"

"Did you know the English directions for this model were written on the box?"

"I found them later that night," he answered.

"So why didn't you fix it?"

"For me, the important thing was us building it together. You seemed happy with it...until now."

"Well, should I leave it this way?"

My dad smiled, (12) "<u>Looks perfect to me.</u>"

15 Now, (13) that very strange looking dinosaur, Christmas has a new special meaning to me. My dad and I had built that T-Rex together. I learned Christmas isn't about getting presents. It's about being together as a family,

and making memories. My dad taught me this lesson by spending his Christmas creating (14) <u>a new version of a T-Rex</u>. After all, together, we had reached (15) <u>the goal</u>. We had created one scary, slightly altered dinosaur, even uglier than the ones on television or in books. With these memories, the dinosaur became the most treasured, most beautiful toy I ever had.

(注) *Tyrannosaurus — ティラノサウルス（白亜紀の肉食恐竜）　*claws —（恐竜の）かぎ爪

Ⅰ. 次の英文の中で，本文の内容に一致しないものを**ア**～**エ**から１つ選び，その記号を書きなさい。

ア I asked for a model T-Rex as my Christmas present because I liked the TV program named *The Land of the Lost*.

イ I got so many Christmas presents that the T-Rex was not very special.

ウ Though my dad and I enjoyed putting the model T-Rex together, it was difficult to complete.

エ My T-Rex does not look good but now I understand what my father was thinking.

Ⅱ. 空所 (1)，(3)，(7) の語を適切な形にしなさい。

Ⅲ. 下線部 (2)，(8)，(10) の内容を最も適切に表しているものを**ア**～**エ**から１つ選び，その記号を書きなさい。

(2)　<u>I was really into the dinosaurs on the show</u>

ア I was a big fan of the dinosaur show on TV

イ I was very happy to visit the TV studio to see the show

ウ I was pretty nervous to apply for an audition for the dinosaur show

エ I was extremely surprised by the dinosaurs on the TV show

(8)　<u>he was sweating in frustration</u>

ア he was trying his best to understand the directions in Chinese

イ he was putting the model together so quickly that he was very tired

ウ he was troubled by his daughter because she wouldn't help him

エ he was working hard to put the model together correctly but it was stressful

(10) I do!

ア I do play with my model!　イ I watch the dinosaurs on TV!

ウ I like my dinosaur as it is!　エ I love the real dinosaur!

Ⅳ. 下線部 (4) の【　　】内の語句を文意が通るように並べかえて書きなさい。

Ⅴ. 下線部 (5), (14) とほぼ同じ意味になるように，空所に最も適切な語を書き入れなさい。なお，(　) 内に示された文字がある場合は，その文字で始まる語を書くこと。

(5) He asked, "Where are the instructions?"

= He asked (　　) (　　) (　　) (　　).

(14) a new version of a T-Rex

= a T-Rex which looked (d　　) from other ones

Ⅵ. 空所 (6), (11), (13) に入る最も適切なものを**ア**～**エ**から 1 つ選び，その記号を書きなさい。

(6) ア from　イ to　ウ on　エ out

(11) ア I had put the dinosaur together completely wrong

イ how much I loved my bright green dinosaur model

ウ the reason I had lost my interest in the plastic T-Rex

エ I should have listened to Dad's instructions carefully

(13) ア ahead of　イ because of　ウ in place of　エ instead of

Ⅶ. 下線部 (9) で私の父が笑った理由として最も適切なものを**ア**～**エ**から 1 つ選び，その記号を書きなさい。

ア He thought the model I was making looked strange.

イ He disliked the way I was putting the model together.

ウ He wanted to have a break from making the model.

エ He was happy to see me making the model properly.

Ⅷ. 次の英文は，下線部 (12) の発言について，父がその真意をまとめたものである。英文を読んで，設問に答えなさい。

This model dinosaur my daughter and I built together is far from perfect. Not only is the dinosaur really ugly but it is also, more importantly, unrealistic. Somehow we put the arms, legs, claws and teeth in the (1) places. Nobody would understand (2) it should stay as it is now, although by following the English instructions on the box, it could easily be remade (3) a proper looking dinosaur. But by doing so, something really precious and special would be lost forever. It is the memory of the time I shared with my daughter that Christmas.

When I look at the imperfect dinosaur, what I see is us (4) it together. This very strange looking dinosaur will always remind me of the time. This ugly T-Rex is the only one like it in the world and will always be our treasure. Those memories I share with my daughter of struggling to build this model dinosaur will stay in my mind forever. I would never want to change (A) them, and would never want to change the dinosaur, either. Hopefully, my daughter feels the (5) way as I do.

1. 空所 (1) ～ (5) に入る最も適切なものを**ア～ク**から選び，その記号を書きなさい。なお，同じ記号を２度以上用いてはならない。

ア into　**イ** making　**ウ** why　**エ** what
オ same　**カ** looking　**キ** perfect　**ク** wrong

2. 下線部 (A) が指し示すものを**ア～エ**から１つ選び，その記号を書きなさい。

(A) **ア** the English instructions　**イ** this ugly T-Rex
ウ those memories　**エ** our minds

Ⅸ. 次の英文は，下線部（15）の内容を父の視点から具体的に説明したものである。英文を読んで，設問に答えなさい。

When my daughter chose the T-Rex for her Christmas present, I was surprised but I was also really happy. It was because she would need my help putting the model together and I was really looking forward to (1) some hours with her on Christmas morning. During an average day, I saw her for (2) <u>no more than two hours</u>, very briefly in the morning over breakfast, and again in the evening while we ate dinner. Afterwards I would help her with her homework but that was (3).

(4) <u>Our Christmas present that year was (　　　　)</u>.

1. 空所（1），（3）に入る最も適切なものを**ア**～**エ**から1つ選び，その記号を書きなさい。

(1) **ア** spend　**イ** spending　**ウ** have spent　**エ** having spent

(3) **ア** it　**イ** this　**ウ** anything　**エ** another

2. 下線部（2）とほぼ同じ意味になるように，空所に最も適切な語を書き入れなさい。

(2) no more than two hours = (　　　　) two hours

3. 下線部（4）の空所に最も適切なものを**ア**～**エ**から選び，その記号を書きなさい。

(4) **ア** to have my daughter make her model by herself
イ to let my daughter have what she wanted for Christmas
ウ to share more time during meals
エ to have some precious time together

當山　淳（とうやま　じゅん）
沖縄生まれ。沖縄尚学高等学校、法政大学文学部英文学科卒業。高校受験、大学受験、資格試験指導中心に英語講師として30年以上の経験を持つ。そのうち８年間はドイツ・デュッセルドルフ市にて中高生を指導し、帰国枠入試にも豊富な経験、知識を持つ。
帰国後はSAPIX中学部にて教室長、教科責任者を歴任。国立大附属高校、開成高校を中心に、2,000名以上の合格実績を持つ。
現在は個別進学塾erfolgを運営し、今もなお現役で中高生の個別指導を行っている。

高校入試対策問題集　合格のための神技英語

2023年11月18日　初版発行

著者／當山 淳

発行者／山下 直久

発行／株式会社KADOKAWA
〒102-8177　東京都千代田区富士見2-13-3
電話　0570-002-301（ナビダイヤル）

印刷所／株式会社加藤文明社印刷所
製本所／株式会社加藤文明社印刷所

●お問い合わせ
https://www.kadokawa.co.jp/（「お問い合わせ」へお進みください）
※内容によっては、お答えできない場合があります。
※サポートは日本国内のみとさせていただきます。
※Japanese text only

定価はカバーに表示してあります。

ISBN 978-4-04-605981-9　C6082

高校入試対策問題集

合-格-の-た-め-の

神技英語

當山淳
JUN TOUYAMA

別冊 解答・解説編

この別冊を取り外すときは、本体からていねいに引き抜いてください。
なお、この別冊抜き取りの際に損傷が生じた場合のお取り替えはお控えください。

KADOKAWA

別冊目次
［解答・解説］

第2章　出題形式別入試問題演習（文法）

答え合わせのときにこそ，多くの学びがあります。不正解が続くと誰でも気分が落ちこみます。しかしながら，ものは考えようです。不正解があるから成長できるのです。全問正解なら実力維持しかできません。不正解の問題こそ，厚い復習をしましょう。

出題形式別に答え合わせのポイントをつけました。そのポイントを意識して答え合わせを進めてください。

また，第1章と同様に英文自体を覚えてほしい問題，よく考えてほしい問題，パターンをつかんでほしい問題を厳選しました。

進め方

1. **正解・不正解を決める**
2. **解説に目を通す**
3. **正解や不正解の理由を考える**
4. **和訳を確認する（問題により日本語から英語への練習を含む）**
5. **学んだことをノートにまとめる**

2-1 語彙

(本冊 P.73 〜)

答え合わせのポイント

近年の語彙問題の特徴は英文内での出題です。英文を理解する力，そして周りの英語を利用して類推する力を前提としているのです。答え合わせの際には，正解の確認に留まらず，英文を和訳できるかどうかの確認もしましょう。

1 〈駿台甲府高等学校〉

➡本冊 P.73

解答

① future ② cook［chef］
③ delicious ④ like
⑤ subject

Mr. Brown：ジェシー，君は将来，何になりたいの。
Jessy：私は料理人としてレストランで働きたいです。
Mr. Brown：それはいいね。時には家族のために夕食を作るのかい。
Jessy：はい。みんな気に入って「おいしい」と言ってくれます。
Mr. Brown：すばらしいね。君はどうだい，ティム。
Tim：僕は将来あなたのような先生になりたいです。
Mr. Brown：おお，ありがとう。何の教科を教えたいの。
Tim：もちろん英語です。

2 〈法政大学第二高等学校〉

➡本冊 P.73

解答

1. ⓐ cousin ⓑ wore
ⓒ depends
2. ⓐ can ⓑ leaves
3. ⓐ without ⓑ against

1.
ⓐユミは私のおばの娘です。だから彼女は私のいとこです。
ⓑとても寒かったので，デニスは昨日コートを着ていた。
ⓒその少年は去年両親を失った。彼は今，おじに頼っている。

2.
ⓐあの空き缶を捨てなさい。
私の友達は中国語を話すことができる。
ⓑその木々は緑の葉で覆われている。
その電車は東京駅を8時に出発する。

3.
ⓐ私はあなたと一緒に行かない。
私なしで行ってください。
ⓑ私はあなたの考えに賛成できない。
私はあなたの考えに反対だ。

3 〈愛光高等学校〉

➡本冊 P.74

解答

1. flower, flour 2. new, knew
3. through, threw

1. 日本の茶道の部屋ではしばしば一輪挿し（一本の花のため）の花瓶が見られる。
イギリスでは午後の紅茶の一部としてスコーンが出される。それは小麦粉とふくらし粉，ミルク，卵，砂糖から作られる。
2. あなたの考えが真新しいはずはない。私は先月，別の出所からそれについて聞いた。
手塚治虫のお母さんは，彼に絵の才能があることを知っていた。だから彼女は家と同様に学校でも彼が描くことを止めなかった。
3. 私の娘は留学したいと思っている。私は，「いいよ」と言うつもりだ。私は彼

出題形式別入試問題演習（文法）

女が自分の目を通して世界を見ることを期待している。

A：私たちはチャリティーイベントを企画している。君の古い本とか服を持ってきてくれるかい。

B：おお，ごめん。先日捨ててしまいました。

4 〈愛光高等学校〉

➡本冊 P.74

解答

1. run	2. hand	3. mind
4. by	5. come	

1. ⓐその泥棒たちは警察から逃げようとしたが，捕まえられた。
「逃げる」run away
ⓑ私はお金が無くなってしまったので，仕事を探さなければならない。
「〜を切らす」run out of 〜
2. ⓐ私は明朝このレポートを提出する。
「提出する」hand in
ⓑメアリーはよく私に助言を求める。一方，サムは決して私の言うことを聞かない。
「一方」on the other hand
3. ⓐ構わなければ，君の電話番号を教えてください。
「嫌に思う，嫌がる」mind
ⓑジョンはついにその町を出る決心をした。
「決心する」make up one's mind
4. ⓐ日に日に涼しくなっていると思わないか。
「日に日に」day by day
ⓑビルは誤って他の人の部屋に入ったが，誰もそれに気づかなかった。
「誤って，間違って」by mistake
5. ⓐ自分の夢がかなうとずっと信じるべきだ。
「夢がかなう」Dreams come true.
ⓑガードナー家はイギリス人ではない。彼らはオーストラリア出身だ。
「〜出身」come from 〜

5 〈明治大学付属中野高等学校〉

➡本冊 P.75

解答

1. abroad	2. business
3. driven	4. worse
5. cousins	

1. 外国へ行ったことがありますか。
［外国で，外国へ］
2. 彼は最近フロリダで果物の事業を始めた。
［ものを作る，または売買してお金を儲ける活動］
3. 私はこの車をほぼ10年運転している。
［車に乗ってそれを動かすこと］
4. 彼らのダンスのできばえはコンテストで平均より悪かった。
［質が低く，受け入れられるレベルにない］
5. 私は彼らは兄弟だと思ったが実際はいとこだった。
［おばやおじの子供たち］

6 〈早稲田大学系属早稲田実業学校高等部〉

➡本冊 P.75

解答

1. first	2. inviting
3. hide	4. language
5. mirror	

1. 時間または順番で他のすべてより前に来ること
その難しい宿題を最初に終えた少年はジョンでした。
2. 誰かに社交的な場に来るように誘うこと
私たちを夕食に招待してくれてありがとう。
Thank you for 〜 ing「〜してくれてありがとう」

3. 何かを見えない場所に置くこと，保つこと
彼はドアの後ろに隠れようとした。
4. ある特定の国や地域の人々によって使われる話し言葉や書き言葉における対話のシステム
言語を学ぶ最も良い方法は何だ。
5. それを覗き込んだ時に自分が見えるように，姿を反射する特別なガラスの一片
彼女はよく鏡で自分を見る。

7 〈早稲田大学系属早稲田実業学校高等部〉

➡本冊 P.76

解答

1. letter	2. patient	
3. face	4. drop	5. fall

1. 英語の文を小文字で始めてはいけません。
私は自分の気持ちを表現するために彼女に長い手紙を出した。
2. なぜそんなに簡単に怒るのだ。もっと忍耐強くなりなさい。
その患者は週に一度医者に行かなければならない。
3. そのホテルのすべての部屋が海に面している。
その事故を見たとき彼の顔は青ざめた。
4. 地震が起こると本が本棚から落ちるかもしれない。
父はお酒が好きだ。だから必ず最後の一滴まで飲み干す。
5. ベッドから落ちないように気をつけなさい。
今年の秋に京都の寺院に行くのはどうだい。

8 〈開成高等学校〉

➡本冊 P.76

解答

1. plate	2. knife	3. fork
4. course	5. dessert	

食卓を整えるとき，その食卓の中央に皿が置かれ，ナイフ，フォーク，そしてスプーンがその両側に配置される。
2品以上を配膳する場合，1品目の銀食器を外側に置く。
食事が進むにつれ，銀食器は外側から順番に使われていき，そして最後のデザートのフォークだけが残る。
デザートを配膳する前にパン皿と塩，コショウを片付ける。テーブルの小さな食べかすも払っておく。

・切るために使われる持ち手のついた鋭いもの
・食事の最後に食される甘い食べ物
・ものを取り上げるために使われる持ち手と4つの鋭い先のついた道具
・食べ物を載せる平らでたいてい丸い皿
・食事の分けられる一部分

2-2 同意文完成

（本冊 P.77 〜）

答え合わせのポイント

書きかえ問題はパラフレーズの泉です。ここで数多くの良問に触れ，表現の幅を広げてください。答え合わせの後に，日本語を見て，両方の英文を書けるまで復習を行ってください。

1 〈早稲田大学系属早稲田佐賀高等学校〉

➡本冊 P.77

解答

1. Swimming, is	2. was born
3. said, me	4. with

1. 海で泳ぐのはとても楽しい。
   不定詞と動名詞の書きかえ。大文字・小文字に注意。
2. 私は二十歳です。
   私は20年前に生まれた。
3. 彼は私にその博物館までの道を教えるよう頼んだ。
   彼は私に，「その博物館までの道を私に教えてください」と言った。
   ➡ 神技104 命令文の話法
4. 青い目をした女性があなたに会いに来た。
   ➡ 神技75 関係代名詞の書きかえ

2 〈四天王寺高等学校〉

➡本冊 P.77

解答

1. any other boy	2. drawn by
3. visited, during, stay	
4. have been	5. asked her to

1. タカシほど親切な男子はこのクラスに他にいない。
   タカシはこのクラスの他のどの男子よりも親切だ。
   ➡ 神技23 比較級 1
2. あなたはトムが描いた絵を見ることができる。
   あなたはトムによって描かれた絵を見ることができる。
3. 私は合衆国に滞在している間にその博物館へ行った。
   私は合衆国滞在中にその博物館を訪ねた。
   ➡ 神技110 前置詞の書きかえ問題
4. 私は10年前に学校に通い始めた。
   私が生徒になって10年だ。
5. 私は彼女に，「もっとゆっくり話してください」と言った。
   私は彼女にもっとゆっくり話すように頼んだ。
   ➡ 神技104 命令文の話法

3 〈中央大学附属高等学校〉

➡本冊 P.77

解答

1. made	2. of	3. passed
4. foreign	5. it	

1. その話を聞いたとき，彼女は悲しかった。
   その話は彼女を悲しませた。
   make 人〜「人を〜にさせる」
   ➡ 神技35 SVOC
2. 君の宿題を手伝ってくれるとはメリッサはとても親切だ。
   It's ... of 人 to 〜「〜するとは人は…だ」
   ➡ 神技54 It's ... for / of A to 〜
3. 祖父が亡くなってから5年だ。
   祖父が亡くなってから5年が過ぎた。
   It is ［has been］ ○ years since 〜「〜以来○年だ」
   ○ years have passed since 〜「〜以来

○年が過ぎた」

4. 高校を卒業したら留学したい。
study abroad「留学する」
＝ study in a foreign country

5. この箱は私が運ぶには重すぎる。
この箱はとても重いので私には運べない。もう1つの空所には cannot が入る。

➡ 神技57　too ... to ～

4 〈愛光高等学校〉

➡**本冊 P.78**

解答

1. How［What］, taking	
2. During our	**3.** too, to
4. up, mind	**5.** good cooks

1. 散歩をするのはどうですか。
Why don't we ～?「なぜ～しないの。ぜひ，しましょう」
How about ～ ing ?「～するのはどうですか」

2. ニューヨークに滞在している間に，私たちはいくつかの美術館を訪ねました。
ニューヨークに滞在中に，私たちはいくつかの美術館を訪ねました。

➡ 神技85　接続詞の書きかえ

➡ 神技110　前置詞と書きかえ問題

3. 湖の氷はかなり薄い。だから子供たちはその上で遊べない。
湖の氷は子供たちが（その上で）遊ぶには薄すぎる。

➡ 神技57　too ... to ～

4. 私はこの家を買うことを決心した。
decide to ～「～することを決心する」
＝ make up one's mind to ～

➡ 神技50　名詞的用法

5. 彼らのお母さんたちはなんて上手に料理をするのだ。

5 〈久留米大学附設高等学校〉

➡**本冊 P.78**

解答

1. no［nothing］, to	
2. distance between	
3. How exciting	**4.** with, on
5. What, price	

1. 私が言わなければならないのはそれだけだ。
私はもう言うべきことはない。

2. 私は久留米市から福岡市までどのくらい（の距離）か知らない。
私は久留米市と福岡市の間の距離を知らない。

3. ジョンはその試合はとてもワクワクさせたと言った。
ジョンは，「その試合はなんてワクワクさせるんだ」と言った。

4. 入るときは帽子を脱がなければならない。
帽子をかぶったまま入って行けない。

➡ 神技108　共通語問題と前置詞

5. この自転車はいくらですか。
この自転車の値段はどのくらいですか。

➡ 神技14　疑問詞の文の書きかえ

6 〈久留米大学附設高等学校〉

➡**本冊 P.79**

解答

1.	ア	fond	イ	lying
2.	ウ	had	エ	much
3.	オ	and	カ	in
4.	キ	let	ク	look
5.	ケ	Having	コ	Jiro

1. 彼は芝生に横たわるのが好きだ。
be fond of ～ ing「～するのが好き」
lie-lay-lain-lying「横たわる」

2. 一昨年，福岡は雪が多かった。
the year before last「一昨年」

3. すぐに起きなければ，学校に遅れますよ。
すぐに起きなさい。そうすれば学校に間に合います。
➡ 神技85　接続詞の書きかえ
be in time for ～「～に間に合う」
4. あなたの辞書を見せてもらえますか。
have a look at ～「～を一目見る」
5. 宿題を終えた後，ジロウは釣りに出かけた。
➡ 神技88　分詞構文の書きかえ

7 〈慶應義塾高等学校〉

➡ 本冊 P.79

解答

1. without visiting [before visiting]	
2. matter with	3. such an
4. be spoken	5. more, the
6. based on	7. Don't, my
8. enjoy the	9. to talk

1. ⓐ私は東京を訪れるときには原宿に行きたい。
ⓑ私は原宿を訪れることなしに東京を去りたくない。
before visiting も可。
2. ⓐ君に何が起こったのか。
ⓑあなたはどうしたのですか。
What is the matter with ～?
「～はどうしたのだろう」
= What is wrong with ～?

Good to know
2 つの意味を持つ What's the matter with you?
「君はどうしたの」という意味以外に，イントネーションによっては「君，おかしいんじゃないの」と相手を非難する発言に聞こえることもあるので使い方に注意したい。
What's the matter?　のように with you を省くのが無難かもしれない。

3. ⓐ "Back to the Future" は私が見た中で最も面白い映画だ。
ⓑ私は "Back to the Future" のような面白い映画を見たことはない。
such ... as ～「～のような…」
4. ⓐこの授業では生徒が日本語を話すことは許されません。
ⓑこの授業では日本語を話すことは禁止されています。
➡ 神技37　助動詞・疑問詞と受動態
5. ⓐヒップホップミュージックについてもっと学んだら，米国の黒人の歴史についてもっと知るようになるだろう。
ⓑヒップホップミュージックを知れば知るほど，あなたはますます米国の黒人の歴史を知るようになるだろう。
The 比較級～, the 比較級 ...「～すればするほどますます…」
➡ 神技27　注意が必要な比較表現
6. ⓐマーティン・ルーサー・キング・Jr. の実話は映画 "Selma" になった。
ⓑ映画 "Selma" はマーティン・ルーサー・キング・Jr. の実話に基づいている。
マーティン・ルーサー・キング・Jr. とはキング牧師のこと。Selma の邦題は「グローリー　明日への行進」。
be based on ～「～に基づく」
7. ⓐライアンは私に彼のティーカップを使わないように言った。
ⓑライアンは私に，「僕のティーカップを使わないで」と言った。
➡ 神技104　命令文の話法
8. ⓐ昨夜の私のホームパーティーは楽しく過ごしましたか。
ⓑ昨夜の我が家でのパーティーを楽しみましたか。
9. ⓐ彼には話しかけることができる友達がいない。
ⓑ彼には一緒に話をする友達がいない。

8 〈慶應義塾高等学校〉

➡本冊 P.80

解答

1. have never had
2. as [so] much, as
3. It, not necessary
4. More and more
5. looking forward to
6. too, anything to
7. Shall we go [How about going]
8. Not only, but
9. Do, mind helping
 [Would, please help]
10. Hurry up, or

1. これは私にとって新しい経験だ。
 私はこれまでこんな経験をしたことはない。
2. 彼は私よりも歴史について知っている。
 私は彼ほど歴史について知らない。
3. あなたはそんなに大声で話さなくてもいい。
 あなたがそんなに大声で話すことは必要ではない。
 ➡神技16 助動詞の書きかえ
4. コロナウイルスに感染する人々の数が増えている。
 ますます多くの人々がコロナウイルスに感染している。
 ➡神技23 比較級1
5. 私は我々が一緒に働くようになることに興奮している。
 私はあなたと一緒に働くことを楽しみにしている。
6. 手遅れのため何もできなかった。
 何をするにしても遅すぎた。
7. 明日映画に行こう。
 明日映画に行くのはどうかな。
 Why not go も可。
8. 彼はそのレースに勝ち, 新記録も出した。
 彼はそのレースに勝っただけではなく, 新記録も出した。
 ➡神技84 相関接続詞
9. それらのイスをかたづけるのを手伝ってほしい。
 それらのイスをかたづけるのを手伝ってもらっても構わないでしょうか。
 ➡神技47 目的語になる動名詞
 Would [Will/Can] you please help ～も可。
10. なぜまだ着替えていないの。学校に遅れるよ。
 急いで着替えなさい。さもないと学校に遅れるよ。

2-3 正誤

(本冊 P.81 ～)

答え合わせのポイント

正誤問題は，文法力のバロメーターです。ここで知識不足を補うようにしましょう。間違えた問題は単元を特定し，その部分の文法トレーニングの見直しをしましょう。

1

〈須磨学園高等学校〉

➡本冊 P.81

解答

1. オ　2. ウ　3. エ
4. イ　5. ア

1. 私は泊まるホテルを探すために2時間の間その町を歩き続けた。
誤：なし

2. マイケルはとても健康なのでこの冬は風邪をひいていません。
誤：has not been caught
正：has not caught

3. 先週の土曜日，姉（妹）と私は買い物に出かけ私は彼女にプレゼントを買ってあげた。
誤：to
正：for

4. 兄（弟）はアフリカの国々と同様にアジアの国々のような発展途上国に住む人々を研究している。
誤：lives
正：live
主格の関係代名詞が導く節の動詞は先行詞に合わせる。

5. ナオミは誰の助けもなしにネイティブスピーカーと意思疎通ができるほど十分上手に英語を話す。
誤：enough well
正：well enough
enough は名詞を修飾するときは前に，形容詞・副詞を修飾する際には後ろに位置する。

➡ 神技58　... enough to ～と so ... that ～

2

〈城北高等学校〉

➡本冊 P.81

解答

1. エ　2. ウ　3. ウ　4. ウ

1. 私たちの学校には同時にクラス全体が泳げるほどの大きさのプールがある。
誤：to swim
正：to swim in

➡ 神技51　形容詞的用法

2. 子供でさえ富士山ほど高い山は日本に他にないことを知っている。
誤：no other mountains
正：no other mountain

➡ 神技23　比較級 1

3. 一人っ子は過保護に育てられるため他の人のことを思いやれないとしばしば言われる。
誤：another people
正：other people
an only child「一人っ子」
too much care「多すぎる世話＝過保護」

Good to know

another はもともと an＋other で「1つの別の（もう1つの）～」という意味なので，その後には可算名詞の単数形が来る。

これも

「数詞＋複数名詞」を1単位としてその前に付くことがある。
You have another ten minutes. [= ten more minutes]
「あと10分です」
I need another five carrots. [= five more carrots]
「あと5本ニンジンが必要です」

4. もっと若いころ，私は将来大切になるだろうことを探すようにとしばしば言われた。
誤：find
正：to find

3 〈愛光高等学校〉

➡本冊 P.81

解答

1. ア　2. ウ　3. イ
4. ウ　5. ○

1. あの驚くべき報告書のことをどう思うか。
誤：How
正：What
What do you think of ～「～をどう思うか」
= How do you feel about ～
2. 彼が彼女のために摘んだ多くの花は甘い香りがする。
誤：smell sweetly
正：smell sweet
➡ 神技29　不完全自動詞
3. このパンフレットは歯を磨くことの大切さに気づかせてくれる。
誤：to the importance
正：of the importance
“remind 人 of ～”「人に～について思い出させる，気づかせる」
4. 彼女は今はあまり踊らないが，以前はよく踊っていたことを私は知っている。
誤：was used to
正：used to
used to ～（動詞の原形）よく～したものだ
be used to ～（名詞／動名詞）～に慣れている
➡ 神技15　助動詞
5. その機械技師たちは原子力の安全性を信じられなくなったため，その工場での仕事をやめることを選択した。
誤：なし
quit ～「～をやめる」
nuclear energy「原子力，核エネルギー」

4 〈洛南高等学校〉

➡本冊 P.82

解答

1. 記号 ウ　正 there
2. 記号 エ　正 to buy
3. 記号 ウ　正 an old building
4. 記号 ア　正 rains

1. 京都は面白い都市だ。私はもう一度そこを訪ねたい。
この there は副詞，to は不要。
2. あの新型の電子レンジは私が買うには高価過ぎる。
3. 何年も前，その丘の上に古い建物があった。
there 構文は不特定の名詞の存在を表す場合に用いる表現。the や所有格など特定を表す語とは一緒に用いない。
4. 明日雨が降ったら，私たちは一日中家にいるべきだ。そうならないことを望む。
➡ 神技80　条件を表す接続詞

5 〈青山学院高等部〉

➡本冊 P.82

解答

1. What time did
2. the most beautiful
3. We have never
4. how many CDs
5. order to pass

1. 昨日野球の試合の後，何時に家についたの。遅かったの。
2. これは私が撮った中で最も美しい写真の1つだ。とてもそれを気に入っている。
3. 私たちはこれまでこの歌を歌ったこと

はないが，明日それに挑戦する予定だ。

4. あなたが音楽がとても好きだと聞いた。何枚 CD を持っているか教えてくれ。

5. みんなその試験に合格するためにとても努力しなければならない。
in order to ～「～するために」
➡ 神技52　副詞的用法

6 〈渋谷教育学園幕張高等学校〉

➡本冊 P.82

解答

1.	記号 ウ	正 is learning
2.	記号 イ	正 do I
3.	記号 エ	正 very excited
4.	記号 ウ	正 It has been
5.	記号 エ	正 of

1. 私は英語の授業にとても満足している。良いところの１つは外国の人々や文化について学ぶところだ。
この文の主語は one であるため単数扱い。

2. 昨日先生は私に，「どうしたの。具合が悪そうだね」と言った。私は，「そうですか。最近よく眠れていません。入学試験のために毎日何時間も勉強しなければならないのです」と答えた。
この簡易的な疑問文は，先生の言った “You look sick.” を受けているので，am ではなく，do を用いる。

3. 私の友達のほとんどは野球よりもサッカーが好きだが，私は野球をより好む。野球をするだけでなく，球場で試合を観ることも好きだ。先週の日曜日，マリーンズとライオンズの試合を見ていたときは，とても興奮した。
➡ 神技65　感情を表す動詞の分詞

4. 私はたいてい歩いて学校へ行くが，今週はバスで通学している。先週からとても寒い。この寒い天候の中，歩きたくはない。
since last week より現在完了の文と判断できる。

5. トシは運動会のリレーチームのメンバーに選ばれた。彼が 39 人のクラスメートの中で最も足が速いことを私たちは知っていた。
➡ 神技25　最上級

7 〈慶應義塾高等学校〉

➡本冊 P.83

解答

1.	記号 エ	正しい形 succeed
2.	記号 イ	正しい形 to study
3.	記号 ウ	正しい形 earlier
4.	記号 ア	正しい形 spent
5.	記号 イ	正しい形 What
6.	記号 エ	正しい形 happens
7.	記号 エ	正しい形 at
8.	記号 ア	正しい形 told

1. ルーシーはずっととても熱心に働いている。私たちはみな，彼女がそのプロジェクトで成功することを望んでいる。
success は名詞。ここでは動詞 succeed が正しい。

2. 兄（弟）は現代美術を学ぶためにパリに住んでいる。これは彼にとって世界を見る大きなチャンスだ。

3. 富士山の今年の初雪は去年より６日早く降った。
ここではスピードではなく，時間の早さを話題にしている。

4. 私は家の中でこの本を探すのにほぼ一日を費やしたがそれを見つけることはできなかった。
過去形の文なので，spent にする。

5. 私は以前この青い野菜を食べたことはない。それを英語で何と呼ぶのだろう。
名前を尋ねる文なので，What's your name? と同様に What を用いる。

6. ワクワクすることが起こるたびに，私はこの都市をさらに好きになる。
happen は自動詞。受動態は作れない。

even＋比較級～は「さらに～」を表す。

7. 昨日あなたが話していたそのラグビーの試合は午後２時に始まる予定だ。
時刻の前に at。

8. 私たちは突然すぐにその建物から出るように言われたが，理由は知らなかった。
tell 人 to～「人に～するように言う」の受動態の形。

8 〈慶應義塾高等学校〉

➡**本冊 P.84**

解答

1. 記号 ア	**正しい形** go (to)
2. 記号 ア	**正しい形** would
3. 記号 エ	**正しい形** playing
4. 記号 エ	**正しい形** by
5. 記号 イ	**正しい形** number
6. 記号 エ	**正しい形** information
7. 記号 ア	**正しい形** used to
8. 記号 ア	**正しい形** interested
9. 記号 エ	**正しい形** starting

1. 私は肩が痛いので，医者に行った方がよい。
had better の次は原形。

➡神技15　助動詞

2. ジョンは成績について担任の先生に話をするのを明日まで待たなければならないと思ったが，先生が今日は暇だったので話しかけることができた。

➡神技99　時制の一致②

3. 勉強に集中するために，私は野球をするのをあきらめなければならなかった。
give up＋動名詞

➡神技47　目的語になる動名詞

4. 生徒たちは明日までに完全に美術の課題を終えなければならない。
by～「～までに」
until [till] ～「～まで」

➡神技109　誤りやすい前置詞

5. 年の終わりに，高速道路での事故数が劇的に増加する。
数は the number で表す。the amount は量。

6. インターネットは他者との密接なコミュニケーションと情報の共有に役立っている。
information は不可算名詞。

7. 私は以前自分は何の役にも立たないと考えていたが，今はとても自信を持っていて社会が自分を必要としていると感じる。

➡神技15　助動詞

8. 去年大統領選挙を見てから私はアメリカの政治にとても興味を持っている。

➡神技65　感情を表す動詞の分詞

9. その入学試験に合格したので私は高校生活を始めるのを楽しみにしている。
look forward to に続くのは名詞・動名詞である。文頭の Since は理由を表す。現在完了の since「～以来」ではない点に注意する。

➡神技49　熟語＋動名詞

2-4 英文完成

(本冊 P.85 ～)

答え合わせのポイント

ここでは，不正解の原因を徹底的に分析しましょう。単に知識不足やケアレスミスなのか，文構造の理解ができていなかったのか，ひっかけ問題にやられたのか，次につながる答え合わせにしましょう。

1 〈関西学院高等部〉

➡本冊 P.85

解答

1. getting	2. sounds
3. cleaning	4. talking
5. have lived	6. call

1. 暗くなりつつある。私たちは家に帰るべきだ。
dark から「～になる」という不完全自動詞 get と判断できる。また，is があるので進行形にする。
➡ 神技29　不完全自動詞

2. それはとても難しそうに聞こえる。私たちはそこに間に合って到着できるだろうか。
difficult からこの空所にも不完全自動詞が入ることがわかる。
sound ～「～に聞こえる」
➡ 神技29　不完全自動詞

3. あなたはもう部屋の掃除を終えたか。
目的語の your room「あなたの部屋」から clean が予想できる。finish「を終える」の後なので動名詞にする。
➡ 神技47　目的語になる動名詞

4. ジョンソン先生に話しかけている少年は私の兄（弟）だ。
talk to ～「～に話しかける」
後に be 動詞 is があり，それがこの文の述語動詞である。よって，この部分は「話しかけている」という分詞にする。
➡ 神技62　形容詞としての分詞

5. 私は生まれてからずっとこの街に住んでいる。
後半部 “since I was born”「私が生まれて以来」から時制を現在完了にする。
➡ 神技44　継続

6. この猫をサニーと呼ぼう。彼女（その猫）は私たちの新しい家族だ。
空所直後の “this cat Sunny” より SVOC の第 5 文型と判断できる。また，Sunny の S が大文字であることから固有名詞と判断でき，「A を B と呼ぶ」を表す call が正解とわかる。
➡ 神技35　SVOC

2 〈城北高等学校〉

➡本冊 P.85

解答

1. looking	2. took
3. heard	4. agree ［am］
5. tell ［distinguish］	6. put

1. look forward to ～「～を楽しみにする」
2. take part in ～「～に参加する」
= participate in ～
3. hear from ～「～から便りをもらう」
≠ hear of ～「～のうわさを聞く，～を耳にする」
4. agree with ～「～に賛成する」
この問では I am with ～でも可。

Good to know

～に賛成である agree with ～= be for ～
I agree with your opinion.
= I am for your opinion.
「私はあなたの意見に賛成です」
⇔ I am against your opinion.
「私はあなたの意見に反対です」

5. tell A from B「A と B を見分ける」

distinguish A from B「AとBを区別する」も可。

6. put on ～「～を身につける」

Good to know

put on と wear
put on「～を身につける」という動作
wear「～を身につけている」という状態

その赤いドレスを着ている女性を見て。
(○) Look at the woman wearing a red dress.
(×) Look at the woman putting on a red dress.

一方，以下の場合は両方ともほぼ同意。
私はコートを着て出かけた。
(○) I put on my coat and went out.
(○) I wore my coat and went out.

3 〈愛光高等学校〉

➡ **本冊 P.86**

解答

1. ウ	2. エ	3. ア
4. イ	5. イ	

1. この地域には2つの有名な高校があります。1つは男子校で，もう一方は女子校です。
One is ... , the other is ～.「1つは…でもう一方は～」は2つのことをひとつずつ説明する場合に用いられる表現。

2. 学校の制服を着ているその女の子は親切にも私に傘を貸してくれた。
「身につけていること」を表す前置詞in。
➡ 神技108 共通語問題と前置詞

3. 私たちは何時間もそれについて話したが，誰もより良い考えは浮かばなかった。
come up with ～「～を思いつく」

4. あなたは夜の10時間を含め少なくとも50時間は運転の練習をしなければならない。
practice ～ ing「～することを練習する」

5. 私は新しいゲームのお店が開店したと聞いている。行ったことある？— 一度もない。
➡ 神技43 経験

4 〈明治大学付属中野高等学校〉

➡ **本冊 P.86**

解答

1. イ	2. ア	3. エ
4. ア	5. イ	6. ウ

1. 多くの文化では，夫婦は，たいてい金製か銀製の指輪を結婚式で交換する。
～製の (be) made of ～
➡ 神技39 受動態と前置詞

2. このエンジンは何かおかしいにちがいない。機能しない。
Something is wrong with ～「～は何かおかしい」

3. 私はその晩を家族とテレビで水泳競技を観戦して過ごした。
spend 時間 (in) ～ ing「時間を～して過ごす」

4. 交通はいつもよりすいていて，私は今朝早くここに到着した。
traffic は, heavy「多い」, light「少ない」を用いて程度を表す。

5. **A**：明日は雨が降ると思いますか。
B：そうでないことを望みます。
I hope not.「そうでないことを望む」

これも

I hope so.「そのように望む」
I'm afraid so.「残念ながらそう思う」
I'm afraid not.「残念ながらそうではないと思う」

6. **A**：私はパリに何度か行ったことがある。
B：私もだ。

Good to know

～もそうだ【肯定文】

A：I'm hungry.「私は空腹だ」

B：I am, too. = So am I.「私もそうだ」

～もそうだ【否定文】

A：I didn't watch the game.「私はその試合を見なかった」

B：I didn't, either. = Neither did I.「私もそうだ（見ていない）」

この場合，neither は nor でもよい。

5 〈大阪星光学院高等学校〉

➡本冊 P.87

解答

1. puts　**2.** gone　**3.** give

4. tells

1. put in one's contact lenses「コンタクトをつける」

take out one's contact lenses「コンタクトをはずす」

2. go sour「すっぱくなる＝腐る」

➡ 神技29　不完全自動詞

3. give 人 a ride (to ～)「(～へ) 人を車で送る」

➡ 神技34　SVOO

4. tell 人 that ～「人に～と伝える」

you があるため says は不可。

2-5 整序英作文

(本冊 P.88 ～)

答え合わせのポイント　ここでは，英語・日本語の両面でどのようにパラフレーズが行われているのか，そのパターンを覚えることを意識してください。また，この出題形式で頻出の単元と出し方，出題の意図も意識して，ノートなどに自分なりの分析を残すようにしましょう。

1

〈中央大学杉並高等学校〉

➡ **本冊 P.88**

解答

1. A　オ　　B　キ
2. C　ア　　D　イ
3. E　ケ　　F　オ
4. G　オ　　H　イ

1. Nothing is more important than washing your hands before you eat (meals.)

① **パラフレーズに注意**

➡ 神技26　比較を用いた書きかえ

「手を洗うことが何よりも重要だ」

=「手を洗うより重要なことはない」

② ➡ 神技8　否定語をともなう主語

Nothing is ～「～なものはない」

③ ➡ 神技79　時を表す接続詞

before SV「～する前に」

2. How often do you visit your sister living in New York (every year?)

① ➡ 神技12　How ＋形容詞／副詞

How often「どのくらい（頻繁に）」= How many times

② ➡ 神技62　形容詞としての分詞

your sister living in New York

ニューヨークに住んでいる **お姉さん**

3. (I) will ask my brother about this question as soon as he comes bask (.)

① **動詞**

ask 人 about ～「人に～について尋ねる」

② ➡ 神技79　時を表す接続詞

as soon as SV ～「～するとすぐに」

4. Few students remembered learning how to solve the problem.

① ➡ 神技8　否定語をともなう主語

Few + As (名詞の複数形) ～「～な（する）A はほとんどいない」

② ➡ 神技59　不定詞と動名詞の見極め

remember ～ ing「～したことを覚えている，思い出す」

③ ➡ 神技56　疑問詞＋不定詞

how to ～「～する方法」

2

〈城北高等学校〉

➡ **本冊 P.89**

解答

1. ウ，ケ　　2. ウ，カ
3. エ，カ　　4. オ，ケ

1. My mother [didn't tell me what time I had to get up] (.)

➡ 神技31　人＋節を導く動詞

tell 人 + wh 節～「人に～と伝える」

2. This was [the book that she was reading when I called] her.

➡ 神技70　関係代名詞を含む文 1

➡ 神技79　時を表す接続詞

3. A lot of [homework will not make students interested in studying] .

➡ 神技67　使役動詞 make

4. This [problem is not as easy as the one you solved] yesterday.

➡ 神技22 原級を用いた比較

Good to know

the one は「物，者，やつ」など前出の名詞の代用となる。

A：Which hat do you want?「どの帽子がほしいの」
B：The one on the shelf.「棚にある物」

A：Who is your brother?「君の兄（弟）は誰なの」
B：The one you talked with just now.「君がたった今話した人だよ」

3 〈明治大学付属中野高等学校〉

➡本冊 P.89

解答

1.	A：greater	B：that
	C：of	
2.	A：are	B：caused
	C：drivers	
3.	A：a	B：chance
	C：study	
4.	A：old	B：be
	C：care	
5.	A：was	B：to
	C：put	
6.	A：on	B：is
	C：I	

1. The volume of the sun is [much greater than that of the earth].
the volume「体積，音量，1巻（書籍）」

➡ 神技23 比較級 1

➡ 神技24 比較級 2

2. These days, [many traffic accidents are caused by drivers using] mobile phones.

➡ 神技32 原因や結果を導く動詞

3. We need to [give younger people a chance to study abroad].
study abroad「留学する」

➡ 神技51 形容詞的用法

4. You're [old enough to be able to take care of] yourself.

➡ 神技58 ... enough to ～と so ... that

5. The game [I was looking forward to was put off] because of the rain.
put off「延期する」= postpone

6. The girl [with flowers on her head is the one I] talked to this morning.

➡ 神技108 共通語問題と前置詞

4 〈青山学院高等部〉

➡本冊 P.90

解答

1.	3番目 not	5番目 tall
2.	3番目 spicy	5番目 me
3.	3番目 going	5番目 the
4.	3番目 is	5番目 cheaper
5.	3番目 my	5番目 was

1. My sister is quite tall for her age, but [she is not as tall as my brother].（使用せず than）
妹は年齢の割にかなり背が高いが，弟ほどではない。

➡ 神技22 原級を用いた比較

2. People often say that spicy food is good for you. I tried a curry the other day, but it [was too spicy for me to] eat and I could not finish it.（使用せず cannot）
スパイシーな食べ物は体にいいとしばしば聞く。先日カレーに挑戦したが，辛すぎて私は食べられず，完食できなかった。

➡ 神技57 too ... to ～

3. "Hi Sam. Do you have any plans this holiday? [How about going shopping the day after] tomorrow?" "That sounds great! Why don't we ask Ken and Jane, too?"（使用せず to go）
「やあ，サム。今度の休みに計画はある

かい。明後日，買い物に行くのはどうかな」「それはいいね。ケンとジェーンも誘うのはどうかな」
the day after tomorrow「明後日」

➡ 神技49　熟語＋動名詞

4. There are two Italian restaurants near my house. They are both good, but the one [called *Passagio* is much cheaper than the one] called *Disagi*. (使用せず which)
私の家の近くにはイタリアンレストランが2軒ある。両方ともいいが，パッサージョという名前のものがディサージという名前のものよりずっと安い。

➡ 神技23　比較級1

the one の用法はこのセクションの大問2を参照

5. I went on vacation, but [all of my money was stolen on] the first day, so I couldn't visit many places. It was so terrible. (使用せず I)
私は休暇に出かけたが初日にお金をすべて盗まれたので，多くの場所を訪れることができなかった。最悪だった。

5 〈立教新座高等学校〉

➡本冊 P.90

解答

1. A ウ	B エ	2. A キ	B ク
3. A キ	B カ	4. A イ	B ケ
5. A ケ	B イ		

1. [Do you have anything interesting to read] ?

➡ 神技51　形容詞的用法

2. Whether you [take the test or not is up to you] .

➡ 神技82　名詞節・副詞節

3. [No one knows why he went there] yesterday.

➡ 神技8　否定語をともなう主語

➡ 神技90　一般動詞の間接疑問

4. [Mary has about three times as many books as Tom] does.

➡ 神技22　原級を用いた比較

5. [Is he the only person that knows the way to the shop] ?

6 〈久留米大学附設高等学校〉

➡本冊 P.91

解答

1. Where do you think I can buy the shoes (?)
2. I find it impossible to understand him (.)
3. The man was seen to get in the car (.)
4. Her songs make everyone want to dance (.)
5. They make many times as much money as Jack does (.)

1. 不足語：Where

➡ 神技93　語順に注意が必要な間接疑問

2. 不足語：it

➡ 神技35　SVOC

3. 不足語：to

➡ 神技67　使役動詞 make

4. 不足語：make

➡ 神技60　使役動詞

5. 不足語：times

➡ 神技22　原級を用いた比較

7 〈久留米大学附設高等学校〉

➡本冊 P.92

解答

1. 2番目 エ　5番目 ウ
2. 2番目 オ　5番目 ク
3. 2番目 イ　5番目 ア
4. 2番目 カ　5番目 オ
5. 2番目 カ　5番目 ア
6. 2番目 ク　5番目 エ

1. [Riding a bicycle wearing earphones is very dangerous].

➡ 神技46 主語・補語になる動名詞

wearing earphones「イヤホンをしながら」は分詞の用法。

2. [No music I have ever heard is as] beautiful as Mozart's.

➡ 神技22 原級を用いた比較

3. I [don't want to hear those songs of theirs] again.

Good to know

「彼らの歌」であれば，"their songs" で表すが，人称代名詞の所有格は，a, this, that, those などがついた名詞を前から修飾できない。この場合，of＋所有代名詞でその名詞の後ろにつく。

私の友達　my friend
私の一人の友達　a friend of mine

4. Ashley did her homework by herself. [All the other students had someone help them].

➡ 神技60 使役動詞

5. Do you know [the name of the museum whose garden is famous for] its autumn leaves?

➡ 神技70 関係代名詞を含む文①

6. The flag [you can see flying over the buildings is] our school flag.

➡ 神技66 知覚動詞

➡ 神技70 関係代名詞を含む文①

2-6 和文英訳

(本冊 P.93 ～)

答え合わせのポイント

和文英訳は同時に日本語力も試されていると思ってください。与えられた日本語をどう自分が英訳できる日本語に変換できるかがポイントです。答え合わせでは，その点にも意識しましょう。

1 〈白陵高等学校〉

➡本冊 P.93

解答

(1) I was glad that a lot of Japanese athletes [players] got medals.
(2) It was exciting to hear some music from Japanese video games, wasn't it?
(3) It has been used around the world since the Tokyo Olympics in 1964.
(4) It's helpful for you to see where restaurants are if you don't understand the language.
(5) I hope a lot of things that make everyone happy will be made in Japan.

(1) 嬉しい　be happy [glad/pleased] that SV
選手　player [athlete]
メダルを取る　win [get] a medal

(2) ～してワクワクする　It was exciting to V ～
テレビゲーム　video game

(3)「使われている」の時制がポイント。1964年以来ずっと（今もなお）使われているという意味なので，現在完了の継続用法。しかも，受動態。

➡ 神技44　継続

(4) (たとえ) ～としても　(even) if SV ～
わかる→ここでは理解する understand
～は助かる　It is helpful [useful] to ～

➡ 神技54　It's ... for / of A to ～

➡ 神技91　be 動詞・助動詞の間接疑問

(5) ～ならいいな　I hope (that)
たくさん a lot of
みんなを幸せにするもの
things that [which] make everyone happy
日本で作られる　will be made in Japan
hope は「これからのこと」，つまり未来への希望なので，「作られる」の部分を未来形の受動態にするところがポイントとなる。

➡ 神技35　SVOC
➡ 神技37　助動詞・疑問詞と受動態
➡ 神技70　関係代名詞を含む文①
➡ 神技83　that 節

2 〈早稲田大学系属早稲田佐賀高等学校〉

➡本冊 P.93

解答

〈A〉 (1) Which do you think runs faster?
(2) I'm asking you because I don't know it.
〈B〉 (1) How have you been?
(2) Don't you remember me?

〈A〉

(1) この文は，「どちらが速く走るか」と「あなたは思う」の2つの文から成り立っている間接疑問を含む文。
Which runs faster? + do you think
Which do you think runs faster?
Yes/No で答える疑問文ではないので，疑問詞が文頭に来ることに注意。

➡ 神技93 語順に注意が必要な間接疑問

(2) 日本語を補って考えてみる。
わからないから→「私はそれを知らないから」
聞いている→「私はあなたに尋ねている」
I'm asking you because I don't know it.

〈B〉

(1)「久しぶり」という直前のセリフから，しばらくの間どうしていたかを尋ねる文と理解できる。単に，How are you? では，やや不足。
現在完了を用い，How have you been? とすれば，出題者の意図に沿う答えとなる。

(2)「～しないの」は否定疑問文。否定語から疑問文を始める。普通の疑問文を作り，文頭の語に not をつければよい。
Do you remember me?
「僕のこと覚えてる」
Don't you remember me?
「僕のこと覚えてないの」

3 〈中央大学杉並高等学校〉

➡ 本冊 P.94

解答

1. It has been eight years since we knew each other. [It is eight years since we knew first time.]
2. No one knows what she is afraid of.

1. since ～「～以来」
It has been ... since ～「～して以来…だ」
別解
Eight years have passed since we knew each other.
We have known each other for eight years.

2.「誰も～しません」は，No one または Nobody で始める。
be afraid of ～「～を怖がる」
No one knows what she is afraid of.
（s を忘れずに）（is she にしない）

➡ 神技8 否定語をともなう主語

4 〈城北高等学校〉

➡ 本冊 P.94

解答

1. She has an uncle who is［comes］from Canada.
2. The man who is running with Tim is my father.

1. 関係代名詞の問題。「～出身」は，be from ～，または come from ～で表す。「おじさん」は限定されていないので定冠詞 the ではなく不定冠詞 an をつける。

2. 関係代名詞の問題。「走っている」は進行形なので is running となる。また，関係代名詞節は主語 man の直後に位置する。「男の人」は限定されている（視界に入っている）ので，定冠詞 the をつける。
別解：The man running with Tim is my father.

5 〈東大寺学園高等学校〉

➡ 本冊 P.94

解答

(1) I'm going to visit a friend I haven't seen for a long time.
(2) It will be an exciting experience to walk in the town where a movie was made.
(3) I'll be busy when school starts, so I will read as many books as possible.

(1)「長い間会っていない」を関係代名詞節

にして先行詞 a friend の直後につける。
長い間 for a long time があるので現在完了。
friend と I の間に，whom や that を入れてもいい。

(2) will が必要。
「映画を撮影する」make［shoot］a film［movie］

(3)「学校が始まったら」の「たら」は，when を用いる（if は不可）。
「できるだけ〜」as 〜 as possible［I can］

6 〈桐朋高等学校〉

➡本冊 P.94

解答

(1) Will you lend me the book (which [that]) you were reading yesterday?
(2) I haven't finished reading it yet. I need a few days (to finish reading it), so I think you should ask someone else.

(1) 主語は you，動詞は lend，目的語は me と「君が昨日読んでいた本」。
「君が昨日読んでいた」を関係代名詞節にし，先行詞の the book（二人とも知っている本なので定冠詞 the が正しい）の直後につける。目的格なので which や that は省略可。

(2)「まだ読み終わってない」は現在完了で表す。「〜し終える」finish 〜 ing。
「あと 2，3 日かかりそう」
it will take a few days (to finish reading it)
I need a few days (to finish reading it)
「他をあたってみた方がいいと思う」の「他をあたる」は「他の人に頼む」と考える。

7 〈西大和学園高等学校〉

➡本冊 P.94

解答

1. No one knows what will happen to the country in the future.
2. I wanted him not to be noisy during the class, but he kept talking.
3. I ran to the station as fast as possible to catch the last train.

1.「誰にもわからない」は，No one knows で表す。
➡ 神技 8 否定語をともなう主語
未来の will を忘れずに。

2.「人に〜してほしい」"want 人 to 〜"。
ここでは「〜しないでほしい」なので，"want 人 not to 〜" とする。
「うるさくする」be noisy
「授業中」during the class，in class
「〜し続ける」keep (on) 〜 ing，go on 〜 ing

3.「全力で走った」は「できるだけ速く走った」と考え，as fast as possible［I could］で表す。
「間に合うように」は to be in time for 〜または，この場合電車なので，to catch 〜。
別解：I ran to the station as fast as possible so that I could catch the last train.

2-7 自由英作文

（本冊 P.95）

答え合わせのポイント

「自由英作文に満点はない」という前提で採点してください。模範解答を見て，少しでも改善できる表現がある場合は，迷わず取り入れましょう。ここでの答え合わせでは，「間違い探し」より「改善探し」を優先させましょう。

1 〈成城学園高等学校〉

➡本冊 P.95

解答例

① I want to study math as hard as possible when I start high school. This is because I am not good at math and want to improve my skills. To be good at math, I think it is important to study it every day.
② I want to learn programming when I enter high school because I want to develop my own applications. Therefore, I want to belong to a computer club.

①，②はそれぞれ例を示しています。
① 私は高校に入ったらできるだけ一生懸命に数学を勉強したい。これは私が数学が得意ではなく実力を改善したいからだ。数学を得意にするために，毎日勉強することが大切だと思う。

This is because ～「これは～だからです」
前文の理由を説明するときに使う。いきなり Because から始めると減点になるので注意。

② 私は，自分のアプリを開発したいので高校に入ったらプログラミングを学びたい。そのため，コンピュータークラブに入りたい。

Therefore「したがって～」
前文までの内容を受け，結論を伝える際に用いる表現。

2 〈同志社高等学校〉

➡本冊 P.95

解答例

① (I think) it is better that students clean the classrooms by themselves. (This is because) by doing so they can learn the importance of keeping their classroom clean. (23 語)
② (I think) schools should not make students clean their classrooms. (This is because) they have more important things to learn. For example, they should focus on their studies and club activities. (26 語)

① 私は生徒が自分で教室の清掃をする方がいいと思う。これはそうすることで彼らは教室をきれいに保つことの大切さを学ぶことができるからだ。

It is better that ～「～の方がよい」
by doing so「そうすることによって」
the importance of ～「～の大切さ」
→英作文で便利な表現
= how important ～ is「～がどんなに大切か」

② 私は学校は生徒に清掃させるべきではないと思う。これは彼らには学ぶべきもっと大切なことがあるからだ。例えば，彼らは勉強や部活に集中するべきだ。

For example, ～「例えば，～」
→英作文では具体例を出すことで説得力を増すことができる。

3 〈大阪星光学院高等学校〉

➡本冊 P.95

解答例

① I think the best season to travel in Japan is spring. In spring, tourists can enjoy the beautiful scenery of cherry blossoms across Japan. It would be an unforgettable experience to join a traditional party called "Ohanami" to eat and drink under the trees. (44 語)
② Autumn is the best season to travel in Japan. It is neither too hot nor too cold. Tourists can enjoy beautiful mountains covered with yellow and red leaves all over Japan. Moreover, it is said that autumn food is the most delicious in Japan. (44 語)

① 私は日本を旅行する最高の季節は春だと思う。春には旅行者は日本中で美しい桜の景色を見ることができる。伝統的なお花見というパーティーに参加し木の下で飲食するのは忘れられない経験になるだろう。

the scenery of ～「～の景色」
It would be ... to ～「～することは…になるだろう」
「お花見」のような日本語を使いたいときには解答例のように「～ called "日本語のローマ字表記"」とする。

② 秋が日本を旅するのに最適な季節だ。暑すぎず寒すぎずだ。旅行者は日本中で赤や黄色の葉で覆われた美しい山を見ることができる。さらに，日本では秋の食べ物が一番おいしいと言われている。

4 〈立教新座高等学校〉

➡本冊 P.95

解答例

① I want to go on my next trip to a foreign country for two reasons. First, I want to see a new world. I should learn about different cultures. Second, I would like to practice speaking with foreigners in English as I have few chances to use my English skills. (50 語)
② I prefer to go on my next trip somewhere in Japan for two reasons. The first reason is that I have many places I have never visited in Japan. I want to know more about my own country. The second reason is that traveling abroad takes more time and money. (50 語)

① 私は2つの理由から次の旅行は外国にしたい。1つは，私は新しい世界が見たい。私は異なる文化を学ぶべきだ。2つ目は，英語の技術を使う機会がほとんどないので，英語で外国人と話す練習がしたい。
② 私は2つの理由で日本国内での旅行の方がいいと思う。1つ目の理由は日本には私が行ったことがない場所がたくさんあるということだ。私は自分自身の国についてもっと知りたい。2つ目の理由は外国旅行は時間とお金がよりかかるということだ。

理由が求められる英作文では例①のようにFirst, Second のような順番を表す副詞を利用する。例②のようにthat 節を用いるときにはその後にSV のある「文」が入ることに注意する。

第3章　出題形式別入試問題演習（長文）

問題を解き終えたら

答え合わせをする前に必ず本冊 P.98 の「第 3 章の進め方」も確認してください。

復習方法

① 答え合わせ

- 正解，不正解を確認する
- 正解箇所も含め解説を確認する
- 誤答の原因を確認する
- 英文解釈を確認する

② 並行音読（ここに最も力を注ぎます）

- スラッシュポイントの確認
- 音読トレーニング
- 本文ページで音読

並行音読とは

例えば，挑戦した長文内に以下のような英文があったとします。
The boy said that a stranger who was standing at the school gate had a flower in his hand.

これを復習する際に，
「その少年は，校門に立っていた見知らぬ人が手に花を持っていたと言った」
というふうにわかりやすい日本語にしていくのではなく，以下のような読み方をしましょう。

① スラッシュポイントをつける

The boy said / that a stranger / who was standing / at the school gate / had a flower / in his hand.

スラッシュポイントは自分の理解しやすい部分に変更してもよい

② 部分別に意味を考える

The boy said / that a stranger / who was standing / at the school gate / had a flower / in his hand.

その少年は言った / 見知らぬ人は～だと / 立っていた / 校門あたりに / 花を持っていた / 手に

③ 英語と日本語を並行させながら音読トレーニングを繰り返す

Point

- 慣れるまでは自然な日本語の語順に変えたくなると思いますが，英語の語順に慣れると速読力がUPするのでぐっと我慢します。
- 年間少なくとも300題以上の入試長文読解を30年以上読み続けて得た復習法です。筆者と同じ読み方で英語力を飛躍的に伸ばしてほしいという思いから本書ではすべての長文に並行音読用の徹底分析をつけました。

並行音読に期待できる効果

並行音読には色々な効用があります。

① **速読力**：日本語の語順への変換を経ずに理解することに慣れることでスピードアップが期待できる

② **解釈力**：SVやスラッシュポイントを正確に押さえることで，英文の分析力が増す

③ **文法力**：音読を繰り返すことで文法の復習になる

④ **単語力**：単語の発音や意味の定着を意図するとなお効果が抜群

SV や後置修飾，副詞節の理解は長文読解で大切です。本書では徹底分析で以下のような記号を使います。復習の際にはこれを利用して完全な理解を目指してください。そして，本書を終えたら，自力でこの読み方ができるように並行音読をマスターしてください。

徹底分析に使用する記号

主語　動詞　目的語　補語

The news made us happy.

It is necessary for us to study English every day.

My hobby is to collect foreign stamps.

The heavy rain made it impossible for us to go fishing.

まとめ

主語	＿＿	後置修飾	〈 〉
動詞	〰〰	名詞節	[ ]
補語	＿＿	副詞節	( )
目的語	------		

※本書では，進行形（be＋-ing）や受動態（be＋過去分詞），目的語を取る不定詞や動名詞（want to ～や enjoy -ing）などをひとまとまりの V（述語動詞）と捉えて理解する訓練を行います。

●助動詞も動詞として扱います。

Do you play the guitar?

She must clean her room.

My sister has been a teacher for ten years.

●動名詞，不定詞が目的語になる場合，動詞の一部として扱います。

My brother began to study English.

It began raining a few hours ago.

●熟語は 1 つの動詞として扱います。

He took a look at my passport and let me go.

●後置修飾〈 〉

The book 〈on the desk〉 is mine.

I had a lot of homework 〈to do yesterday〉.

The boy 〈running over there〉 comes from Canada.

The book 〈I read last night〉 was exciting.

●節

① 名詞の働きをしている節 [ ]

[What is important] is to do our best.

※ [ ] の部分は主語ですが，＿がつきません。

I know [that the earth goes around the sun].

He told me [that he would leave Japan soon].

She asked him [where he lived].

※ [ ] の部分は目的語ですが，＿がつきません。

② 形容詞の働きをしている節〈 〉

I want to live in a house 〈which has a large garden〉.

③ 副詞の働きをしている節（ ）

My mother was cooking (when I got up).

(If it is fine tomorrow), we will go to the beach.

※後置修飾の解釈には注意が必要です。

Nearly 70% of the tourists / 〈who visited the island〉 / chose to stay / on a cruise ship.
旅行者の 70% 近くが　その島を訪れた　滞在することを選んだ　クルーズ船に

「（×）旅行者の 70% 近くがその島を訪れた」ではなく，

「旅行者の 70% 近くが，その島を訪れた（うちの）～」と考えます。

3-1 整序英作文

1 〈巣鴨高等学校〉

➡本冊 P.100

解答

1. is one of the strangest fish
2. will die if you eat a whole
3. by cooks with a special license from the local government
4. Most people who die from eating
5. said to be so delicious that

解説

1. 最も～なAの一人（1つ）
   one of the 最上級～＋A（複数形）
   ➡ 神技25 最上級
   fish は単複同形。通常 fishes にはしない。
2. will の位置に注意する。条件を表す if 節の中では will は用いないので，die の前につける。
3. with ～「～を持っている」
4. die from ～「～（が原因）で死ぬ」
5. be said to ～「～と言われている」

徹底分析

① (When three men in California / were taken / to a hospital /with strange symptoms), / the hospital doctors / thought / [the men / had been poisoned]. //
(～とき カリフォルニアの3人の男性が / 連れて行かれた / 病院へ / 奇妙な症状で) / 病院の医者たちは / 考えた / [その男たちが / 毒をもられた] //

They couldn't speak, / and they / had trouble breathing. //
彼らは 話せなかった / そして 彼らは / 呼吸困難に陥っていた //

The doctors / finally found out / [the men had just shared / a dish of *fugu*]. //
医者たちは / 最終的に知った / [その男たちが 共有したばかりだ / フグ料理を] //

知識
- when ～ 接 ～するとき，～したら
- strange 形 奇妙な，めずらしい
- poison 他 に毒をもる，を毒殺する，名 毒
- have trouble ～ ing 熟 ～するのに苦労する
- finally 副 最終的に，ついに
- find out 熟 知る，気がつく，探り出す
- share 他 を共有する

② Fugu, / the Japanese name for the puffer fish, / is / one of the strangest fish /in the ocean. //
フグは / puffer fish の日本名だが / ～だ / 最も奇妙な魚の1つ / 海洋の中で //

ちゅうもく

Fugu, the Japanese name for the puffer fish

「,」の後の the Japanese name for the puffer fish「puffer fish の日本名」は，Fugu と同格。英文ではしばしば，名詞の後にそれと同格の「名詞句」を置き，その名詞の説明を加える。「～で，～ですが」などと訳し，後ろの動詞につなげよう。

The puffer fish / gets / its name / from the way / 〈the fish protects / itself / from enemies〉. //
フグは / 得る / その名を / 方法から / 〈その魚が 守る / 自分自身を / 敵から〉 //

(Whenever it is attacked), / the fish / puffs up / its body / to over twice its normal size! //
(～するときはいつでも それは 攻撃される) / その魚は / 膨らませる / 体を / 通常の大きさの2倍以上に //

知識
- one of the 最上級～ A 熟 最も～なAの1つ
- ocean 名 海洋，海
- the way SV 熟 SがVする方法
- protect A from B 熟 BからAを守る
- whenever ～ 接 ～するときはいつでも
- attack 他 を攻撃する
- over 前 ～以上
- normal 形 通常の，普通の，標準の

ちゅうもく

Whenever it is attacked, the fish puffs up its body to over twice its normal size!

whenever の次の it は，主語の the fish を指している。英語では主語は省略できないが，日本語に訳すときには省略しよう。

（それが）攻撃されるときはいつでもその魚は通常の大きさの2倍以上になるまで体を膨らませる。

③ The reason 〈the three men were taken
理由は　〈3人の男たちが　運ばれた
to the hospital〉 is [because
病院へ〉　[～だからだ
the puffer fish is also very poisonous]. //
フグが　～だ　またとても有毒]　//

がっちり

The reason ... is because ～. の訳し方

…する理由は～だからだ。

As a rule, you will die (if you eat
原則的に　人は　死ぬだろう（もしも食べたら
a whole puffer fish). //
フグ1匹全部を）　//

The three men were also dying. //
3人の男たちもまた死にかけていた　//

きほん

be dying「死にかけている」と be dead「死んでいる」の違いを確認しておこう。

The cat is dying.「その猫は死にそうです」
The cat is dead.「その猫は死んでいます」

Luckily they all survived. //
幸運にも　彼らは全員　生き延びた　//

知識

- **as a rule** 熟 原則的に
- **whole** 形 全体の
- **luckily** 副 幸運にも
- **survive** 自 生き延びる

④ Despite the danger of fugu poisoning, /
フグの毒の危険性にもかかわらず　/
the fish is / actually /
フグは～だ　/　実際に　/
a very expensive, /
とても高価で　/
and very popular, kind of food /
そしてとても人気の種類の食べ物　/
in Japan. //
日本で　//

➡ 神技107　論理展開に利用される前置詞

Because of the danger, / fugu
その危険性のため　/　フグは
can only be prepared / by cooks 〈with
調理されることを許される　/　料理人によってのみ
a special license from the local
〈地元の政府からの特別な資格を持っている〉
government〉. //
//

➡ 神技107　論理展開に利用される前置詞

These cooks can identify and remove /
この料理人たちは　特定し，取り除くことができる　/
the poisonous parts of the fish. //
毒の　部分を　その魚の　//

Most people 〈who die from eating fugu
ほとんどの人々は　〈フグを食べたことが原因で死ぬ
these days〉 have tried to prepare /
最近〉　調理しようとした　/
the fish / on their own. //
その魚を　/　自分で　//

知識

- **despite** 前 ～にもかかわらず
- **danger** 名 危険性
- **actually** 副 実際
- **expensive** 形 高価な
- **because of** 熟 ～のため
- **prepare** 他 を準備する
- **license** 名 資格，免許
- **local** 形 地元の
- **government** 名 政府
- **identify** 他 が誰なのか，何なのか特定する
- **remove** 他 を取り除く
- **most ～** 形 ほとんどの～
- **die from** 熟 ～が原因で死ぬ
- **on their own** 熟 自分で

⑤ Fugu is said to be / so delicious /
フグは　～だと言われている　/　とてもおいしいので　/
(that it has even started to be
（それは　輸入され始めている
imported / into Hong Kong and the
/　香港や合衆国に）
United States). //
//

Several tons of fugu are now exported /
数トンものフグが　今や輸出されている　/
from Japan /every year. //
日本から　/　毎年　//

知識
be said to ～ 熟 ～と言われている
import 他 を輸入する
export 他 を輸出する

全文和訳

❶ 奇妙な症状でカリフォルニアの男性3名が病院へ運ばれたとき，その病院の医師たちはその男たちが毒をもられたと考えた。彼らは話すことができず，そして呼吸困難に陥っていた。その医者たちは最終的にその男たちはフグ料理を共有したばかりだと知った。

❷ フグは“puffer fish”の日本語訳ですが，海洋の中で1**最も奇妙な魚の1つだ**。フグは敵から身を守るその様子から名前を得ている。攻撃されるといつでもその魚は通常の大きさの2倍以上になるまで体を膨らませる。

❸ その3人の男たちが病院に運ばれた理由はフグがとても有毒でもあるからだ。原則として，フグを2**全部食べると死に至る**。その3名も死にかけていた（幸運にも彼らは助かった）。

❹ フグの毒の危険性にもかかわらず，その魚は実際に非常に高価で，そしてとても人気の高い日本の食べものの一種だ。その危険のため，3**フグは地元の政府からの特別な資格を持っている料理人にしか調理を許されない**。この料理人たちは魚の毒の部分を特定し取り除くことができる。最近4**フグを食べて死ぬ人のほとんど**が，自分自身でその魚を料理しようとしてしまったのだ。

❺ フグは5**とてもおいしいので**香港やアメリカにさえ輸入され始めている**と言われている**。毎年数トンものフグが今や日本から輸出されているのだ。

2 〈渋谷教育学園幕張高等学校〉

➡本冊 P.101

解答

1. A ク	B イ	C キ
2. A キ	B エ	C イ
3. A オ	B ウ	C ア
4. A ウ	B キ	C エ
5. A ア	B エ	C オ

解説

1. he was looking for a place to sleep
look for ～「～を探す」
2. show us the thing that you call an elephant
show は第4文型の動詞なので，直後は「人＋もの（もの＋ to 人）」の順になる。残った単語を関係代名詞節にして thing につなげる。
3. was so big that every part being touched
being touched「触れられている」が現在分詞の形容詞となり every part を修飾している。
4. began to fight about who was right
begin to ～「～し始める」
5. It's important for you to listen to your other brothers
It's ... for A to ～「～することはAにとって…だ」

徹底分析

❶ There once was a man 〈who travelled the world on a fine elephant〉. //
(There once was: かつて～がいた / a man: 男が一人 / travelled the world: 〈世界を旅行した / on a fine elephant: 立派なゾウで〉 / //)

きほん
There once was a man who ～
「かつて～する男がいました」
物語文の典型的な始まりを覚えよう。was の部分が lived になることもある。

One evening, / he was looking / for a place to sleep and found a house
(ある晩，/ 彼は探していた / 寝るための場所を，/ そして 家を見つけた)

〈where six brothers lived〉. //
〈6人の兄弟が住んでいる〉 //

➡ 神技76 関係副詞

❷ He knocked / on the door / and asked /
彼はノックした / ドアを / そして頼んだ /
them / to lend him a bed /
彼らに / 彼にベッドを貸すように /
and some space for his elephant. //
そして彼のゾウのためのいくらかの場所を //

➡ 神技55 主語＋動詞＋目的語＋不定詞

❸ The brothers looked confused.//
その兄弟たちは 混乱した様子だった //

"What is an elephant?" they asked.//
「ゾウとは何だ」 彼らは尋ねた //

知識
confused 形 混乱した

❹ "You've never seen one?"//
「君らは見たことがないのか ゾウを」//
asked the man. // "You will be amazed!"//
その男は尋ねた // 「君らは驚くことだろう」 //

❺ But it was already dark / and there
しかしすでに暗かった / そして月がなかった
was no moon that night, / so the man
その夜は / それでその男は言った
said, / "Let's sleep and I will show /
/ 「寝ましょう そしたら私は見せるよ /
you the elephant / in the morning."//
あなたにゾウを / 朝に」 //

❻ The brothers smiled. //
その兄弟たちは ほほえんだ //
"We are all blind," they told the man. //
「僕らはみんな目が見えないんだ」彼らはその男に言った //
"Please show us / the thing 〈that
「見せてください 私たちに / ものを
you call an elephant〉 now. //
〈あなたがゾウと呼んでいる〉 今 //
We want to know / all about it!" //
私たちは知りたい / それ（ゾウ）についてすべてを」//

知識
blind 形 目が見えない

❼ The man led / the brothers /
その男は導いた / その兄弟たちを /
to the elephant / 〈which was standing
そのゾウのところへ / 〈外に立っている
outside eating the leaves of a tree〉, /
木の葉を食べながら〉 /
and the brothers stood / around /
そしてその兄弟たちは立った / 周りに /
and began touching it. //
そしてそれを触り始めた //

However, / the elephant was so big
しかしながら / そのゾウはあまりに大きかったので
(that every part / being touched /
（すべての部分 / 触られている /
was different). //
異なっていた） //

One brother touched its leg / and said /
兄弟の一人は触った （ゾウの）脚を / そして言った /
[it was like the pillar of a building]. //
[それは～のようだ 建物の支柱] //

Another brother held its tail /and said /
もう一人の兄弟はつかんだ（ゾウの）尻尾を / そして言った/
[it was a thick rope]. //
[それは～だ 太いロープ] //

A different brother touched its ear /
別の兄弟の一人は触った （ゾウの）耳を /
and said / [it felt like a leather apron]. //
そして言った / [それは感じた 革のエプロンのように] //

知識
tail 名 尻尾
thick 形 厚い，太い，密な
leather 名 革

❽ The brothers began to fight /
その兄弟たちは 口論し始めた /
about [who was right]. //
[誰が正しいか] について //

After a little while, / the man said,
しばらくして / その男は言った
"Friends, / there is no need to fight. //
「友よ / 口論する必要はない //

You are each right / about the elephant. //
君たちは～だ それぞれ正しい / ゾウについて //

But you are all wrong to think [that
しかし，君たちは～だ みんな間違っている と考えること
you know the whole truth]. //
[自分が知っている 真実の全体を] //
An elephant has / many different parts. //
ゾウは持っている / 多くの異なる部分を //
It's important / for you /
大切です / あなたにとって /
to listen to your other brothers /
あなたの兄弟たちが言うことを聞くことは /
(if you want to understand an
（もしもゾウを理解したいと思うなら）」
elephant)."//
//

知識
fight 自 口論する，戦う，格闘する
whole 形 全体の
truth 名 真実

全文和訳

❶ かつて立派なゾウに乗って世界を旅する男がいた。ある晩，[1]**寝るための場所を探していて**，6人兄弟が住んでいる家を見つけた。

❷ 彼はドアをノックし，彼にベッドをそしてゾウのためのスペースを貸してくれるように頼んだ。

❸ 兄弟たちは混乱した様子だった。「ゾウとは何だ」と彼らは尋ねた。

❹「君たちは一度も見たことがないのか」と男性は尋ねた。「君たちはびっくりするよ」

❺ しかし，もうすでに暗くなっていてその夜は月も出ていなかった。それでその男は，「寝よう，そして朝になったら君たちにゾウを見せてあげるよ」と言った。

❻ その兄弟たちは微笑んだ。「僕らはみんな目が見えないんだ」と彼らは彼に言った。「お願い，今[2]**君がゾウと呼ぶものを私たちに見せてくれ**。私たちはそれについてすべてを知りたいのだ」

❼ その男は木の葉を食べながら外に立っているゾウのもとへ兄弟たちを導いた。その兄弟たちはゾウの周りに立ち，それを触り始めた。しかしながら，そのゾウは[3]**とても大きかったので触られる部分は**すべて異なっていた。兄弟の一人はその脚を触り，ゾウは建物の支柱のようだと言った。もう一人の兄弟は尻尾を触り，ゾウは太いロープだと言った。別の兄弟はゾウの耳を触り，革のエプロンのような感じだと言った。

❽ その兄弟たちは[4]**誰が正しいかと口論し始めた**。しばらくしてからその男が言った。「友達よ，口論の必要なんてないんだよ。ゾウについて君たちはみな正しい。でも君たちの自分が真実を全部知っているという考えが間違っている。ゾウは様々な部分を持っている。ゾウを理解したいと思うのなら，[5]**他の兄弟の言うことを聞くことが大切だ**」

3 〈武蔵高等学校〉

➡本冊 P.103

解答

1. animals run in races that often mean life or death
2. Both animals run for their lives
3. animals that lions and other hunting animals eat are fast runners
4. The animal that wins the race is the one

解説

1. 与えられた語句のうち，that の働きに着目する。動詞が2つ（run と often mean）あることから関係代名詞と判断する。
   mean「を意味する」は他動詞であるから直後に目的語が来る。mean life or death とつなげると，「生死を意味する」で意味が通る。
   But many kinds of [animals run in races that often mean life or death] for one of them.
   しかし，多くの種類の動物たちは，しばしばそのうちの1頭にとって生死を意味するレースを行う。
2. both「の両方とも」，for「のために」
   Both animals run for their lives.
   両方の動物は自分たちの命をかけて走る。
3. この問題も動詞が2つ（are と eat）あることから that を関係代名詞と仮定して考える。また，eat「を食べる」について，何が何を食べるのかを考え，eat の主語は lions and other hunting animals「ライオンと他の狩猟動物」と断定する。さらに，文末の too「（ここでは）もまた」に着目する。これは前段落の Animals that get their food by chasing other animals are fast runners.「他の動物を追いかけてエサを得る動物たちは，足が速い」を受けていると考えられる。このことから，「追いかけられる方の動物も足が速い」というつながりだと推測できる。
   The kinds of [animals that lions and other hunting animals eat are fast runners], too.
   ライオンやその他の狩猟動物が食べる種類の動物もまた，足が速い。
4. この問題の that も同様の根拠から関係代名詞だと判断できる。ただし，この問題にはもう1つ関係代名詞 that が含まれている。[　] の外にある that stays alive「生き続ける」だ。
   また，語句の中にある the one は前に出てきた名詞を指す代名詞である。
   win the race「レースに勝つ」
   The animal that wins the race is the one that stays alive.
   レースに勝つ動物が生き続ける方だ。

これも

You have two dogs. I like *the one* that has a longer tail.
この文の the one は前出の名詞に説明を加えるときに用いる代名詞で，「物・者」を表す。ここでは，dogs を指し that 以下とともに，「その犬のうち尻尾の長い方」という意味。関係代名詞節以外に前置詞句や不定詞が続くこともある。
Mike is *the one* with black hair.
マイクは黒髪の方だ。
Mike is *the one* to believe.
マイクは信用できる人だ。
P.18 の例も見ておこう。

徹底分析

❶ (When you run in a race), /
　((人が) レースで走るとき) /
it's just for fun. //
それは楽しむためだけだ //
But many kinds of animals run /
しかし　多くの種類の動物が走る /
in races / 〈that often mean life or death /
レースで / 〈しばしば～を意味する　生死を /
for one of them〉. //
彼らの一方に〉 //

知識
mean 他 を意味する
life or death 熟 生きるか死ぬか

❷ (When a lion hurts a wildebeest) /
(ライオンが襲いかかるとき　　　ヌーに) /
it tries to creep / as close as it can. //
(ライオンは) 近づこうとする / できるだけ近くに //
(If the lion gets close enough), /
(もしも十分に近づけたら) /
it can jump on the wildebeest's back /
飛びかかることができる　　ヌーの背中に /
and kill it. // But
そして殺す // しかし
(if the wildebeest sees or smells the
(もしもヌーがライオンを見たり, においをかいだりしたら)
lion), / it dashes away. //
/ (それは) 走って逃げる //
Then / the race begins! //
そして, / レースが始まる //

知識
wildebeest 名 ヌー
creep 自 忍び足で近づく

❸ Both animals run / for their lives. //
両方の動物は走る / 自分の命のために //
The lion must catch / wildebeest /
ライオンは 捕らえなければならない / ヌーを /
so it can eat. // The wildebeest
食べるために // ヌーは
must escape / so it can go on living. //
逃げなければならない / 生き続けるために //
(If the wildebeest gets a quick start), /
(もしもヌーが　素早いスタートをしたり) /
or (if the lion is old and slow), /
あるいは (ライオンが年をとって遅かったりすると) /
the wildebeest may escape. // But /
ヌーは逃げるかもしれない // しかし /
(if the lion is young and fast) /
(もしもライオンが若く速かったら) /
it will probably catch / the wildebeest /
それはおそらく捕まえるだろう / ヌーを /
and kill it. //
そして, 殺すだろう //

知識
escape 自 逃げる
probably 副 おそらく

❹ Animals / that get their food /
動物は / 自分たちの食べ物を得る /
by chasing / other animals /
追いかけることによって / 他の動物を /
are fast runners. // A person can never
足が速い // 人間は決して～できない
win a race / against them. //
レースで勝つことが　彼らに対して //
Foxes and wolves can run /
キツネやオオカミは走ることができる /
twice as fast as a person. //
人の 2 倍の速さで //
And a cheetah can run /
そして, チーターは走ることができる /
three times as fast as a person. //
人の 3 倍の速さで //
It's the fastest / of all land animals. //
それは最も速い / すべての陸上動物の中で //

知識
chase 他 を追いかける
land animal 熟 陸上動物

❺ The kinds of animals /
その種類の動物 /
〈that lions and other hunting animals
〈ライオンやその他の狩猟動物が食べる〉
eat〉 / are fast runners, too. //
/ も足が速い //
Gazelles can run / faster than race
ガゼルは走ることができる / 競走馬よりも速く
horses, / and zebras are / nearly as
/ そしてシマウマは～だ / ほぼ同じ速さ
fast as gazelles. // Giraffes look /
ガゼルと // キリンは見える /
like slow runners, / but / they can run /
足が遅いように / しかし / 走ることができる /
much faster than a man. //
人間よりはるかに速く //

❻ The hunter runs / so it can eat. //
狩人 (かりゅうど) は走る / 食べるために //
The animal / 〈it chases〉 / runs /
動物は / 〈それが追いかける〉 / 走る /
to keep from being eaten. // The animal /
食べられることを避けるために // 動物は /
〈that wins the race〉 / is the one /
〈そのレースに勝つ〉 / ～する方だ /
〈that stays alive〉. //
〈生き続ける〉 //

知識
hunter 名 狩人 (ここでは肉食動物を指す)
keep from -ing 熟 ～することを遠ざける, 避ける

全文和訳

❶ 人がレースに参加する場合，それはただの楽しみのためだ。しかし，多くの種類の動物たちは，しばしばそのうちの1頭にとって生死を意味するレースを行う。

❷ ライオンがヌーに襲いかかるとき，できるだけ近くに近づこうとする。もしライオンが十分に近づけば，ヌーの背中に飛び乗り，殺すことができる。しかし，もしヌーがライオンを見つけたり，においをかぎつけたりした場合は，走って逃げる。そして，レースが始まるのだ。

❸ 両方の動物は自分たちの命をかけて走る。ライオンは食べるためにヌーを捕まえなければならない。ヌーは生き続けるために逃げなければならない。ヌーがスタートダッシュを切ったり，あるいは，ライオンが年老いて遅くなった場合は，ヌーが逃げるかもしれない。しかし，ライオンが若くて速い場合は，おそらくヌーを捕まえて殺すだろう。

❹ 他の動物を追いかけてエサを得る動物たちは，足が速い。人間はレースで彼らに勝てない。キツネやオオカミは人間の2倍の速さで走ることができる。そして，チーターは人間の3倍の速さだ。それは陸上動物の中でも最速だ。

❺ ライオンやその他の狩猟動物が食べる種類の動物もまた，足が速い。ガゼルは競走馬よりも速く走れ，シマウマもガゼルとほぼ同じ速さで走ることができる。キリンは足が遅いように見えるが，人間よりもはるかに速く走れる。

❻ 狩人は食べるために走る。追われる動物は食べられないように走る。レースに勝つ動物が生き続ける方だ。

3-2 適語補充

1

〈東海高等学校〉

➡本冊 P.105

解答

A named	**B** started
C allowed	**D** blew
E Suddenly	**F** came
G Amazingly	

解説

A 「A woman/man/boy/girl（　）～(名前)」は，過去分詞の named，または called を入れ，「～（名前）という名の（と呼ばれる）女性／男性／少年／少女」という名詞句をまず考える。

B 空所直前の等位接続詞 and に注目する。等位接続詞は前後で同じ形・役割の語・句・文をつなぐ。前が「動詞（kicked over）＋名詞（a lantern）」となっているので，空所には a fire につながる動詞の過去形が入ることがわかる。
start a fire「火事を起こす」

C 空所直後に注目。the fire「火事」の後に to ＋動詞の原形が続いている。
動詞＋目的語＋ to 不定詞の形を取る「動詞」が入ると判断する。
allow A to ～「A が～するのを許す，可能にする」

D blow には他動詞として「～を吹き飛ばす」という用法がある。

E 空所には後の文につながる副詞が入る。文脈より suddenly「突然」が適切。

F rain came「雨が降り出した」

G 火事の原因を作ったと思われる人の家は被害にあわなかったことから，amazingly「驚いたことに」が適切。

徹底分析

The Great Chicago Fire
シカゴ大火

The worst disaster / 〈in the history of the city of Chicago〉 / began / in a farm building / on the night of Sunday, October 8, 1871. //

最悪の災害 / 〈シカゴという都市の歴史の中で〉 / 始まった / 農家の建物の中で / 1871 年の 10 月 8 日の日曜日の夜に //

知識
- disaster 名 災害
- farm 名 農家

A woman / 〈named Mrs. O'Leary〉 / was milking her cow (when the cow kicked over a lantern and started a fire). //

一人の女性が / 〈オレアリー夫人という名の〉 / 彼女の牛の乳しぼりをしていた（その牛がランタンを蹴り倒し そして 火事を起こした（とき） //

知識
- milk 他 乳を搾る
- kick over 熟 蹴り倒す
- start a fire 熟 火事を起こす

It is said / [that a combination / 〈of bad planning and dry weather〉 / allowed the fire to destroy the city]. //

～と言われている / [組み合わせ / 〈ずさんな計画と乾燥した天候の〉 / その火事がその都市を破壊するのを許した] //

知識
- combination of A and B 熟 A と B の組み合わせ
- allow A to ～ 熟 A が～するのを許す，可能にする
- destroy 他 を破壊する

(While firefighters were fighting the fire downtown), / the wind blew it across the river. //

（消防士たちが中心街のその火事と闘っている間に） / 風がその火を川の向こう岸へ吹き飛ばした //

知識
blow 他 を吹き飛ばす blow-blew-blown

Suddenly, / the city was burning /
突然 / その都市は燃えていた /
on both sides of the river! //
の両側で その川 //

The firefighters didn't have / enough men
その消防士たちは持っていなかった / 十分な人員や
or necessary items / to fight the fire. //
必要な物品を / その火事と闘うための //

知識
men 名 人員
item 名 物品，商品

Chicago was still burning / (when
シカゴはまだ燃えていた / (〜とき
rain finally came / on Tuesday) /
雨がついにやって来た / 火曜日に) /
and the fire stopped.//
そしてその火事は消えた //

In the end, / 2,000 acres of land and 18,000
最終的には / 2,000エーカーの土地と18,000の
buildings burned / — all because of a cow. //
建物が焼けた / すべて一頭の牛のせいで //

知識
acre 名 エーカー（約4,047m^2）

Amazingly, Mrs. O'Leary's house
驚いたことに オレアリー夫人の家は燃えずにすんだ
survived! //
//

知識
amazingly 副 驚いたことに
survive 自 生き残る，切り抜ける

全文和訳

シカゴの都市部における歴史上最悪の災害は1871年10月8日，日曜日の夜に農家の建物の中で始まった。

牛がランタンを蹴り倒し火事を起こしたとき，オレアリー夫人という名の女性はその牛の乳しぼりをしていた。

ずさんな計画と乾燥した天候の組み合わせがその火事がその都市を破壊するのを許したと言われている。

消防士たちが中心街の火事に取り掛かっている間に，風が火を川の向こう岸まで運んだ。

突然，その都市は川の両側で燃え出したのだ。

消防士たちは十分な人員がなく，火事に取り掛かるのに十分な物品もそろっていなかった。

火曜日についに雨が降ったときシカゴはまだ燃えていた。そして火は消えた。

最終的に2,000エーカーの土地と18,000戸が焼けた。すべてが一頭の牛のせいで。

驚いたことにオレアリー夫人の家は燃えずにすんだ。

2

〈青山学院高等部〉
➡本冊 P.106

解答

1. C　2. B　3. D　4. A
5. C

解説

1. make AB「AをBにする」の用法。
➡神技35 SVOC
Bには名詞・形容詞が入る。ただし，Aのsuccess「成功（名詞）」には不定冠詞がないため不適切。successful「成功した（形容詞）」が正解。
2. 同段落内の第6文よりグループは2つだったことがわかる。
One is 〜, the other is ... .「1つは〜で，もう一方は…」
3. those who 〜「〜な人々（ものごと）」
比較表現では同じ名詞の反復を避けるためにthatを用いるがここでは複数形のためthoseとなっている。
➡神技24 比較級2
4. not A but B「AではなくB」

➡ 神技84 相関接続詞

5. This is just one example（SVCの文）につながるように分詞にする必要がある。
直後にhow節があるので，「how節を**示している**"showing"」という能動的な用法と判断できる。

➡ 神技62 形容詞としての分詞

徹底分析

① Imagine / [you are going to make a
想像しよう / [あなたはスピーチをしようとしているところだ
speech / in front of a large audience].//
/ 大勢の聴衆の前で] //

How do you feel / in that situation? //
どのように あなたは感じるだろうか / そのような状況で //
Probably you feel /
おそらく あなたは感じるだろう /
a lot of stress and pressure! //
大きなストレスとプレッシャーを //

Then what should you do /
それでは 何を あなたはするべきか /
under such a stressful condition /
そのような緊張を要する状態のもとで /
to make your speech successful? //
あなたのスピーチを成功させるために //

Is it a good idea / to relax and keep
〜はいい考えだろうか / リラックスし落ち着くこと
cool, / or is there a better way? //
/または〜があるだろうか もっと良い方法が //

知識
imagine 他 を想像する
make a speech 熟 演説する，スピーチをする
audience 名 聴衆
probably 副 おそらく
stress 名 ストレス
pressure 名 プレッシャー，圧力
stressful 形 ストレスの多い，緊張を要する
condition 名 状態，状況，条件，体調
successful 形 成功の
keep cool 熟 落ち着く

② Harvard Business School professor
ハーバード・ビジネススクール教授の
Alison Wood Brooks / did research on /
アリソン・ウッド・ブルックスは /〜についてリサーチをした /
[how your way of thinking /
[どのようにあなたの考え方が /
about stress and pressure /
ストレスやプレッシャーについての /
can influence your performance of a
影響し得るのか あなたの演説の出来に]
speech].//
//

She told / one group of people /
彼女は言った / （人々の）1つのグループに /
to relax and say / to themselves /
リラックスし言うように / 自分たち自身に /
in their heart, / "I am calm." //
心の中で / 「私は冷静だ」 //

The other group was told / [that
もう一方のグループは言われた /
they should accept their worries] /
[（彼らは）受け入れるべきだと 自分たちの不安を] /
and say to themselves, /
そして自分たちに言うように /
"I am excited."//
「私は興奮している」 //

What do you think the result was? //
何 あなたは思うか 結果は〜だった //

これも
What was the result?「その結果は何だったのか」に，do you think「あなたは思うか」が追加された間接疑問文。
What do you think the result was?
「その結果はどうだったと思うか」

➡ 神技93 語順に注意が必要な間接疑問

The judges of the speeches thought /
スピーチの審査員たちは思った /
[the excited speakers gave better
[興奮している 話者たちがより良いスピーチをした
speeches / than those 〈who tried to
/ 〜人々より 〈落ち着こうとした〉]
calm down.〉]//
//

What was the difference /
何だったのか 相違点 /
between the two groups? //
その2つのグループの間の //

It was the way 〈they thought /
それは〜だった 方法 〈彼らが考えた /
about stress and pressure /
ストレスとプレッシャーについて /
(before they made a speech)〉. //
(スピーチをする前に)〉 //

知識
influence 他 に影響する
performance 名 実行，功績，出来
calm 形 冷静な
accept 他 を受け入れる，認める
worry 名 不安
result 名 結果
judge 名 審査員，裁判官
those who ～ 熟 ～する人々
difference 名 相違点
the way SV ～ 熟 SがVする方法

❸ Many people think /
多くの人々は考える /
[that (when we come under a
[(私たちが（～の状態に）あるとき
stressful condition), /
ストレスの多い状況下) /
we should calm down and relax].//
私たちは落ち着きリラックスするべきだと] //

However, / this study shows
しかしながら / この研究は示している
[that we can do better /
[私たちがより上手にできるということを /
(if we change /
(私たちが～を変えるなら /
how we react to the situation)]. //
(私たちが）どのようにその状況に対応するか)] //

The best way / to deal with
最善の方法は～だ / それに対処するための /
it / is not to just relax / but to accept /
ただリラックスするのではなく / 受け入れること /
[how we feel /
[私たちがどのように感じているかを /
and try to enjoy the situation].//
そしてその状況を楽しもうとすること] //

知識
come under 熟 ～の状態にある
react to 熟 ～に反応する，対応する
not ... but ～ 熟 …ではなく～
➡ 神技84 相関接続詞
accept 他 を受け入れる

❹ There are different ways /
～がある 異なる方法 /
to react to stress.//
ストレスに対応する //

This is just one example / showing
これは～だ 単に１つの例 / を示している
[how our approach to difficult
[どのように私たちの～への取り組みが 難しい状況
situations / can affect our performance].//
/ 私たちの仕事の成果に影響しうるか] //

知識
approach 名 方法，取り組み，近づくこと
affect 他 に影響する

全文和訳

❶ 自分が大勢の聴衆の前で演説をする予定であると想像しよう。そのような状況であなたはどのように感じるだろうか。おそらく大きなストレスやプレッシャーを感じるだろう。それでは，このようなストレスの多い状況で演説を成功させるには何をするべきか。リラックスし冷静になるのがいい考えであろうか，それとももっと良い方法があるだろうか。

❷ ハーバード・ビジネス・スクール教授のアリソン・ウッド・ブルックスは，ストレスやプレッシャーの捉え方がどのように演説の出来に影響しうるかという研究を行った。彼女は1つのグループにリラックスし，自分に「私は冷静だ」と心の中で言いなさいと指示した。もう１つのグループは自分の不安を認め，「私は興奮している」と自分に言うように指示された。その結果はどうだったと思うか。スピーチの審査員たちは興奮している話者たちの方が落ち着こうと努めた話者たちよりも上手な演説をしたと考えた。その2つのグループの違いは何だったのか。それは彼らが演説の前にストレスとプレッシャーをどう考えたかだった。

❸ ストレスの多い状況下では落ち着いてリラックスするべきだと多くの人が考える。しかしながら，状況に対応する方法を変えればよりよく行動できるとこの研究が示している。それに対処する最善の方法はただリラックスすることではなく，自分たちがどのように感じているかを受け入れてその状況を楽しもうとすることだ。

④ストレスに対応する方法はさまざまである。これは難しい状況に対する取り組み方が私たちの仕事の成果にどのように影響を与えうるかということを示している一例に過ぎないのだ。

3-3 適文補充

1 〈久留米大学附設高等学校〉

➡本冊 P.108

解答

a. 2　b. 1　c. 4　d. 5
e. 3

解説

まず，直前の文に着目する。Do you mind の疑問文は直訳すると「〜するのは嫌ですか」という意味。肯定する際の定型表現は，“Not at all”「全然嫌ではない」，または “Of course not”「もちろん嫌ではない」である。よって，**a** は **2** が正確。

次に，ナンシーが尋ねている2つのこと，つまり「切手を買う場所」「郵便ポストの場所」のうち，どちらを先に尋ねているかを考える。「不定冠詞→定冠詞」の流れをヒントにする。選択肢 **5** の “a mailbox” と選択肢 **3** の “the mailbox” から **5** の後に **3** が来ることがわかる。また，**3** の “an ATM machine” とナンシーの4つ目のセリフ内にある “the ATM machine” のつながりにも注目する。この2つからナンシーは最初に「切手を買う場所」を尋ね，その後「郵便ポストの場所」を尋ねたことがわかる。

徹底分析

Nancy : Excuse me. //
すみません //
Do you mind /
かまいませんか /
(if I ask you for directions)? //
（もしも私が道順の説明を求めたら） //

知識
direction 名 方向，指示，道順などの説明

Rie : Not at all. //
いいですよ //
Where do you want to go? //
あなたはどこに行きたいの //

これも
Do you mind ～ ing?「～していただけますか」
Do you mind my ～ ing? = Do you mind if SV ～?
「～してもかまいませんか」の疑問文は，もともと「～は嫌に思うか」という疑問文のため，了承の意を表す場合には，否定語を用いて答える。
Not at all.「全く嫌ではない」
Of course not.「もちろん嫌ではない」
No, please go ahead.「嫌ではない。どうぞ」

Nancy : Do you know /
知っているか /
[where I can get some stamps]? //
[私がどこで切手を得られるか] //
I want to mail / some post cards. //
私は投函したい / 何枚かのハガキを //

知識
mail 他 を投函する，名 郵便，電子メール

Rie : (If you just need stamps), /
（もしもあなたが切手のみを必要とするならば）/
the university bookstore sells them. //
大学の 本屋がそれらを売っている //

Nancy : Do you know /
あなたは～を知っているか /
[if there is a mailbox / near the bookstore]? //
[ポストがあるかどうか / その本屋の近くに] //

知識
mailbox 名 郵便ポスト，受信箱（受信したメールを保存する場所）

Rie : Yes. //
はい //
Go out of the bookstore /
本屋から出て /
and turn right. //
右に曲がって //
There is / an ATM machine there, /
～がある / ATM が そこに /
and the mailbox is /
郵便ポストは～にある /
right next to it. //
ちょうどそれの隣に //

知識

ATM 名 現金自動預払機

right 副 ちょうど

Nancy : Really? //
本当に //
I often use the ATM machine, /
私はよく使う その ATM を /
but I never
しかし私は全く
knew about the mailbox. //
その郵便ポストについては知らなかった //
Thank you very much. //
とても感謝する //

Rie : You're welcome. //
どういたしまして //

全文和訳

Nancy : すみません。道を尋ねてもかまいませんか。

Rie : 全然大丈夫です。どちらに行きたいのですか。

Nancy : 切手を買えるところを知っていますか。ハガキを投函したいのです。

Rie : 切手が必要なだけなら，大学の本屋で売っていますよ。

Nancy : 本屋の近くにポストがあるかどうか知っていますか。

Rie : はい。本屋を出て右に曲がります。そこにATMがありますが，ポストはそれのすぐ隣です。

Nancy : 本当ですか。そのATMはよく使いますが，ポストについては全然知りませんでした。どうもありがとう。

Rie : どういたしまして。

2 〈慶應義塾高等学校〉

➡本冊 P.108

解答

1. イ	2. カ	3. キ	4. オ
5. エ	6. ケ	7. ク	8. ウ
9. コ	10. ア		

解説

1. 母親が訪ねて来てくれた場面。足元に気をつけて，「家に入って」と案内している。

2. 家にあがろうとしている場面。直後にお礼の言葉があることから，何かをしてあげようと声をかけたことがわかる。
Shall I take you coat?
「コートを持とうか（片付けようか）」が自然な流れ。

3. 久しぶりに再会し，改めて you look very good「とても元気そうだね」と伝えている。

4. matter には動詞で「重要である」という用法がある。That's all that matters.
「それ（母親が会いにきてくれたこと）が重要であることのすべてだ＝重要なのはそれだけだ」
後の that は関係代名詞。

5. 直前でステンドグラスを褒めていることにより，good taste「よいセンス」につながる。

6. 直後の I'll show you your room.「部屋に案内する」より Follow me.「ついて来て」を選択する。

7. 訪問者をねぎらうときに使う決まり文句。Make yourself at home.「くつろいでね」

8. 日本人にはあまりなじみがないが，欧米ではコーヒーの飲み方を尋ねる習慣がある。日本人のように直接的に「砂糖とミルクは入れますか」とは尋ねない。
How do you take your coffee?
「コーヒーをどのように飲みますか」

ちゅうもく

How do you take it (your coffee)? は，コーヒーの飲み方を尋ねる表現です。欧米ではコーヒーにミルクや砂糖を入れるのが主流です。その好みは人により異なるので，このような質問が一般的なのです。
How would you like your coffee? もよく使われます。
また，コーヒー以外でもステーキの焼き方や卵の調理法を尋ねられる場合もあります。
How would you like your steak?
「ステーキの焼き加減はどうしますか」
I would like my steak medium-rare.
「ミディアムレアでお願いします」
How would you like your egg prepared?
「卵はどのように料理しますか」
Sunny-side up, please.
「目玉焼きでお願いします」

9. リビングに電話をかけに行くところ。
10. 食事をする用意はできているかと聞かれ，I'm starving「腹ペコ」と答えるシーンである。

徹底分析

Marty : Hi, Mom! // It's good to see you. //
やあ，お母さん！ // 会えてうれしい //
Please come on in. // Watch your step. //
入ってください // 足元に注意して //

Mom : Hi, Marty. // I haven't seen you / for ages. // It's good to see you too. //
こんにちは，マーティー // 長い間会っていませんね // 私も会えてうれしい //

知識
for ages 熟 長い間

Marty : Shall I take your coat? //
コートをとりましょうか //
Mom : Thank you. // Do you want me to take my shoes off?//
ありがとう // 靴を脱いでほしいですか //
Marty : Yes, please, / (if you don't mind). //
はい，お願い，/ (嫌でなければ) //
Well, you look very good. //
いやあ，とても元気そうだね //
I've missed you. //
会えなくて寂しかったです //

知識
if you don't mind 熟 嫌でなければ

Mom : I've missed you too. //
私もあなたに会えなくて寂しかった //
I'm sorry / I'm late. //
遅れてごめんなさい //
I couldn't find your house. //
あなたの家が見つけられなかった //

これも

miss は多義語で様々な意味を持つ。
We'll all *miss* you.
「みんな君がいなくて寂しくなるよ」
He *missed* the last train.
「彼は最終電車に乗り遅れた」
You must not *miss* a class.
「授業をさぼってはいけません」

Marty : No need to apologize. //
謝る必要はないです //
You're here now. //
あなたは今ここにいる //
That's all 〈that matters〉. //
それが〈重要である〉すべてです //
How's your flight? //
飛行機の旅はどうでしたか //

知識
apologize 自 謝る
matter 自 重要である

がっちり

省略された語句に注意しよう。
No need to apologize.
= You have no need to apologize.
「あなたは謝る必要性を全く持っていない」
→謝る必要はないよ

Mom : I got a little bit nervous / before take-off. // But I enjoyed it, / watching some short films / and taking a nap. //
私はちょっと緊張していた / 離陸前に // でも 私はそれを楽しんだ / 短い映画を見て / そして 昼寝をして //

知識
a little bit 熟 ちょっとだけ
nervous 形 緊張して
take-off 名 離陸
take a nap 熟 昼寝をする

Marty : That's great. //
それはすばらしい //
Mom : Oh my, / your house is very nice. //
おやまあ，/ あなたの家はとても素敵です //

These stained-glass windows are
これらのステンドグラスの窓はかわいらしい
lovely. //
//
You have very good taste. //
あなたはいい好みを持っています //

Marty: Thanks. // Let me help / you with
ありがとう 手伝わせて / スーツケースを
your suitcase. // Follow me. //
// ついてきて //
I'll show / you / your room. //
私は案内します / あなたを / 部屋へ //
There it is. //
さあ，そこです //

Mom: Thank you. // It looks /
ありがとう // それは見えます /
very comfortable. //
とても居心地よく //

Marty: Make yourself at home. //
くつろいで //
Can I get / you anything to drink? //
準備していい / あなたに 何か飲み物を //
Would you like / some tea or
ほしいですか / 紅茶かコーヒーを
coffee? //
//

これも

make oneself at home「くつろぐ」
この make は，第 5 文型を作る make である。「oneself『自分自身』を at home『気楽な』状態にしなさい」という意味。

Mom: Yes, I'd like a cup of coffee, please. //
はい，コーヒーを一杯お願い //

Marty: Alright. // How do you take it? //
了解 // どのように飲みますか //

Mom: With two sugars and milk, please. //
砂糖 2 つとミルクを お願い //
Could I use your phone? //
電話を借りてもいい //
I have to call George. //
ジョージに電話をしなければならない //

ちゅうもく

George って誰だ？と思った人もいたでしょう。アメリカでは，子供の前でお母さんが，お父さんをファーストネームで呼ぶのは珍しくありません。慣れておくと文脈を追いやすいので覚えておきましょう。

Marty: Of course. //
もちろん //
Dad must be expecting /
お父さんは期待しているにちがいない /
you to call him. //
お母さんが電話するのを //
The phone is in the living room. //
電話はリビングにある //

Mom: Thank you. // I'll be back / in a
ありがとう // 私は戻る / すぐに
minute. //
//

Mom: Dad says hi to you. // Hmm, /
お父さんがあなたによろしくと言っている // ふ～ん /
something smells wonderful...//
何かいいにおいがする //

Marty: Are you ready to eat?//
食べる用意はできているか //

Mom: Yes, I'm starving. //
はい，腹ペコです //
Actually, / I missed / the in-flight
実は， / 私は逃した / 機内食を
meal. //
//

知識

in-flight meal 名 機内食

Marty: Okay, / let's go / into the dining
オーケー / 行こう / ダイニングルームへ
room. //
//

全文和訳

Marty: こんにちは，母さん。会えてうれしいよ。(イ) 入ってちょうだい。足元に気をつけて。

Mom: こんにちは，マーティー。すごく久しぶりね。私も会えてうれしいわ。

Marty: (カ) コートを持とうか。

Mom: ありがとう。靴を脱いでほしい。

Marty: うん，構わなければお願い。(キ) えっと，とても元気そうだね。寂しかったよ。

Mom: お母さんも寂しかったよ。遅くなってごめんね。家が見つからなくて。

Marty: 謝る必要はないよ。今，母さんはここにいる。(オ) 大事なのはそれだけだよ。飛行機はどうだったの。

Mom: 離陸前は少し緊張した。でもそれを楽しんだわ。短い映画を見て，昼寝をして。

Marty: それはよかった。

Mom: あらまあ。あなたの家はとても素敵ね。このステンドグラスの窓はとてもかわいらしいわ。(エ) センスがいいわね。

Marty：ありがとう。スーツケース，手伝うよ。(ケ)ついて来て。部屋まで案内するよ。ほらここだよ。
Mom：ありがとう。とても快適そうね。
Marty：(ク)くつろいでね。何か飲み物を持って来ようか。紅茶とかコーヒーはどう。
Mom：ええ，コーヒーを一杯もらいたいわ。
Marty：いいよ。(ウ)どうやって飲む。
Mom：砂糖を2つとミルクをお願い。電話を使っていい？　ジョージに電話しなきゃ。
Marty：もちろん。父さんは母さんからの電話を期待しているにちがいない。電話は居間にあるよ。
Mom：ありがとう。(コ)すぐに戻るわ。
Mom：お父さんがよろしくって。ふむ，何か素晴らしいにおいがする。
Marty：食べる準備できているかな。
Mom：(ア)ええ，腹ペコよ。実は機内食を食べそこねたの。
Marty：よし，ダイニングに行こう。

3
〈明治大学付属明治高等学校〉

➡本冊 P.110

解答

(1)　(ア) 4　(イ) 6　(ウ) 2
(エ) 3　(オ) 1　(カ) 5
(2)　1, 2

解説

(1)

(ア)　空欄アの段落の “there are many new ways to improve performance”「パフォーマンスを向上させるための新しい方法がたくさんある」と “technology can give some athletes an advantage”「テクノロジーが一部のアスリートに優位性を与える可能性がある」より，**4** が正解。
Nowadays, new technology is helping athletes.
現代では，新しいテクノロジーがアスリートを支援している。

(イ)　空欄イの段落では，“When swimmers use full-body suits made of this material, they swim faster and float better.”「この素材で作られたフルボディースーツを着用すると，泳ぎが速くなり，浮力が向上する」“The material also sends more oxygen to swimmers' muscles.”「また，この素材は泳ぎ手の筋肉により多くの酸素を送ることもできる」よりこの水着の優位性が示されている。よって，**6** が正解。
The story of high-tech swimsuits shows how technology can make sports unfair.
高度なテクノロジーを備えた水着の話は，テクノロジーがスポーツを不公平にすることがあることを示している。

(ウ)　空欄ウは，指示語に注目する。選択肢 **2** の these new high-tech swimsuits「これらの新しいハイテク水着」の these により，この文の前にハイテク水着に関する記述があることがわかる。また，空欄ウ後の “using the suits” とも自然なつながりとなり，その後のこのハイテク水着を身につけた水泳選手たちが次々と世界記録を塗りかえたという状況説明へと流れる。

第1段落：ハイテクな装備はスポーツ界の一部に優位性をもたらしていないかという抽象的な疑問の投げかけ

↓

第2段落：ハイテク水着が開発され，それは水泳選手のパフォーマンスを向上させるものだったという事実の説明

↓

第3段落：そのハイテク水着を身につけた選手が次々と世界記録を破り始め，不公平性が明らかとなり，禁止になったという状況説明。

Companies introduced these new high-tech swimsuits in 2008.

これらの新しいハイテク水着は，2008年に企業によって導入された。

(エ) 空欄**エ**の段落では，前段落を受け，ハイテク水着の不公平性が明らかだと述べられている。選択肢**3**の「禁止後は世界新記録が少ない」という内容により，そのつながりがスムーズになっている。また，the ban「その禁止」も大きなヒントとなる。the は既出の名詞につけられる定冠詞であるから前段落の the ban とのつながりに気づけばより解答に確信が持てる。

In the two years after the ban, swimmers broke only two world records.

禁止された後の2年間で，競泳選手はわずか2つの世界記録しか破らなかった。

(オ) 空欄**オ**の段落は話題変換の役割を果たしている。つまり，ハイテクの悪い点から良い点への変換である。それまでの段落と異なり，ハイテクがスポーツにもたらす恩恵に目を向けさせるための1文としてふさわしいため，**1**が正解。

Better equipment is not always a bad things, of course.

もちろん，よい装備が必ずしも悪いこととは限らない。

ちゅうもく

適文補充ではこの問題のように空欄により難度は様々だ。易しい空欄を探し出し，選択肢を減らすことで難しい問題の正答率をあげるようにする。それが，全問正解への近道となる。

(カ) 空欄**カ**の段落はまとめの段落である。筆者の意見は最後の2文に凝縮されている。我々はテクノロジーが「不公平を生み出す可能性に気づかなければならない」し，「スポーツをより安全で楽しめるものにすることもできる」ことを歓迎しなければならない。矛盾をはらむこの2つの主張を同時に成立させるために，解決すべきいくつかの問題が示されている。その内容に合致する**5**が正解。

The question is this: When does technology create an unfair advantage?

問題はこれだ。いつ技術が不公平な優位性を作り出すのか。

(2)

1 With full-body swimsuits, swimmers can swim faster and float better.
フルボディーの水着を着ると，水泳選手はより速く泳ぐことができ，浮力も増す。(○)
第2段落第4文の内容と合致する。

2 Most of the swimmers who broke world records in the 2008 Beijing Olympic Games were wearing the high tech suits.
2008年の北京オリンピックで世界記録を破った水泳選手のほとんどがそのハイテクスーツを着ていた。(○)
第3段落の第3文と第4文に「水泳選手たちは25個の世界記録を破り」「そのうち23人がそのスーツを着ていた」と書いてあり，合致する。

3 After January 2010, it became clear that the full-body suits had little connection to new world records.
2010年の1月以降，フルボディースーツが世界新記録とほとんど関係がないことが明らかになった。(×)
第3段落の第8文にハイテクスーツが

国際水泳連盟によって禁止されたことが書かれている。

4 Technological advances in the field of sports are not always bad because they can help people buy new tools at low cost.

スポーツの分野における技術の進歩は必ずしも悪いことではない。なぜならそれらが低い値段で新しい道具を買うのを助けるからだ。(×)

改善された器具がスポーツをより安全に楽しむことを助けるとは書いてあるが，値段に関してはこの文の中にない。

徹底分析

1 Nowadays, / new technology is helping / athletes. // From high-tech clothing to artificial arms and legs, / there are many new ways / to improve performance. // However, / many people worry / [that technology can give / some athletes / an advantage]. //
It can make competitions unfair. //
Also, / often only wealthier athletes and teams can buy expensive, high-tech equipment. // Do we want the best athlete to win, / or the athlete / 〈with the best equipment〉 / to win? //

最近 / 新技術が助けている / 選手を // ハイテクの衣服から人工の腕や脚まで / ある / 多くの新しい方法が / パフォーマンスを改善する // しかしながら / 多くの人が心配している / [技術が～ということを / 与えることができる / ある選手たちに / 優位性を] //
それは～することができる 競技を 不公平に //
また，/ しばしば 裕福な選手やチームだけが 高価なハイテクの装備品を買うことができる // 私たちは～してほしいだろうか 最高の選手に 勝って / または 選手に / 〈最高の装備を持っている〉 / 勝って //

知識

technology 名 科学技術，工業技術
athlete 名 運動選手，アスリート
from A to B 熟 AからBまで
high-tech 形 ハイテクの
clothing 名 衣服
artificial 形 人工の
improve 他 を改善する
performance 名 成績，できばえ，パフォーマンス
advantage 名 優位性
competition 名 勝負，競争
unfair 形 不公平な
wealthier 形 wealthy「裕福な」の比較級
equipment 名 器具，装備

2 The story of high-tech swimsuits shows / [how / technology can make / sports unfair]. // Several years ago, / sports engineers invented / a new material / for swimsuits. //
It has / many of the same qualities / as shark skin. // (When swimmers use / full-body suits / 〈made of this material〉), / they swim / faster / and float / better. // The material also sends / more oxygen / to swimmers' muscles. //

ハイテク水着の話が示している / [どんなに～かを / 技術は～させる可能性がある / スポーツを不公平に] // 何年か前に / スポーツの技師が～を発明した / 新しい素材を / 水着のための //
それは～を持っている / 多くの同様の質 / サメの皮膚と // (水泳選手が～を使うとき / フルボディーの水着を / 〈作られた この素材で〉) / 彼らは泳ぐ / より速く / そして浮く / よりよく // その素材はまた ～を送る / より多くの酸素を / 水泳選手の筋肉へ //

知識

swimsuit 名 水着
several 形 いくつかの
invent 他 を発明する
material 名 材料，マテリアル
quality 名 質
shark 名 サメ
skin 名 皮膚
float 自 浮く
oxygen 名 酸素
muscle 名 筋肉

3 Companies introduced / these new high-tech swimsuits / in 2008. // Soon after, /

会社が～を導入した / これらの新しいハイテク水着を / 2008年に // 直後に /

swimmers using the suits /
この水着を使っている水泳選手たちが /
began breaking / world swim records /
～を破り始めた / 水泳の世界記録を /
at the surprising rate. //
驚くべきペースで //
In the 2008 Beijing Olympic Games, /
2008年の北京オリンピックで /
swimmers broke / twenty-five world
水泳選手たちは～を破った / 25個の世界記録を
records. // Twenty-three of those
// それらの水泳選手のうち23人が～を着ていた
swimmers wore / the high-tech suits. //
/ そのハイテク水着を //
By comparison, / Olympic swimmers
比較すると / オリンピックの水泳選手は～を破った
broke / only eight world records /
/ たった8個の世界記録を /
in 2004. // Then, / in the 2009
2004年に // それから / 2009年の
World Championships, /
世界水泳選手権で /
swimmers broke / forty-three world
水泳選手たちは～を破った / 43個の世界記録を
records. // People knew / [that
// 人々は～に気づいていた /
the new suits were helping / athletes]. //
[その新しいスーツが助けている / 選手たちを] //
In January 2010, / the Federation
2010年の1月に / 国際水泳連盟は
Internationale de Notation
(International Swimming Federation,
or FINA) / banned / high-tech suits. //
/ を禁止した / ハイテク水着 //
Most competitive swimmers
ほとんどの競技する水泳選手たちは
were happy / about the ban. //
喜んだ / その禁止について //
(As one Olympic swimmer said),
(一人のオリンピック水泳選手が言ったように)
"Swimming is actually swimming
「水泳が再び本当の水泳になった
again. // It's not / who's wearing /
//それは～ではない / 誰が着るのか /
what suit, / who has / what material. //
どんな水着を / 誰が持っているのか / どんな素材を //
We're all / under the same guidelines." //
我々はみな / 同じ基準のもとにいる」 //

これも

at the surprising rate ➡ 神技106

前置詞 at は，時や場所を表すが，そのほかに，速度・価格・温度・度合いなども表す。細かい「目盛り」のイメージを持つと覚えておくと良い。

at a high price「高額で」
at full speed「全速力で」
at low temperature「低温で」

知識

rate 名 ペース，速度
Beijing Olympic Games 名 北京オリンピック
by comparison 熟 比較すると
World Championships 名 世界選手権
Federation Internationale de Notation (International Swimming Federation, or FINA) 名 国際水泳連盟
ban 他 を禁止する，名 禁止
guideline 名 指針，基準

4 In the two years / after the ban, /
2年で / その禁止の後の /
swimmers broke / only two world
水泳選手たちは～を破った / たった2つの世界記録を
records. // Clearly / the expensive
// 明らかに / その高価な
high-tech suits were / the reason /
ハイテク水着が ～であった / 理由 /
⟨behind the faster swimming times⟩. //
⟨そのより速い水泳時間の背後にある⟩ //
The suits gave / some swimmers /
その水着は与えた / 何人かの水泳選手たちに /
an unfair advantage. //
不公平な優位性を //

知識

clearly 副 明らかに，明白に

5 Better equipment / is not always /
よりよい装備は / 必ずしも～ではない /
a bad thing, / of course. //
悪いこと / もちろん //
New equipment can certainly be /
新しい装備は確かに～の可能性がある /
good for sport. // For example, /
よい スポーツに // たとえば /
tennis rackets used to be wooden. //
テニスラケットは以前～であった 木製で //
The heavy rackets could break and
その重いラケットは折れ，～の原因となる可能性があった
cause / injuries. // In the 1980s, /
/ ケガの // 1980年代に /
companies introduced /
会社は～を導入した /
new high-tech carbon rackets, /
新しいハイテクのカーボンラケットを /
which are easier and safer / to use. //
それはより簡単でより安全である / 使うのに //
The new rackets have made / tennis /
その新しいラケットは～している / テニスを /
more enjoyable / for the average
より楽しめるように / 平均的なテニスプレーヤーにとって
tennis player. // Technology has
// 技術は～改善してきた
improved / equipment / in all sports,
/ 装備を / 全てのスポーツにおける
from downhill skiing to bicycle racing. //
ダウンヒルスキーから自転車レースにいたるまで //

がっちり

not always「部分否定」

always, necessarily, all, every, totally, completely など「全体」「完全」を表す言葉を否定文で用いると部分否定となる。

Not all my students like me.

「私の生徒全員が私を好きというわけではない」

×私の生徒はみんな私を嫌っている。

"Do you agree with his plan?" "Not totally."

「彼の計画に賛成か？」「完全にではない」

知識

wooden 形 木製の

cause 他 の原因となる

injury 名 ケガ

introduce 他 を導入する，紹介する

carbon 名 炭素，カーボン

enjoyable 形 楽しめる

average 形 平均的な，普通の

downhill 名 ダウンヒル（スキー競技）

6 The question is this: //
問題はこれである //

When does technology create /
いつ技術は～を作り出すのか /

an unfair advantage? // In the future, /
不公平な優位性を // 将来 /

sports engineers may invent /
スポーツエンジニアは 発明するかもしれない /

an artificial leg 〈that is better / than
人工の脚を 〈より優れた / 本物の

a real leg〉. // Will it be acceptable /
脚よりも〉 // それは受け入れ可能だろうか /

for competitions? //
競技にとって //

Do high-tech contact lenses / give /
ハイテクコンタクトレンズは～だろうか / 与える /

golfers / an advantage? //
ゴルファーに / 優位性を //

Can runners use / special shoes
ランナーは～を使えるだろうか / 特殊なシューズを

〈that help / them run / faster /
〈助ける /彼らが走ることを/ より速く /

while using less energy〉? //
より少ないエネルギーを使いながら〉 //

These questions do not have /
これらの問題は～を持っていない /

easy answers. // We must be aware /
簡単な答えを // 私たちは気づかなければならない /

[that technology can sometimes make /
[技術がときに～する可能性があることを /

sports / unfair]. // However,
スポーツを / 不公平に] // しかしながら

we should welcome / improvements
私たちは～を歓迎しなければならない / 改善を

〈that make / sports / more enjoyable
〈～にさせる /スポーツを / より楽しめ

and safer / for all〉. //
より安全に / みんなにとって〉 //

知識

acceptable 形 受け入れ可能な

contact lense 名 コンタクトレンズ

aware 形 気づいている

improvement 名 改善

全文和訳

1 (1) 4 **現代では，新しいテクノロジーがアスリートを支援している**。高度な衣服から人工の腕や脚まで，パフォーマンスを向上させるための新しい方法がたくさんある。しかし，テクノロジーが一部のアスリートに優位性を与える可能性があることを心配する人も多い。それにより，競技が不公平になる可能性がある。また，しばしば裕福なアスリートやチームだけが高価で高度なテクノロジーの装備を購入することができる。最高のアスリートに勝ってほしいのか，それとも最高の装備を持つアスリートに勝ってほしいのか。

2 (1) 6 **高度なテクノロジーを備えた水着の話は，テクノロジーがスポーツを不公平にすることがあることを示している**。数年前，スポーツエンジニアは水着用の新しい素材を発明した。それはサメの皮膚と同様の特性を多く持つ。この素材で作られたフルボディースーツを着用すると，泳ぎが速くなり，浮力が向上する。また，この素材は泳ぎ手の筋肉により多くの酸素を送ることもできる。

3 (1) 2 **これらの新しいハイテク水着は，2008年に企業によって導入された**。すぐに，水着を使用する泳ぎ手たちは驚異的なペースで水泳の世界記録を破り始めた。2008年の北京オリンピックでは，水泳選手たちは25個の世界記録を破った。そのうち23人がハイテク水着を着用していた。比較すると，2004年のオリンピックの水泳選手たちはわず

か8つの世界記録しか破っていない。そして，2009年の世界水泳選手権で，水泳選手たちは43個の世界記録を破った。人々は新しい水着がアスリートを助けていることに気づいていた。2010年1月，国際水泳連盟（International Swimming Federation，FINA）がハイテク水着を禁止した。ほとんどの競技水泳選手たちは，この禁止を歓迎した。あるオリンピックの水泳選手が言ったように，「水泳は再び本当の水泳になった。誰がどの水着を着ているか，誰がどの素材を使っているかではない。私たちはすべて同じガイドラインの下にいる」

4 (1) 3 **禁止された後の2年間で，競泳選手はわずか2つの世界記録しか破らなかった**。明らかに，高価なハイテク水着が速い水泳タイムの背後にある理由だった。水着は一部の競泳選手に不公平な優位性を与えていた。

5 (1) 1 **もちろん，より良い装備が必ずしも悪いこととは限らない**。新しい装備はスポーツにとって確かに有益であることがある。例えば，テニスラケットはかつて木製だった。重いラケットは破損してケガを引き起こすことがあった。1980年代には，（いくつかの）会社が高性能のカーボンラケットを導入し，より簡単で安全に使用できるようになった。新しいラケットは，一般的なテニスプレーヤーにとってテニスをより楽しいものにした。テクノロジーは，ダウンヒルスキーや自転車レースなど，あらゆるスポーツの装備を改良している。

6 (1) 5 **問題はここだ。いつ技術が不公平な優位性を作り出すのか**。将来，スポーツエンジニアは現実の脚よりも優れた人工脚を発明するかもしれない。それは競技に受け入れられるだろうか。高度なコンタクトレンズはゴルファーに優位性を与えるだろうか。ランナーはエネルギーを節約しながらより速く走るのを助ける特別なシューズを使うことができるだろうか。これらの問いに簡単な答えはない。技術がスポーツを不公平にすることがあることを我々は認識しなければならない。しかしながら，すべての人にとってスポーツがより楽しく，安全になる改善は受け入れるべきだ。

3-4 内容一致

1 〈駿台甲府高等学校〉

➡本冊 P.114

解答

【英文 A】ウ
【英文 B】イ

解説

【英文 A】

問. この文章に一番良い題名はどれか。

ア 家に帰ること
イ 新しい橋を作ること
ウ 国々を渡ること（○）
エ 世界を旅すること

最初から最後まで１日で国を行き来することが話題となっている。

【英文 B】

問. この文章は主に何についてか。

ア イースターでの卵塗り
イ イースターでの卵の意味（○）
ウ イースターで卵を食べること
エ イースターでの卵のための祭り

important meaning「重要な意味」，remind people of birth and new life「人々に誕生や新しい生命を思い起こさせる」，a symbol of his death and rebirth「キリストの死と復活の象徴」などの語句から卵の意味や重要性が話題と判断する。

徹底分析

【英文 A】

Can you imagine / traveling to another country / for work / and then back to your home country / every day? //
あなたは想像できるか / 別の国へ移動することを / 仕事のために / そしてそれから祖国に帰ってくる / 毎日 //

For many people from Malaysia, / this is everyday life. //
マレーシア出身の多くの人々にとって / これは毎日の生活だ //

They take their passports / and they drive, / ride bikes, / or take buses or trains / to get to work in Singapore. //
彼らはパスポートを所持し / そして彼らは運転する / オートバイに乗るし / またはバスや電車に乗る / シンガポールの職場に行くために //

Then, / they go back home to Malaysia / at the end of the day. //
それから / 彼らはマレーシアへ向け家路につく / その日の終わりに //

The bridge between these two countries is very busy. //
その２つの国の間の橋は とても混雑している //

これも

多義語の busy に注意しよう。
I'm busy preparing for my presentation.
「私はプレゼンの準備に忙しい」
The street was busy with foreign tourists.
「通りは外国人観光客で混雑していた」
The line is busy.
「話し中です（電話回線がいっぱい）」

About a quarter of a million people use the bridge. //
約百万の人々のうち約４分の１がその橋を使う //

They make / the journey between the two countries / each day. //
彼らは作る / その２つの国の間の旅行を / 毎日 //

知識

imagine 他 を想像する
Malaysia 名 マレーシア
get to work 熟 職場に着く，仕事を始める
Singapore 名 シンガポール
at the end of 熟 ～の終わりに

【英文 B】

There are / a lot of festivals / in the world. //
ある / たくさんの祭りが / 世界に //

Easter is one of them. //
イースターはその中の１つだ //

Every year, / in March or April, /
毎年 / ３月または４月に /

Christians celebrate / the festival of Easter. //
キリスト教徒は～を祝う / イースターの祭り //

Before the festival, / people color eggs /
その祭りの前に / 人々は卵に色をつける /
with colorful paint. //
鮮やかな塗料で //

Eggs have an important meaning at
卵はイースターで重要な意味を持つ
Easter. //
//

They remind people of birth and new life. //
それらは人々に誕生と新しい生命を思い出させる //

(When Easter Friday comes), /
(イースターの金曜日が来るとき) /
Christians remember / the death of Jesus
キリスト教徒は～を思い出す / イエス・キリストの死
Christ. //
//

On Easter Sunday / people celebrate /
イースターの日曜日に / 人々は～を祝う /
his coming back to life. //
彼(キリスト)の復活を //

Eggs are / a symbol of his death and
卵は～だ / 彼(キリスト)の死と復活の象徴
rebirth. //
//

知識
celebrate 他 を祝う
remind A of B 熟 BについてAに思い出させる
symbol 名 シンボル，象徴

全文和訳

【英文 A】

あなたは毎日，働くために別の国に行ってまた自分の祖国に帰ってくることを想像できるだろうか。

マレーシア出身の多くの人にとってこれが日常生活だ。

彼らはパスポートを持ち，車を運転したり，オートバイに乗ったり，またはバスや電車に乗ったりしてシンガポールに働きに行く。

それから，その日の終わりに彼らはマレーシアの家に帰るのだ。

この2つの国の間の橋はとても混雑している。

約25万人の人々がその橋を利用するのだ。

彼らは毎日，その2国間を旅するのだ。

【英文 B】

世界にはたくさんの祭りがある。

イースターはその中の1つだ。

毎年，3月か4月に，キリスト教徒はイースター祭を祝う。

その祭りの前に人々は，鮮やかな塗料で卵を色づける。

卵はイースターにおいて重要な意味を持つ。

卵は人々に誕生と新しい生命を思い起こさせる。

イースターの金曜日が来るとキリスト教徒はキリストの死を思い出す。

イースターの日曜日にはキリストの復活を祝う。

卵はキリストの死と復活の象徴なのだ。

2 〈西大和学園高等学校〉

⇒本冊 P.115

解答

エ，オ，ク，ケ

解説

ア マーサがその客に興味を持ち始めたのは彼に異なる種類のパンを注文してほしかったからだ。(×)

イ その若い男性は毎日5セントを払うことができなかったのでマーサには貧しいと思えた。(×)

ウ 最初マーサは，その客の服がきれいでなかったので芸術家だと思った。(×)

エ マーサは彼が不健康だと思い，その客に特別な贈り物をあげた。(○)
第10段落より。

オ アンダーソンさんは市役所を描く若い画家で自分の仕事のためにいつも古いパンを買った。(○)
第12段落のもう1人の若い男の説明より。

カ 彼女がランチタイムごろにアンダーソンさんに贈り物をあげたとき，彼はそれを喜び，いつものように5セントを支払った。(×)

キ アンダーソンさんの怒った顔を見たとき，彼女は彼が自分の贈り物を気に入らなかったことにがっかりした。(×)

ク マーサは最終的に自分の特別な贈り物が彼の作品を汚したとわかり泣き出した。(○)
第12段落，および13段落より。

ケ その若い男に謝った後，彼女は彼にもう一度会う約束をして嬉しかった。(○)
第14段落と第18，19段落より。

徹底分析

❶ Miss Martha Meacham kept / a small bakery / in her city. //
未婚のマーサ・ミーチャムさんは～を所有していた / 小さなパン屋を / 彼女の町に //

❷ One day in spring, / the bell of her bakery rang, / and a man came in. //
春のある日 / 彼女のパン屋のベルが鳴り / 一人の男が入って来た //

❸ "Two loaves of old bread, please," / the customer said. //
「古いパンを2斤ください」 / その客は言った //

知識
loaves 名 loaf「斤」の複数形
customer 名 客

❹ He showed / no interest in / other kinds of bread. //
彼は示さなかった / 何の興味も / 他の種類のパンに //

From that day, / he always bought / the same bread. //
その日から / 彼はいつも～を買った / 同じパンを //

❺ The customer looked / a middle-aged man. //
その客は見えた / 中年男性のように //

His clothes were not clean. //
彼の洋服はきれいではなかった //

But he was handsome / and had / very good manners. //
しかし彼はハンサムだった / そして～を持っていた / とても良いマナーを //

Martha began to take / an interest in him / and expected / [that he would come / to her shop / more often]. //
マーサは～を持ち始めていた / 彼に興味を / そして～を期待した / [彼が来ることを / 彼女の店に / もっと頻繁に] //

知識
manners 名 礼儀作法
interest 名 興味
expect 他 を期待する

❻ Three weeks later, / the man came and ordered / the same
3週間後 / その男はやって来て～を注文した / 同じパンを

bread. //
//

(When she received five cents), /
(彼女が5セントを受け取ったとき) /
she saw red and brown spots /
彼女は赤と茶色の斑点を見た /
on his fingers. //
彼の指に //

知識
receive 他 を受け取る
cent 名 セント（お金の単位）
spot 名 斑点，地点，観光地

She thought then / [that he was an
彼女はそれで〜と思った / [彼は芸術家で
artist and very poor]. //
とても貧乏だった] //

⑦ Martha wanted to know his job. //
マーサは彼の職業を知りたかった //

One day / she brought a painting /
ある日 / 彼女は絵を持ってきた /
to the shop. //
店に //
She hung it / on the wall /
彼女はそれをかけた / 壁に /
behind the counter. //
カウンターの後ろの //

A few days later, / the man came in /
2，3日後 / その男は入って来た /
and ordered / the old bread / as usual. //
そして注文した / 古いパンを / いつものように //

知識
as usual 熟 いつものように

Then / he looked at / the painting /
それから / 彼は見た / その絵を /
and asked her / about it. //
そして彼女に尋ねた / それについて //

He seemed to be interested in it. //
彼はそれに興味を持った様子だった //

⑧ "Yes, / he must be an artist," /
「そうだ / 彼は芸術家にちがいない」 /
she thought. //
彼女は思った //

⑨ One day, / Martha thought /
ある日 / マーサは〜と思った /
[he began to look / thinner and tired]. //
[彼は〜のように見え始めた / やせて疲れた] //

She wanted to give him /
彼女は彼に〜をあげたかった /
something good to eat, /
何かおいしい食べ物を /
but she couldn't do anything then. //
しかし彼女はそのとき何もできなかった //

The next Tuesday morning, /
次の火曜日の朝 /
she made her mind. //
彼女は決心した //

There was / a pound of fresh butter
あった / 1ポンドの新鮮なバターが
in the shelf. //
棚の中に //

With a bread knife /
パン用ナイフで /
she cut the old loaves, /
彼女はその古いパンのかたまりを切った /
and put / a lot of butter / in them. //
そして入れた / たくさんのバターを / その中に //

知識
make one's mind 熟 決心する
pound 名 ポンド（重さの単位）
shelf 名 棚

⑩ Near lunch time, / the man came in /
お昼時間近くに / その男は入って来た /
as usual. //
いつものように //

He put his money / on the counter /
彼はお金を置いた / カウンターの上に /
and said, / "Two loaves of old bread,
そして言った / 「古いパンを2斤ください」
please." //
//

She quickly wrapped / his two loaves
彼女は急いで〜を包んだ / 彼の2斤のパンを
of bread / with paper / and her gift. //
/ 紙で / そして彼女の贈り物を //

Miss Martha smiled to herself. //
未婚のマーサさんは一人微笑んだ //

Her dream came true. //
彼女の夢は本当になった //

知識
wrap 他 を包む
come true 熟 〜（夢など）が叶う，実現する

⑪ Near the evening /
夕方近くに /
the front door bell of the bakery rang. //
そのパン屋の玄関のベルが鳴った //

Somebody was coming in. //
誰かが入って来た //

Martha hurried to the counter. //
マーサはカウンターへ急いだ //

Two men were there. //
二人の男がそこにいた //

One was a young man /
一人は若い男だった /

〈whom she had never seen before〉. //
〈これまで彼女が見たことがない〉 //

The other was the artist. //
もう一人はその芸術家だった //

His face was red with anger. //
彼の顔は怒りで赤かった //

Martha was terribly shocked /
マーサはひどくショックを受けた /

at his anger, / and could not speak at all. //
彼の怒りに / そして何も言えなかった //

これも

not ～ at all の表現の at all は, not を強調し, 「全く～ない」という意味を表す。

I could not understand his words at all.

「私は彼の言葉を全く理解できなかった」

Do you mind opening the door for me?

Not at all.

「ドアを私のために開けてもらえますか（開けるのは嫌ではないですか）」

「いいですよ（全く嫌ではないですよ）」

➡ 神技47 目的語になる動名詞

⑫ “What a fool you are! //
「君はなんて愚かなんだ //

I will tell you...,” / the customer cried, /
私は君に言うつもりだ…」 / その客は叫んだ /

but he was so excited (that he could
しかし彼はとても 興奮していたので（話せなかった）

not talk). //
//

Then the other man said, / “I'll explain /
それでもう１人の男が言った / 「私が説明する /

[why he is so angry]. //
[なぜ彼がこんなに 怒っているかを] //

His name is Anderson. //
彼の名前はアンダーソン //

The loaves of your old bread / damaged
あなたの古いパンのかたまりが / 彼の作品に損傷を与えた

his work. //
//

He is a painter. //
彼は画家だ //

He has been working hard / for three
彼はずっと一生懸命働いてきた / ３カ月の間

months / and drawing a plan for a new
/ そして市役所の図面を描いてきた

city hall. //
//

It is a prize competition. //
それは賞金の出るコンテストだ //

He finished inking the lines yesterday. //
彼は～を終えた ラインの墨入れを 昨日 //

He always makes / his first drawing /
彼はいつも～を作る / 最初の下書きを /

in pencil, / and uses ink later. //
鉛筆で / そして後にインクを使う //

After the inking, he erases the pencil
墨入れの後に 彼は鉛筆のラインを消す

lines. //
//

He uses old bread / to do the work. //
彼は古いパンを使う / その仕事をするのに //

That's better than an eraser.” //
それが消しゴムよりいいのだ」 //

知識

city hall 名 市役所

prize competition 名 懸賞付きのコンテスト

ink 他 墨入れする

⑬ Martha suddenly covered her face /
マーサは突然顔を覆った /

with her hands / and began to cry. //
手で / そして泣き出した //

She understood everything. //
彼女はすべてを理解した //

⑭ The next day /
翌日 /

Martha went to his office. //
マーサは彼の仕事場に行った //

(As soon as / she saw Mr. Anderson), /
(～するとすぐに / 彼女はアンダーソンさんを見た) /

she said in tears, /
彼女は涙を流し言った /

“My name is Martha Meacham. //
「私の名前はマーサ・ミーチャム //

Yesterday I caused you such trouble. //
昨日私はあなたにそのような迷惑を起こした //

I'm so sorry.” //
とても申し訳ない」 //

⑮ “Miss Meacham,”/ he said with a smile. //
「ミーチャムさん」 / 彼は微笑んで言った //

"Yesterday I was terribly shocked / to
「昨日私はひどくショックをうけた /
see the dirty finish / of my drawing. //
その汚い完成品を見て / 私の絵の //

At first I didn't understand /
最初は理解できなかった /
[why it got dirty]. //
[なぜそれが汚れたのか] //

That was not / [what I always buy
あれは～ではなかった / [私がいつも買うもの
at your shop]. //
あなたのお店で] //

So I got very angry. // I'm very sorry."//
それでとても怒った // とても申し訳ない」 //

⑯ "May I ask you a question?" /
「質問してもいいか」 /
he added. //
彼は加えた //

⑰ "Oh, yes. Go ahead," / she said. //
「ああ，はい。どうぞ」 / 彼女は言った //

知識
go ahead 熟 先に進む，どうぞ

⑱ "I want to talk with you /
「私はあなたと話がしたい /
over a cup of coffee. //
コーヒーを飲みながら //

Are you free tomorrow?" //
明日は暇か」 //

She felt like / [she was over the moon]. //
彼女は～のように感じた / [彼女は月を飛び越えた] //

知識
over 前 ～しながら
be over the moon 熟 嬉しい

⑲ "Why not?" she replied. //
「もちろん」と彼女は答えた //

全文和訳

① 未婚のマーサ・ミーチャムさんは彼女の町で小さなパン屋を営んでいた。

② 春のある日，彼女のパン屋のベルが鳴り，男が入ってきた。

③「古いパンを2斤ください」とその客は言った。

④ 彼は他の種類のパンには興味を示さなかった。その日から，彼はいつも同じパンを買った。

⑤ その客は中年くらいの年齢に見えた。彼の服はきれいではなかった。でも彼はハンサムで礼儀作法がよかった。マーサは彼に興味を持ち始め彼が自分の店にもっと頻繁に来ないかと期待した。

⑥ 3週間後，その男はやって来て同じパンを注文した。5セントを受け取ったとき，彼女は彼の指の赤と茶色のシミに気づいた。彼女はそれで彼は芸術家でとても貧しいのだと思った。

⑦ マーサは彼の仕事が知りたくなった。ある日彼女は店に1枚の絵を持ってきた。彼女はカウンターの後ろの壁にそれをかけた。2，3日後，その男は入って来ていつものように古いパンを注文した。それから彼はその絵を見てそれについて彼女に尋ねた。彼はそれに興味を持ったようだった。

⑧「そうだ。彼は芸術家にちがいない」と彼女は思った。

⑨ ある日，マーサは彼がやせて疲れているように見えると思った。彼女は彼においしい食べ物をあげたいと思ったが，そのときは何もできなかった。その次の火曜日の朝，彼女は決心した。棚には1ポンドの新鮮なバターがあった。パン用のナイフで彼女はその古いパンを切り，その中にたっぷりのバターを入れた。

⑩ ランチタイムが近づいて，いつものようにその男は入ってきた。カウンターにお金を置き彼は，「古いパンを2斤ください」と言った。彼女は素早く紙で2斤のパンを彼女の贈り物とともに包んだ。マーサさんは自ずと微笑んだ。夢が叶った。

⑪ 夕方になって，そのパン屋の玄関のベルが鳴った。誰かが入ってきた。マーサは急いでカウンターへ向かった。二

人の男がそこにいた。一人は彼女が見たことのない若い男だった。もう一方はその芸術家だった。彼の顔は怒りで赤かった。マーサは彼の怒りに大きな衝撃を受け，全く何も言えなかった。

⑫「君はなんて愚かなんだ。言っておくが，」とその客は叫んだが，あまりにも興奮し彼は話せなかった。それでもう一人の男が，「彼がなぜ怒っているかを私が説明します。彼の名前はアンダーソンです。あなたの古いパンのかたまりが彼の作品を台無しにしました。彼は画家です。彼は3カ月間一生懸命働き，新しい市役所の図面を描いてきました。それは懸賞付きのコンテストです。彼は昨日線の墨入れを終えました。彼はいつも最初の下書きを鉛筆で描いて，その後に墨入れをします。墨入れの後，彼は鉛筆の線を消します。その作業に彼は古いパンを使うのです。その方が消しゴムよりいいのです」と言った。

⑬マーサは不意に手で顔を覆い泣き出した。彼女はすべてを理解した。

⑭翌日マーサは彼の事務所を訪ねた。アンダーソンさんを見るとすぐに彼女は，「私の名前はマーサ・ミーチャムです。昨日，あんなトラブルを起こしてしまい，申し訳ありません」と涙ながらに言った。

⑮「ミーチャムさん」と彼は笑顔で言った。「昨日は私の絵の汚れた仕上がりを見てとてもショックを受けました。最初なぜ汚れたのかわからなかった。あれはいつも私があなたのお店で買うものではなかった。だからとても怒ったのです。すみません」

⑯「1つ聞いてもいいですか」と彼は付け加えた。

⑰「ああ，はい。どうぞ」と彼女は言った。

⑱「コーヒーを飲みながら話したい。明日は暇ですか」

彼女は天にも昇る気持ちになった。

⑲「もちろん」と彼女は返事をした。

COLUMN 08

解釈が難しい英語の表現

日本語と英語の表現のずれのため，知っておかないとうまく和訳ができない英語表現があります。第4章を本格的に進める前にマスターしておきましょう。

部分否定

「すべて」「全部」「両方」「必ず」を表す言葉を含む英文を否定文にすると，全部否定ではなく，部分否定になります。内容一致問題のひっかけ選択肢になることがあるので注意しましょう。

all, everything, both, always, necessarily, completely など

Not all the students want to take part in the school festival.
すべての生徒が学校祭に参加したい**わけではない**。
→（全体否定）None of the students want to take part in the school festival.
生徒たちは誰も学校祭に参加したいと思っていない。

You can**not** eat **both** this cake and that one.
君はこのケーキとあのケーキ**の両方**を食べていい**わけではない**。
→（全体否定）You can eat neither this cake nor that one.
君はこのケーキもあのケーキも食べてはいけない。

The rich are **not always** happy.
お金持ちが**必ずしも**幸せとは**限らない**。
→（全体否定）The rich are never happy.
お金持ちは決して幸せではない。

almost

almost は，「ほとんど」「もう少しで」「危うく」を表す副詞である。語法や訳し方に注意が必要です。

We are **almost** there.
私たちは**もう少しで**到着している。（実際はまだ到着していない）
He was **almost** hit by taxi.
彼は**危うく**タクシーにひかれるところだった。（実際はひかれていない）
He knows **almost** nothing about Japan.
彼は日本について**ほとんど**何も知ら（実際は少しは知っている）ない。
The comedian is known to **almost** all the children.
そのコメディアンは**ほとんど**すべての子供に知られている。（実際は知らない子供もいる）

第 4 章　入試問題演習（長文読解総合）
Five Steps To Complete

答え合わせ

- 一喜一憂せずに落ち着いて自分のミスを確認しよう
- 間違えを修正したときに人は成長すると自分に言い聞かせよう

誤答を中心に理由を分析

- 何が原因で間違えたのかを必ず確認する
- 正解した問題も他に根拠がないか確認する

徹底分析

- 本書の最大の目標!　徹底分析を参考に理解できていない英文を復習する
- 自分の解釈が正しいか確認する

理解度 TEST

- 本文に戻り，ヒントなしで理解できるかを確認する
- 本文に自分なりのスラッシュポイントをつける

並行音読

- まず，徹底分析のページで並行音読
- 次に，自分でつけたスラッシュポイントを利用して並行音読

過去問を解き始めるときにも，同じ学習法で効果をあげてください。

1 〈中央大学附属高等学校〉

➡本冊 P.123

解答

1. ① え　② あ　③ か　④ い
   ⑤ き　⑥ う　⑦ お
2. う
3. え
4. half
5. あ

解説

1. 適語選択 難易度★☆☆

① Ken の 4 番目のセリフより。
The Philippines was ranked **first**.「フィリピンが **1 位**だった」
② Ken の 5 番目のセリフより。
Brazil was in **second** place.「ブラジルは **2 位**だった」
③ Ken の 6 番目のセリフより。
Thailand was in **third** place.「タイは **3 位**だった」
④ Ken の 9 番目のセリフより。
Colombia was not in the top 10 list in 2018, but they were ranked **fourth** the following year.「コロンビアは 2018 年にトップ 10 に入っていなかったけれど，翌年には **4 位**にランクされている」
⑤ Lisa の 9 番目のセリフより。
You can say the same thing about the UAE. They were not in the top 10 in 2018, but they were ranked **tenth** the year after.「UAE についても同じことが言える。彼らは 2018 年はトップ 10 に入っていなかったけど，その後の年には **10 位**になった」
⑥ Ken の 10 番目のセリフより。
Egypt wasn't even in the chart in 2019, but they were ranked **ninth** in 2018.「エジプトは 2019 年にはグラフにさえ載ってなかったが，2018 年は **9 位**だった」
⑦ Lisa の 10 番目のセリフより。
Taiwan was not in the 2019 chart, either, yet they spent more than an average of **7 and a half hours** online in 2018.「台湾も 2019 年のグラフに載っていないが，2018 年には平均 **7 時間半以上**をオンラインに費やした」

2. 語句選択 難易度★☆☆

あ　少し増えた（×）
い　とても増えた（×）
う　少し減った（○）
え　とても減った（×）
世界平均は，2018 年が 6h 49m「6 時間 49 分」で 2019 年が 6h 42m「6 時間 42 分」である。

3. 適語選択 難易度★☆☆

あ　異なる（×）
い　もっと高い（×）
う　もっと低い（×）
え　同じ（○）
直前の none of the countries に注目。否定語をともなう主語の文。「～する国は 1 つもない」という意味になる。
「[b]ランクを持つ国は 1 つもない」
2018 年と 2019 年のグラフを見比べると一国として同一順位の国はないことから，(the) same「同じ」が適切。

➡ 神技 8　否定語をともなう主語

4. 適語補充・文脈把握 難易度★☆☆

2018 年の日本とマレーシアの時間，また 2019 年の日本と UAE の時間を比べている。

2018	日本 4h 12m	マレーシア 8h 27m
2019	日本 3h 45m	UAE 7h 54m

マレーシア，UAE がそれぞれ日本の 2 倍以上になっていることがわかる。

5. 適語選択・文脈把握 難易度★☆☆

あ　もっと短い（○）

い　もっと長い（×）
う　もっと小さい（×）
え　もっと大きい（×）
日本人の2018年と2019年のインターネット使用状況を比べている。

徹底分析

Ken： Wow! 10 hours! //
わーお　10時間だ　//

Lisa： What's that? //
それは何　//

Ken： Sorry, / I'm just looking at /
ごめん / 僕は見ているだけ /
this chart / on the Internet. //
このグラフを / インターネットについての　//
It's / about [which country spends /
それは / [どの国が費やすかについてだ　/
the most time / on the Internet]. //
最も長い時間を / インターネットに]　//
Who do you think / was top of the
誰だと思う　/ このリストのトップは
list / in 2019? //
/ 2019年の　//

がっちり
do you think と間接疑問文
➡ 神技93　語順に注意が必要な間接疑問
あなたは誰が最も上手に泳いだか知っていますか。
Do you know + Who swam best?
= Do you know who swam best?
あなたは誰が最も上手に泳いだと思いますか。
Do you think + Who swam best?
= Who do you think swam best?
do you think「思いますか」の疑問文は do you know の疑問文と異なり，Yes / No の返事を求めているのではなく，具体的な答えを求めている。この疑問文の場合は質問の中心は Who「誰」であるため，疑問詞 Who から疑問文が始まっている。

知識
chart 名 グラフ

Lisa： Maybe Japan? //
たぶん日本　//

Ken： Why do you think / [it's Japan]? //
どうして思うの / [それが日本だと]　//

Lisa： Because we use / the Internet / a lot. //
なぜなら私たちは使うから / インターネットを / たくさん //

Ken： Actually, / Japanese people spent /
実際　/ 日本人は費やす /
less than 4 hours / a day /
4時間未満を　1日につき /
using the Internet. //
インターネットを使うのに　//
The Philippines was ranked first. //
フィリピンが1位にランクされていた　//
They were second / in 2018. //
彼らは～だった　2位 / 2018年は　//
Which country do you think /
どの国だと思う　/
was in second place / in 2019? //
2位だったのは / 2019年に　//

知識
less than 熟 ～未満
ranked first 熟 一位になる
second place 名 2位

Lisa： Um, / I'd say / the US? //
う～ん / ～かな / アメリカ　//

知識
I'd say 熟 ～かな（I think よりも少し控え目に推測するときに用いる表現）

Ken： No, sorry, / actually / they were not /
いいえ，残念 / 実際 /　彼らはいなかった　/
in the top 10 / in either year. //
トップテンにも　/　いずれの年も　//
Brazil was / in second place. //
ブラジルは～だった / 2位　//
They were ranked third / in 2018. //
彼らは3位だった / 2018年は　//
What country do you think /
どの国だと思う /
was in third place / in 2019? //
3位だったのは / 2019年に　//

Lisa： Probably India, / as they have /
おそらくインド / 彼らは持っているから /
a large population /
大きな人口を　/
and are good at IT. //
それにITが得意だ　//

知識
population 名 人口

Ken： No. Actually, / wow... /
いいえ　実は / わーお /
they weren't / even in the top 10. //
彼らはいなかった / トップテンにさえ　//
I'm surprised. // Thailand was /
驚きだね　//　タイが～だった　/
in third place. // Actually, /
3位　//　実際 /
they were first / in 2018. //
彼らは1位だ / 2018年は　//

Lisa： Interesting! //
面白い　//

Can you show / me / the data? //
見せてくれますか / 私に / そのデータを //

Ken : Sure. //
もちろん //

Lisa : Hmm, / does 'Worldwide' mean /
ふ～ん / 「世界中」は意味するか /
the average amount 〈of time〉 /
平均の〈時間の〉量を /
spent using the internet /
インターネットを使うのに費やされる /
by all countries? //
すべての国によって //

知識
amount 名 量

Ken : Yeah, / that's right. //
そうだよ / そのとおりだ //

Lisa : In that case, / the 'Worldwide'
その場合 / 世界中の
average decreased a little / in 2019, /
平均は 少し減少した / 2019 年に /
compared with 2018. //
2018 年と比較すると //

知識
decrease 自 減少する

Ken : You're right. //
あなたは正しい //
(If we look at / both graphs
（もしも私たちが見たら / 両方のグラフを
carefully),
注意深く）
Colombia was not / in the top 10
コロンビアはいなかった / トップテンのリストに
list / in 2018, / but they were
/ 2018 年に / しかし彼らは 4 位になった
ranked fourth / the following year. //
/ 翌年に //

Lisa : You can say / the same thing /
あなたは言える / 同じことを /
about the UAE. //
アラブ首長国連邦についても //
They were not / in the top 10 /
彼らはいなかった / トップテンに /
in 2018, / but they were ranked
2018 年に / しかし彼らは 10 位になった
tenth / the year after. //
/ 次の年に //

Ken : On the other hand, / Egypt wasn't /
一方 / エジプトはいなかった /
even in the chart / in 2019, / but
グラフにさえ / 2019 年に / しかし
they were ranked ninth / in 2018. //
彼らは 9 位だった / 2018 年は //

Lisa : Taiwan was not / in the 2019 chart, /
台湾はいなかった / 2019 年のグラフに /
either, / yet
も（いなかった）/ しかし
they spent / more than an average /
彼らは費やした / 平均〈7 時間半〉以上を
〈of 7 and a half hours〉 /
online / in 2018. // I wonder /
オンラインで / 2018 年に // 私は～だろうかと思う /
[why they stopped using /
［なぜ彼らは使うのを止めたのか /
the Internet / so much]. //
インターネットを / そんなにたくさん］ //

Ken : Me, too. // I also realized / [that none
私も（そう思う）// 私はまた気づいた / ［～な国は 1 つもない
of the countries had / the same rank /
持った / 同じ順位を /
in both 2018 and 2019]. //
2018 年と 2019 年の両方で］ //

Lisa : Let me see. // That's true. //
ちょっと見せて // 本当だ //
Also, / Japan spent / about half the
それに / 日本は費やした / 約半分の〈時間の〉量を
amount / 〈of time〉 / as Malaysia /
/ マレーシアの
in 2018, / and spent / less than half
2018 年に / そして費やした / 半分以下の〈時間の〉量を
the amount 〈of time〉 /
/
as the UAE / in 2019. //
2019 年のアラブ首長国連邦と //

Ken : I thought / [Japanese people spent /
私は思っていた / ［日本人は費やした /
longer / using the Internet / than
より長い時間を / インターネットを使うのに /
the data 〈in this chart〉 shows]. //
その〈グラフの中の〉データが示すより］ //

Lisa : Yeah, me too. // In addition, / the
うん，私も（そう思っていた）// 加えて / 時間は
time 〈spent using the Internet /
〈インターネットを使うのに費やされた /
per day / in 2019〉 / was shorter /
一日につき / 2019 年に〉/ もっと短かった /
than it was / in 2018. // I think [that
そうだった / 2018 年より // 私は～だと思う
people, / particularly students / 〈like
［人々は / 特に生徒 / 〈私たちのような〉
us〉, / spend more time studying /
/ 費やす もっと多くの時間を勉強に /
than using the Internet / just for
インターネットを使うことより / ただ遊びのために］
fun]. //
//

知識
particularly 副 特に

Ken : Oh no! //
ええ，ちがう //
That means / [I'm not Japanese]! //
それは意味する / ［私が日本人ではないと］ //

Lisa : What do you mean? //
どういう意味ですか //

Ken : Well, / I spend / at least 6 hours /
まあ / 僕は費やす / 少なくとも 6 時間を /

a day / playing games!!! //
1日につき / ゲームするのに　//

知識
at least 熟 少なくとも

全文和訳

Ken：おお，10時間だ。
Lisa：何のことなの。
Ken：ごめん。僕はインターネットについてのこのグラフを見ていただけなんだ。どの国が最もインターネットに時間を費やしているかについてなんだ。2019年のリストのトップはどの国だと思う。
Lisa：おそらく日本かな。
Ken：なぜ日本だと思うの。
Lisa：私たちはインターネットをたくさん利用するから。
Ken：実際は，日本人がインターネットを使うのに費やすのは1日4時間未満なんだ。フィリピンが第1位だ。彼らは2018年は2位だった。2019年の第2位はどこだったと思う。
Lisa：う～ん。合衆国かなあ。
Ken：残念ながらちがう。実際，アメリカはいずれの年もトップ10にも入っていなかった。ブラジルが第2位だ。彼らは2018年は3位だった。2019年の3位はどの国だったと思う。
Lisa：おそらくインド，人口が多くてITが得意だから。
Ken：いいや，わ～お。彼らはトップ10にさえ入っていなかった。驚きだね。タイが3位だった。実は，彼らは2018年は1位だった。
Lisa：面白いわ。そのデータを見せて。
Ken：もちろん。
Lisa：ふ～ん，「世界中」はすべての国によるインターネットが使われる平均的な時間量を意味するのかな。
Ken：ああ，そのとおり。
Lisa：その場合，2019年の世界平均は2018年に比べ**少し減少した**ことになる。
Ken：そのとおり。2つのグラフを注意深く見てみると，コロンビアは2018年にトップ10に入っていなかったけれど，翌年には4位にランクされている。
Lisa：UAEについても同じことが言える。彼らは2018年はトップ10に入っていなかったけど，その後の年には10位になった。
Ken：もう一方では，エジプトは2019年にはグラフにさえ載ってないのに，2018年は9位だった。
Lisa：台湾も2019年にグラフに載っていないのに，2018年には平均7時間半以上をオンラインに費やした。なぜ彼らがそんなにインターネットを使うのを止めたのか不思議ね。
Ken：僕もそう思う。僕はまた2018年と2019年で**同じ**ランクだった国は1つもないことにも気がついた。
Lisa：えっと。本当だ。それに，日本は2018年にマレーシアの約**半分**の時間を費やし，2019年はUAEの**半分**未満の時間しか費やしていなかった。
Ken：僕は日本人はこのグラフのデータよりも長い時間をインターネットに使っていると思った。
Lisa：ええ，私もそう思った。加えて，2019年の1日あたりのインターネット使用時間は2018年より**短く**なった。私は人々は，特に私たちのような生徒は単に遊びでインターネットを利用するより勉強でより長く使っていると思う。
Ken：ああ，だめだ。それは僕が日本人ではないという意味になる。
Lisa：どういう意味なの。
Ken：えっと，僕はゲームに1日あたり少なくとも6時間費やしている。

2 〈慶應義塾女子高等学校〉

➡本冊 P.129

解答

問1　A ⑦　B ⑥　C ①　D ②
問2　①
問3　あ Once　い mother
問4　Insects have become more interesting to me than before.
問5　火山の模型を作ること
問6　③

解説

問1　適文選択　難易度★★☆

A 自分のテーマと状況を説明した後に，相手にも説明を促している。

⑦ How about you, Jack?
ジャック，君はどうだい。

B 自分の提案に同意を得たので，飼っている昆虫を指し示し，見るように促している。

⑥ Take a look at this.
これを見て。

C 空欄直前の "She carries them in a pouch."「彼女は袋に入れて彼ら（子供たち）を運ぶんだ」を受け，カンガルーを思い浮かべている。後の Jack の "exactly like that" は「まさにそのような感じだ」という意味。

① That reminds me of kangaroos!
カンガルーを思い出したよ。

D 昆虫採集の誘いを受けたが，断り，その理由を伝えようとしているところ。空欄直後の "So, as soon as I get home, I'll start my science project!"「だから，家に帰ってすぐに科学のプロジェクトを始めるつもりだ」にうまくつながるように，やる気が出た要因を伝える②が正解。

② I'm inspired by your passion for insects.
君の昆虫に対する情熱に感銘を受けたよ。

be inspired by「感激する」

問2　適語選択　難易度★★☆

空所直後の "That means they live together in large colonies or groups."「つまり，大きなコロニーや集団で共同生活を送るんだ」より判断する。

① social「社会的な」（○）
② national「国家の」（×）
③ medical「医学の，医療の」（×）
④ local「地元の，現地の」（×）

問3　適語補充　難易度★★★

（**あ** O-　　）the queen becomes an adult, she spends the rest of her life laying eggs!

この文には主語と動詞が二組あり，空所（**あ**）の部分は接続詞が入ると判断できる。once は，「いったん～すると」という意味を表す従属接続詞である。

Do you know which insect becomes the best（**い** m-　　）?

この疑問文の答えが "earwig"「ハサミムシ」でその特徴が，"She spends all winter looking after her eggs. She licks them clean and keeps them warm."「彼女（母虫）は冬の間，卵の世話をしてるんだ。卵をなめてキレイにして，温かくしてあげるんだ」とあり，子育ての話だと理解できる。代名詞 She「彼女」を使用しているため，女親である mother が正解となる。

問4　書きかえ　難易度★★★

I've become more **interested** in insects than before.
私は以前より昆虫に興味を持つようになった。

この文を interesting を用いて書きかえるということは，主語を変更しなければならないということ。

➡ 神技65　感情を表す動詞の分詞

私は昆虫に興味を持つ⇔昆虫は私にとって興味深い

Insects have become more **interesting** to me than before.「昆虫は以前より私にとって興味深くなった」

問5　内容説明　難易度★☆☆

エリックの1番目のセリフ “I'm interested in volcanoes, so I'm thinking of making a model of a volcano.”「僕は，火山に興味があるんだよね。だから，火山の模型を作ってみようかなって思ってるんだ」より，「火山の模型を作ること」が正解。

問6　内容真偽　難易度★☆☆

① Jack has decided his research theme of the science contest.
ジャックは科学コンテストの研究テーマを決めている。
ジャックの2番目のセリフで昆虫について書きたいということが述べられている。

② The size of the front wings of grasshoppers is different from that of the back wings.
バッタの前の羽の大きさは後ろの羽の大きさと異なる。
ジャックの3番目のセリフには，“The back wings are large though the front wings are small and hard.”「前の羽は小さくて硬いが，後ろの羽は大きいんだ」とあり，大きさが異なることを示している。

③ Jack and his sister keep earwigs as well as grasshoppers and ants.
ジャックと妹はバッタやアリと同様にハサミムシも飼っている。
ジャックの6番目のセリフで，“I have a picture of one”「それの写真を持っている」とあり，ハサミムシの実物は飼っていないことがうかがえる。よって，③は本文の内容に合わないといえる。

④ A giraffe weevil is Jack's favorite insect.
キリンクビナガオトシブミはジャックの一番好きな昆虫だ。
ジャックの8番目のセリフに，“This shows the insect I like most. It is a giraffe weevil.”「これは僕が一番好きな昆虫の写真だ。キリンクビナガオトシブミという昆虫だ」とあり，キリンクビナガオトシブミが一番好きな昆虫だとわかる。

徹底分析

Jack : Have you decided / your theme / 〈of the science contest at school〉? //
もう～を決めたのか / テーマを / 〈学校の科学コンテストの〉 //

> 知識
> **theme** 名 テーマ
> **science contest** 名 科学コンテスト

Eric : I'm interested / in volcanoes,
僕は興味がある / 火山に
so I'm thinking / of making
だから考えている / 作ることを
a model 〈of a volcano〉. //
〈火山の〉模型を //

But I haven't started anything. //
でも始めていないんだ 何も //

How about you, Jack? //
君はどうだい ジャック //

> 知識
> **volcano** 名 火山

Jack : I'm planning to study / about insects / and write a report. //
僕は研究しようと計画している / 昆虫について / そして書こうと レポートを //

Actually, / my sister and I have / insects. //
実際 / 妹と僕は飼っている / 昆虫を //

Come over here. //
ここに来て //

I'll show you some 〈of them〉. //
見せるよ 君に何匹かを 〈それらのうちの〉 //

We also have / lots of books / 〈about insects〉. //
僕たちはまた，持っている / たくさんの本を / 〈昆虫についての〉 //

> 知識
> **insect** 名 昆虫

Eric : Thanks. // I'd love to. //
ありがとう // よろこんで //

> がっちり
> **I'd love to.**
> to 不定詞の後に続く動詞はしばしば省略される。ここでは，直前の「おいでよ」「(昆虫を）見せるよ」という誘いを受け，
> **I'd love to see some.**
> **「ぜひ見たいよ」**
> というような意味を表している。

Jack : Take a look at this. //
これを見て //

This jar has / two grasshoppers / in it. //
このビンは持っている / 2匹のバッタを / その中に //

We put / grass and twigs / in the jar / with them. // Grasshoppers have / two pairs of wings. //
私たちは入れた / 草と小枝を / そのビンの中に / バッタと // バッタは持っている / 2対の羽を //

The back wings are / large (though the front wings are small and hard). //
後ろの羽は～だ / 大きい (～だけれど 前の羽は 小さくて硬い) //

They also have / long back legs / 〈that help them / jump a long way〉. //
彼らはまた，持っている / 長い後ろ脚を / 〈彼らを手助けする / 遠くへジャンプするのを〉 //

They can jump / twenty times / the length of their body. //
彼らはジャンプできる / 20倍も / 自分の体の長さの //

> 知識
> **take a look** 熟 ちょっと見る
> **jar** 名 ビン
> **grasshopper** 名 バッタ
> **length** 名 長さ

Eric : That's amazing! // I didn't know / that. //
それはすごい // 知らなかったよ， / それを //

Do you keep / any other insects? //
あなたは飼っているか / 何か他の昆虫を //

Jack : Yes. // Let me show you / our ant farm. //
はい // 君に見せよう / 僕たちのアリ塚を //

Ants are social insects. //
アリは社会的な昆虫だ //

That means / [they live together
それはつまり, / [彼らは生活するということだ 一緒に
in large colonies or groups]. //
大きな集団やグループで] //

In a colony, / the queen is the only
集団の中で / 女王が～だ 唯一のアリ
ant / 〈that can lay eggs〉. //
/ 〈卵を産むことができる〉 //

(Once the queen becomes / an adult),
(いったん女王アリが～になると / 成体に)
she spends / the rest of her life /
彼女は費やす / 残りの人生を /
laying eggs! //
卵を産むのに //

The other female ants are /
その他のメスアリたちは～だ /
worker ants. //
働きアリ //

They build / the nest / and gather /
彼女たちは作る / 巣を / そして集める /
food / for the colony. //
食べ物を / 集団のために //

There is a lot of work / 〈to be done〉. //
あります たくさんの仕事が / 〈されるべき〉 //

They are hard workers. //
彼女たちは働き者だ //

知識
ant farm 名 アリ塚, アリの巣
social 形 社会的な
colony 名 グループ, 集団, コロニー, 植民地
lay 他 (卵を) 産む

Eric : You know / a lot / 〈about insects〉. //
君は知っている / たくさん / 〈昆虫について〉 //

Do you know / [which insect
君は知っているか / [どの昆虫が～になるか
becomes /the best mother]? //
/ 最も良い母親] //

Jack : (As far as I know), / it's the earwig. //
(僕が知るかぎり) / それはハサミムシだ //

これも
2つの「～するかぎり」
as far as ～ (程度・範囲)
As far as I can remember, Mike has never been abroad.
私の覚えているかぎり (範囲では), マイクは外国に行ったことはない。
as long as ～ (期間)
I won't forget your kindness as long as I live.
生きているかぎり (期間は), 私はあなたの親切を忘れません。

知識
earwig 名 ハサミムシ

Eric : The earwig? // What's it like? //
ハサミムシ? // それはどんな感じ? //

Jack : Well, / I have / a picture / 〈of one〉. //
えっと / 僕は持っている / 写真を / 〈それの〉 //

She spends / all winter /
彼女は費やす / 冬中を /
looking after / her eggs. //
世話することに / 卵を //

She licks / them clean / and keeps /
彼女はなめる / それらをきれいに / そして保つ /
them warm. //
それらを温かく //

(When they hatch), /
(彼らがふ化したとき) /
she feeds them. //
彼女は彼らに食事を与える //

知識
lick 他 をなめる
hatch 自 ふ化する

Eric : I see. // She really does / a lot. //
なるほど // 彼女は本当にするね, / たくさんのことを //

Jack : This is a picture /
これは写真だ /
〈of another insect〉. //
〈別の昆虫の〉 //

She also takes good care of /
彼女もまた, 世話をするよ /
her babies. //
赤ちゃんの //

She carries / them in a pouch. //
彼女は運ぶ / 彼らを小袋に入れて //

知識
pouch 名 小袋

Eric : That reminds / me / of kangaroos! //
それは思い出させる / 私に, / カンガルーについて //

Jack : Yes, exactly like that. //
はい　まさにそのようだ //

Let me show /
私に見せさせて /

you one more picture. //
あなたにもう1枚の写真を //

This shows / the insect /
この写真は見せる / 昆虫を /

〈I like most〉. //
〈私が一番好きな〉 //

It is a giraffe weevil. //
それはキリンクビナガオトシブミだ //

The name comes /
その名は来ている /

from its long neck. //
その長い首から //

Its neck is / twice as long as its body. //
その首は～だ / その体の2倍の長さ //

知識
remind 他 に思い出させる
giraffe weevil 名 キリンクビナガオトシブミ

Eric : Wow! I've become more interested /
ワー　僕は興味を持つようになったよ /

in insects / than before. //
昆虫に / 以前より //

I also want to keep / some at home /
僕も飼いたくなった / 何匹か家で /

(if possible). //
(可能なら) //

Jack : I'm glad / to hear that. //
嬉しい / それを聞いて //

Summer is / a good time /
夏は～だ / いい時期 /

〈to collect insects〉. //
〈昆虫を集めるための〉 //

Let's go outside / and catch / some. //
外に出よう / そして捕まえよう / 何匹か //

That should be fun. //
それはきっと楽しいはずだ //

Eric : That sounds good, /
それはよく聞こえる /

but I have to go home / now. //
でも帰らなければならない / もう //

I'm inspired / by your passion /
僕は感動した / あなたの情熱に /

for insects. //
昆虫に対する //

知識
if possible 熟 もしも可能ならば
inspire 他 を感動させる，鼓舞する
passion 名 情熱

So, / (as soon as I get home), /
だから / (家に帰ったらできるだけ早く) /

I'll start / my science project! //
僕は始めるだろう / 僕の科学のプロジェクトを //

全文和訳

Jack : 学校の科学コンテストのテーマを決めたか。

Eric : 僕は，火山に興味があるんだよね。だから，火山の模型を作ってみようかなって思ってるんだ。でも，まだ何も始めてないんだよ。ジャック，きみはどう。

Jack : 僕は今，昆虫について勉強して，レポートを書くつもりなんだ。実は，妹と一緒に昆虫を飼ってるんだよ。こっち来て，ちょっと見せてやるよ。それに，昆虫に関する本もたくさんあるんだ。

Eric : ありがとう。喜んで。

Jack : これを見てごらん。このびんの中にはバッタが2匹入っているんだ。草や小枝を一緒に入れてあるよ。バッタは2対の羽を持っているんだ。前の羽は小さくて硬いけど，後ろの羽は大きいんだ。また，長い後ろ脚を持っているから，長い距離をジャンプできるんだ。自分の体長の20倍の距離をジャンプできるよ。

Eric : それはすごいな。知らなかったよ。他にも昆虫を飼っているの。

Jack : うん。うちのアリの巣を見てよ。アリは社会的な昆虫なんだ。つまり，大きな集団やグループで共同生活を

送るんだ。集団の中で，女王アリだけが卵を産むことができる。女王アリが成体になったら，彼女は残りの人生を卵を産むことに費やす。他のメスのアリは働きアリだよ。彼女たちは巣を作り，集団の食物を集める。やるべきことがたくさんあるんだよ。彼女たちは働き者だよ。

Eric：昆虫についていろいろと知っているんだね。どの昆虫が一番いい母親になるのかわかるかい。

Jack：僕が知る限り，それはハサミムシだ。

Eric：ハサミムシだって。それはどんな感じなんだ。

Jack：うん，そいつの写真が1枚あるよ。彼女（母虫）は冬の間，卵の世話をしてるんだ。卵をなめてキレイにして，温かくしてあげるんだ。ふ化したら，エサもあげるんだ。

Eric：なるほど。本当にいろいろやるね。

Jack：これは別の昆虫の写真だよ。この昆虫もとてもよく赤ちゃんの面倒をみるんだ。小袋に入れて子供たちを運ぶんだ。

Eric：カンガルーを思い出させるね。

Jack：そう，まさにそのような感じだ。もう1枚写真を見てよ。これは僕が一番好きな昆虫の写真だ。キリンクビナガオトシブミという昆虫だ。その名前は長い首から来ている。こいつの首は体長の2倍もあるんだよ。

Eric：すごい。前より昆虫に興味がわいてきた。僕もできるなら家で飼ってみようかな。

Jack：それは嬉しいね。夏は昆虫採集にいい時期だよ。外に出かけて，いろんな昆虫を捕まえてみよう。楽しいぞ。

Eric：それはいいね。でも，もう家に帰らなければならないんだ。君の昆虫に対する情熱に感銘を受けたよ。だから，家に帰ってすぐに科学のプロジェクトを始めるつもりだ。

3 〈桐蔭学園高等学校〉

➡本冊 P.131

解答

問 1. ③　問 2. ①　問 3. ②
問 4. ②　問 5. ①　問 6. ①
問 7. ②, ④, ⑧

解説

問 1　文脈把握　難易度★☆☆

"I thought I was dreaming."
私は（自分が）夢を見ていると思いました。
下線部直後の "This is not the India I imagined"「これは私が想像していたインドではない」から，これは予想と異なるインドの様相に驚いて発した言葉だとわかる。インドの様子は下線部の前の "It was like a mix of body smell and waste gas from cars."「それ（空港の匂い）は体の匂いと車の排気ガスのまざったような感じだった」と "the airport was filled with people"「空港は人で混雑していた」である。よって，正解は③。

問 2　文脈把握　難易度★☆☆

"I didn't really pay much attention on the ride to my grandmother's house"
祖母の家までの道のりではあまり注意を払っていませんでした。
下線部直前の "so"「だから」に着目し，その前文が理由になっていると判断する。"When we left the airport, it was already one in the morning"「私たちが空港を出たときは，すでに午前1時でした」より，正解は①。

① It was already past midnight.
すでに真夜中を過ぎていた。（○）
② Stephanie went to her grandmother's house a few times.
ステファニーは2，3度祖母の家に行った。（×）
③ It was dangerous for Stephanie to put her head out of the window.
窓から顔を出すのはステファニーにとって危険なことだった。（×）
④ Stephanie was interested only in going shopping and riding elephants.
ステファニーは買い物とゾウに乗ることにのみ興味があった。（×）

問 3　文脈把握　難易度★☆☆

"I couldn't believe my eyes."
私は自分の目が信じられませんでした。
"can't believe one's eyes"「自分の目が信じられない」は，ある光景に驚いていることを表現する際に用いる。ステファニーが驚いたことは，"a lot of pollution in the air"「ひどい空気汚染」, "no schoolyard"「校庭がない」, "no space to park"「駐車場がない」, "Just a brown, unclean, old building."「ただ茶色くて汚い古い建物だけ」の学校の様子のことである。よって，正解は②。

問 4　文脈把握　難易度★☆☆

"I felt like my heart was broken in half."
私の心が半分に折れたような気がしました。
"My heart was broken" は，感情的に「悲しさ」「落胆」「哀れみ」など心を痛めたときに使用する表現である。ここは，インドの子供たちの厳しい生活水準に心が痛み，その朝の自分の浅ましさを反省し，助けることが正しい行動であったと気づく場面である。よって，正解は②。

① All the students in the class stood up and welcomed Stephanie and her family.
クラスのすべての生徒が立ち上がり，ステファニーと家族を歓迎した。（×）
② Stephanie found she should use her money for the students in the class.
ステファニーは自分のお金をそのクラスの生徒たちのために使うべきだと気づいた。（○）
③ Stephanie learned the students received a coloring book for the first

time.
ステファニーはその生徒たちは塗り絵を初めてもらったと知った。(×)

④ Stephanie knew she could spend only one hundred dollars of the two hundred dollars.
ステファニーは 200 ドルのうち 100 ドルしか使えないことを知っていた。(×)

問 5　文脈把握　難易度★☆☆

the expressions on their faces
彼らの顔に浮かんだ表情
expression は「表情」「表現」「調子」などの意味を持つ名詞。この部分を含む 1 文の後の文に注目する。"They might think of us as sacred creatures sent from heaven"「彼らは私たちを天から送られた神聖な生き物と思ったかもしれません」とある。"think of A as B"「A を B だと思う，みなす」
また，生徒たちがみな喜んでいる様子がその後の文に描かれているため，②③④の選択肢はどれも当てはまらない。よって，正解は①。

問 6　文脈把握　難易度★☆☆

a very important lesson
非常に重要な教訓

① It is important to give something to others.
他人に何かを与えることは大切だ。(○)

② It is not necessary to feel sorry for poor people.
貧乏な人に哀れみを感じる必要はない。(×)

③ It is necessary for us to forget there are poor people in the world.
世界に貧乏な人々がいることを忘れることは私たちにとって必要だ。(×)

④ It is hard to coach a student who isn't good at studying.
勉強が得意でない生徒を指導することはたいへんだ。(×)

この段落の趣旨は，人生はもらうことがすべてではなく，どんな車を持っていたか，大学はどこか，新聞に何度載ったかなどは重要ではなく，重要なのは，どれだけ人に与えたかだ，ということである。よって，正解は①。

問 7　内容真偽　難易度★☆☆

① The writer's father, her mother, her sister and the writer took a trip to India.
筆者の父親，母親，妹と筆者がインドへ旅した。(×)
第 1 段落第 1 文にインドに行ったのは，母親，7 歳の妹と本人とある。

② The writer, her mother and sister spent two hundred dollars helping students in one of the public schools in town.
筆者，母親と妹は町の公立学校の 1 つの生徒たちを助けるのに 200 ドルを費やした。(○)
第 5 段落第 2 文と第 4 文に，ライラおばさんからもらった 100 ドルと母親の 100 ドル，合計で 200 ドルを生徒たちを助けるために使うとある。

③ The writer went shopping after she handed the goods to the children in the school.
筆者は学校で子供たちに商品を手渡した後，買い物にでかけた。(×)
第 7 段落第 1 文の母親のセリフに，「別の機会に買い物に行けばよい」とあるが，その後，買い物に行った様子は描かれていない。

④ The writer's school is much bigger than the elementary school in India.
筆者の学校はインドの小学校よりはるかに大きい。(○)
第 10 段落最終文には，
The school I go to back home is a million times bigger.
私が故郷で通っている学校は百万倍も大きい。
とあり，筆者の学校がはるかに大きい

ことがわかる。
school と I の間に関係代名詞 which または that が省略されている。
a million times bigger「(インドの学校より）百万倍大きい」

⑤ About forty students in the class welcomed the writer and her family in English.
クラスの約 40 名の生徒が筆者と家族を英語で歓迎した。(×)
第 11 段落第 3 文には，“in another language”「別の言語で」とあり，英語ではなかったことがわかる。

⑥ When the writer first reached India, she was glad to get there.
筆者が最初インドに到着したとき，そこに着いて喜んだ。(×)
第 2 段落には筆者がインド到着直後にショックを受けている様子が描かれている。

⑦ The writer took children in the classroom to the shopping center and bought school goods.
筆者は教室の子供たちをショッピングセンターに連れて行き，学校の用具を買ってあげた。(×)
第 10 ～ 12 段落より，プレゼントを手渡したのは教室だとわかる。

⑧ The visit to India gave the writer a chance to think about what's important in life.
インド旅行は筆者に人生で大切なものについて考える機会を与えた。(○)
最終段落第 1 文,
“I learned a very important lesson that day.”
その日，私は非常に重要な教訓を学びました。
より，そのインド旅行で，筆者が何か大切なことを学んだことは確かである。

徹底分析

❶ During Christmas vacation / one year, /
クリスマス休暇中 / ある年の /
my mom, my seven-year-old sister
お母さんと 7 歳の妹と
and I went / on a two-week trip to India. //
私は行った / 2 週間のインド旅行に //

I was really excited / (because I couldn't wait / to see / all my cousins, aunts and uncles). //
私はとても興奮していた / (待てなかったから / 会うことを / いとこたちみんなと おばやおじたちに) //

I visited them / (when I was only three years old). //
私は彼らを訪ねた / (ほんの 3 歳のころに) //

I also wanted / to buy / souvenirs and clothes / for myself, / go sightseeing, see the Taj Mahal, ride elephants, and much more. //
私はまたしたかった / お土産や洋服を買うこと / 自分のために / 観光すること タージマハルを見ること ゾウに乗ること そしてさらにもっと //

I imagined India / to be a beautiful place, / with palm trees / moving in the air / and giant shopping centers. //
私はインドを想像していた / きれいな場所だと / ヤシの木が / 風になびき / 巨大なショッピングセンターがある //

(Before I left), / I told / my friends / about riding elephants / and buying precious stones. //
(出発する前) / 私は言った / 友達に / 乗ることについて ゾウに / そして貴重な宝石を買うことについて //

知識
souvenir 名 お土産
sightseeing 自 観光する
Taj Mahal 名 タージマハル（観光地）
imagine 他 を想像する
palm tree 名 ヤシの木
precious 形 貴重な

❷ But I was wrong. //
しかし，私は間違っていた //

(As soon as I stepped / out of the plane), / the whole airport smelled / like... //
(踏み出したとたん / 飛行機の外へ) / 空港全体が…のようなにおいがした //

I can't even explain it, / but let's just say / [it was something / 〈you probably never smelled before〉]. //
私は説明さえできない それを / しかし，ただ言っておこう / [それは何かだった / 〈あなたがおそらく前にかいだことのない〉] //

It was / like a mix / 〈of body smell /
それは～だった / 混ざったような / 〈体臭と /
and waste gas from cars〉. //
車の排気ガスの臭いとの〉 //

I felt / [I hated it]. //
私は感じた / [それが嫌だと] //

Plus, the airport was filled / with
それに 空港は一杯だった / 人々で
people! //
//

People were pushing / each other /
人々は押し合っていた / お互いを /
and shouting / at the security guards. //
そして叫んでいた / 警備員に向かって //

I thought / [I was dreaming]. //
私は思った / [自分が夢を見ていると] //

"This is not / the India / 〈I imagined〉,"
「これは～ではない / インド / 〈私が想像していた〉」
I felt. // I couldn't wait /
私は感じた // 待てなかった /
to get out of the airport. //
空港から外へ出るのを //

I said to myself, "Maybe the city will
私は思った 「たぶんその町は見えるだろう
look / more like my India." //
/ もっと 私のインドのように」 //

(When we left the airport), / it was
(私たちが空港を出たとき) / すでに1時だった
already one / in the morning, /
/ 午前 /
so I didn't really pay / much attention /
だから私は払わなかった / あまり注意を /
on the ride / to my grandmother's
移動中には / 祖母の家への
house. //
//

知識
whole 形 全体の
explain 他 を説明する
probably 副 おそらく
waste gas 名 排気ガス
security guard 名 警備員
say to oneself 熟 と（心の中で）思う
pay attention 熟 注意を払う
on the ride to ～ 熟 ～への移動中

3 A few days later, /
2, 3日後 /
a lot of things happened. //
色々なことが起こった //
My Aunt Joyce / and my thirteen-
ジョイスおばさん / そして私の13歳のいとこの
year-old cousin Michelle came /
ミッシェルが来た /
to spend time together. //
ともに過ごすために //

Michelle, my sister Samantha, /
ミッシェル 妹のサマンサ /
and I played games, read books, /
そして私はゲームをした 本を読んだ /
and much more. //
そしてさらにもっと //

Soon, / I was ready / to see the country; /
まもなく / 私は準備ができた / その国を見る /
I wondered / [what adventures were
思った / [どんな冒険が待っているのかと
waiting / for us]. //
/ 私たちを] //

知識
adventure 名 冒険

4 "Mom?" I asked. //
「お母さん」 私は尋ねた //

"What are we going to do today? //
「今日は何をする予定なの //

I really want to go shopping /
私はとても買い物に行きたい /
and buy some new clothes."//
そして新しい服を買いたい」 //

5 "Stephanie, today we are going / to one /
「ステファニー，今日，私たちは行く予定 / 1つに /
〈of the public schools in town〉. //
〈町の公立学校の〉 //

Do you remember / the hundred-dollar
覚えている？ / 100ドル札を
bill / 〈Aunt Lila gave us /
/ 〈ライラおばさんが私たちにくれた /
before our trip〉? //
旅行の前に〉 //

I decided / [that we are going to use /
私は決めた / [使うことに /
the money / to buy school goods /
そのお金を / 学用品を買うために /
for the children there]. //
そこの子供たちのために] //

And I am going to use / another
そして私は使うつもり / あと100ドルを
hundred dollars / 〈of my own〉 /
/ 〈自分の〉 /
to help the children," Mom said.//
その子供たちを助けるために」 お母さんは言った //

知識
public school 名 公立学校
the hundred-dollar bill 名 100ドル札

⑥ "But I wanted to go shopping / today! //
「でも買い物に行きたかった / 今日は //

You said / before our trip / [I could get /
お母さんは言ったでしょ / 旅行の前に / [買ってもいいって /
some new clothes]!" //
何着か新しい 服を]」 //

I cried. //
私は叫んだ //

I did not want to spend /
私は費やしたくなかった /
my whole vacation / helping poor
私の休み全体を / 助けるのに 貧しい人々を
people. //
//

I thought, "What should I tell / my
私は思った 「何と言うべきか / 友達に
friends / (when I get back / from my
/ (帰ったとき / 旅行から)」
trip)?"//
//

⑦ "Stephanie , we can go shopping /
「ステファニー 私たちは買い物に行くことができる /
some other time. //
いつか別のときに //

But we need to put / a little time /
でも取ることが必要 / 少しの時間を /
in helping these poor children. //
この貧しい子供たちを助けることに //

Now go to tell / your sister / to get
さあ，言ってきなさい / 妹に / 準備するように
ready / (because we will leave / in ten
/ (なぜなら 私たちは出発するから / 10分で)」
minutes)," / said Mom. //
/ お母さんは言った //

⑧ "Oh, all right. //
「おお，わかった //

What a vacation / I am having !"
なんてバケーションを / 私は過ごしているんだ」
I said to her. //
私はお母さんに言った //

I came to India / to go sightseeing, /
私はインドに来た / 観光をするために /
not do charity work. //
チャリティーの仕事のためじゃない //

知識
charity 名 チャリティー，慈善事業

⑨ Ten minutes later, / we were on our
10分後 / 私たちは 向かっていた
way. //
//

きほん
on the [one's] way (to ～)
(～へ) 行く途中，もうすぐに
I met an old friend on my way home.
私は帰宅途中に昔の友達に会った。
I'm on my way.
今向かっています。
Winter is on the way.
冬がもうすぐやってくる。

We didn't even have / our own rental
私たちは持ってさえいなかった / 自分たち自身のレンタカーを
car. //
//

We traveled / in an old rickshaw /
私たちは移動した / 1台の古い人力車で /
over the bad road. //
悪い道路を //

知識
even 副 ～さえ
rickshaw 名 人力車

⑩ (When we arrived at the school), /
(私たちが学校に到着したとき) /
I couldn't believe / my eyes. //
私は信じられなかった / 自分の目を //

There was / a lot of pollution / in the
あった / たくさんの汚染が / 大気中に
air / and there was / only one old
/ そしてあった / 古い建物が1つだけ
building. //
//

There was / no schoolyard, / no space
あった / ゼロの校庭が / ゼロのスペースが
〈to park〉, / nothing. //
〈駐車用の〉 / 何もない //

Just a brown, unclean, old building. //
ただ茶色い，きれいでない，古い建物だけ //

I thought, / "This elementary school is /
私は思った / 「この小学校は～だ /
very small. //
とても小さい //

The school / 〈I go to back home〉 is /
学校は / 〈私が故郷で通っている〉 /
a million times bigger." //
100万倍 大きい」 //

知識
pollution 名 汚染
park 自 駐車する
elementary school 名 小学校

⑪ The classroom / 〈we arrived at〉 was
その教室は / 〈私たちが到着した〉
unbelievable. //
信じられなかった //

There were / about forty students /
いた / 約 40 人の生徒が /
in the class / and they looked /
クラスに / そして彼らは 見えた /
so weak and thin. //
とても弱く，やせて //

All the students stood up / and said /
生徒全員が立ち上がった / そして言った /
something to us / in another language. //
何か私たちに / 別の言語で //

Later, / the teacher told us / [that they
後で / その先生が言った 私たちに / [彼らが
were welcoming us / to their school]. //
歓迎している 私たちを / 彼らの学校に] //

Their school bags were /
彼らの学校カバンは～だった /
very small plastic ones, / the kind
とても小さいプラスチックのもの / その種類
〈you get after a trip from the market〉. //
〈市場からの帰りにもらえるような〉 //

They had / very few school goods /
彼らは持っていた / ごくわずかな学用品を /
and most of the students had /
そしてほとんどの生徒が持っていた /
only one pencil. //
鉛筆をたった 1 本だけ //

Can you even imagine / writing /
想像できますか / 書くことを /
with only one pencil /
たった 1 本の鉛筆で /
for the whole school year? //
1 学年の間 //

In addition, / there were / three
さらに / いた / 3 人の生徒が
students / 〈sitting at every desk〉. //
/ 〈座っている 机 1 つずつに〉 //

Just then, / I felt /
まさにそのとき / 私は感じた /
like [my heart was broken in half]. //
～のように [自分の心が 2 つに割れる] //

That morning, / I felt like spending /
その午前中 / 私は費やしたかった /
money / on clothes and souvenirs, /
お金を / 洋服に そしてお土産に /
(though there were / people
(いたけれど / 人々が
〈who really needed the money〉). //
〈本当にそのお金が必要な〉) //

知識

thin 形 やせている，薄い
in addition 熟 加えて
in half 熟 半分に
feel like ～ 熟 ～のように思う
feel like ～ ing 熟 ～したいと思う

⑫ I was amazed at /
私は感心した /
[what two hundred dollars could
[200 ドルがどんなに買えるかに]
buy]. //
//

Each student received / a coloring
生徒たちはそれぞれ受け取った / 塗り絵の本
book, / crayons, / two new pencils /
/ クレヨン / 2 本の新しい鉛筆 /
and some candy. //
そしてキャンディーを //

I wanted to show / you / the expressions /
私は見せたかった / あなたに / その表情を /
〈on their faces〉 / (as Samantha and I
〈彼らの顔にうかぶ〉 / (サマンサと私が手渡したとき
passed / the goods out to the children). //
/ 学用品を子供たちに) //

They might think of us /
彼らは思ったかもしれない /
as sacred creatures / sent from
私たちを神聖な生き物と / 天から送られた
heaven. //
//

よくでる

A を B とみなす

Many people **think of** Shouhei **as** a great player.
Many people **consider** Shouhei **as** a great player.
Many people **regard** Shouhei **as** a great player.

Every child / 〈who received the goods〉 /
子供たちはそれぞれ/ 〈学用品をもらった〉 /
was so thankful / for everything. //
とても感謝した / すべてに //

Some of them started eating /
彼らの何人かは 食べ始めた /
their candy / and coloring /
キャンディーを / そして塗り始めた /
in the coloring books / right away. //
塗り絵の本に / すぐに //
I was so happy / about making the
私はとても嬉しかった / その生徒たちを笑顔にしたことについて
students smile / (that I felt like /
/ (私は～したいと思った /

getting all my money / and buying
自分のお金の全部を使って / そして学用品を買いたい

goods /
/

for every classroom / in the whole
すべてのクラスのために / その学校全体の)

school). //
//

ちゅうもく

so ～ that の構文です。

I was so happy about making the students smile that I felt like getting all my money and buying goods for every classroom in the whole school.

私は生徒たちを笑顔にできてとても嬉しかったので，学校全体のすべてのクラスのために全財産を使って，商品を買いたいと思った。

知識

receive 他 を受け取る
coloring book 名 塗り絵（の本）
crayon 名 クレヨン
expression 名 表情，表現
sacred 形 神聖な
creature 名 生き物
heaven 名 天国

⑬ I learned / a very important lesson /
私は学んだ / とても大切な教訓を /

that day. //
その日 //

Life isn't always / about receiving. //
人生は必ずしも～ではない / もらうこと //

(When I first arrived in India),/
(インドに最初到着したとき) /

I was feeling sorry / for myself. //
私は気の毒に思っていた / 自分を //

All 〈I thought about〉 was /
すべてのこと〈私が考えていた〉 /

sightseeing / and riding elephants. //
観光すること / そしてゾウに乗ることだった //

There are / millions of people / all over
いる / 何百万もの人々が / 世界中に

the world / 〈who don't have enough
/ 〈十分な食べ物を持っていない〉

food〉, / and 〈who are very ill〉. //
/ そして〈とても具合が悪い〉 //

I think / [every human 〈on earth〉
私は思う / [人間はみな 〈地球上の〉

should do / something for someone
するべきだ / 何かを 他の人のために]

else]. //
//

For example, / you can coach /
例えば / 指導することができる /

a student / 〈who is not good
生徒を / 〈得意ではない

at studying〉. //
勉強が〉 //

(When it is our turn to die), /
(私たちの死ぬ番になったとき) /

nobody is going to ask / us
誰も尋ねないだろう / 私たちに

[what car we owned], /
[どんな車を所有していたか] /

[what university we graduated from], /
[どの大学を卒業したのか] /

or [how many times we were in the
[何度新聞に載ったか]

newspaper]. //
//

The point is / [how much we gave /
大切なのは～だ / [どのくらい与えたか /

to other people]. //
他人に] //

知識

millions of 熟 何百万もの
turn 名 順番
graduate 自 卒業する

全文和訳

❶ ある年のクリスマス休暇中，私の母，7歳の妹，そして私は2週間のインド旅行に行きました。私はとても興奮していました。なぜなら，いとこやおば，おじたち全員に会えることを楽しみにしていたからです。私が彼らを訪ねたのはほんの3歳の時でした。また，自分自身のためにお土産や服を買いたくて，観光に行ってタージマハルを見たり，ゾウに乗ったり，様々なことをしたかったのです。私はインドを美しい場所と想像していて，風に揺れるヤシの木や巨大なショッピングセンターがあると思っていました。出発前に，ゾウに乗ったり，宝石を買ったりすることについて友達に話しました。

❷ しかし，私は間違っていました。飛行機から降りたとたん，空港全体が何か

匂っていて，説明さえできないけど，その匂いはおそらくみんながこれまで嗅いだことのないものだったとだけ言っておきます。体臭と車から出る排気ガスが混ざっているような匂いでした。私はそれが嫌でした。さらに，空港にはたくさんの人がいました。人々はお互いを押しのけ，警備員を怒鳴りつけていました。(1)私は自分が夢を見ているのかと思いました。「これは私が想像していたインドではない」と感じました。空港から出るのが待ちきれませんでした。「たぶん街は私が想像するインドに近いだろう」と自分に言い聞かせました。私たちが空港を出たときは，すでに午前1時でしたので，(2)祖母の家までの移動中あまり注意を払っていませんでした。

3 数日後，たくさんのことが起こりました。おばのジョイスと13歳のいとこのミシェルが一緒に過ごすためにやってきました。ミシェルと私の妹サマンサと私はゲームをしたり，本を読んだりさらにいろいろなことをしました。すぐに，私は国を見に行く準備ができました。どのような冒険が私たちを待っているのか，私は興味津々でした。

4 「お母さん」と私は尋ねました。「今日は何するの。私はお買い物に行って新しい服を買いたいんだけど」

5 「ステファニー，今日は町の公立学校に行くことになっているわ。覚えてる？旅行前にライラおばさんからもらった100ドル札があるでしょう。そのお金で，あそこの子供たちに学用品を買ってあげることにしたの。それに，私も自分のお金から100ドル使って，子供たちを助けるつもりよ」とママは言いました。

6 「でも，今日は買い物行きたかったよ。旅行前に新しい服買ってもいいって言ってくれた」と私は叫びました。私は自分の休暇すべてを貧しい人々を助けるために費やすことはしたくありませんでした。「旅行から帰ったら友達に何と言おう」と思いました。

7 「ステファニー，買い物はまた今度にしましょう。でも私たちはこれらの貧しい子供たちを助けるために少し時間を費やさなければなりません。10分後に出発するから，準備をするように，妹に言ってきなさい」とママが言いました。

8 「もう，わかったよ。私は何という休暇を過ごしているんだ」と私は彼女に言いました。私は観光にインドに来たのに，チャリティー活動をするために来たわけじゃないのに。

9 そして，10分後に出発しました。私たちにはレンタカーさえありませんでした。古い人力車で，悪い道路を移動しました。

10 学校に到着したとき，(3)私は自分の目を信じられませんでした。空気中には多くの汚染物質があり，ただ古い建物が1つだけありました。校庭もなく，駐車スペースもなく，何もありませんでした。ただ茶色くて汚い古い建物だけでした。「この小学校はとても小さい。私が故郷で通っている学校は何百万倍も大きい」と思いました。

11 私たちが到着した教室は信じられないほどでした。クラスには約40人の生徒がいて，彼らは非常に弱々しくやせているように見えました。生徒たちはみんな立ち上がって私たちに別の言語で何か言いました。後で，先生が彼らが私たちを学校に歓迎するために言った言葉だと教えてくれました。生徒たちのスクールバッグは，マーケットから帰ってきた後にもらうような小さなプラスチックのものでした。彼らにはほとんど学用品がなく，ほとんどの生徒が1本の鉛筆しか持っていませんでした。1学年の間ずっと1本の鉛筆で書くなんて想像できますか。さらに，1つの机には3人の生徒が座っていました。そのとき，(4)私の心が半分に折れたような気がしました。その朝，私は洋服やお土産にお金を使いたかった。本当にお金が必要な人たちがいるにもかかわらず。

⑫ 私は200ドルでどれほどのものが買えるかと驚きました。各生徒には，塗り絵の本，クレヨン，新しい鉛筆2本，そしてキャンディーが渡されました。サマンサと私が子供たちに品物を手渡したときの(5)彼らの顔に浮かんだ表情を見せたかったです。彼らは私たちを天から送られた神聖な生き物と思ったかもしれません。品物を受け取ったすべての子供たちは，すべてに感謝していました。中には，キャンディーをすぐに食べたり，塗り絵に色を塗り始める子供もいました。生徒たちを笑顔にしたことにとても幸せを感じ，全校のすべての教室のためにも，全財産を出して品物を買いたいと思いました。

⑬ その日，私は(6)非常に重要な教訓を学びました。人生は常に受け取るだけではありません。私が最初にインドに着いたとき，自分自身を気の毒に思っていました。観光やゾウに乗ることばかり考えていました。世界中には十分な食べ物を持っていない人々や，とても具合の悪い人々が何百万人もいます。私たち地球上の一人一人が，誰かのために何かをするべきだと思います。例えば，勉強が苦手な学生を指導することができます。私たちが死ぬ番になったとき，誰も私たちがどの車を所有していたか，どの大学を卒業したか，何回新聞に載ったかを聞くことはないでしょう。重要なのは，他の人々にどれだけ与えたかです。

4 〈東海高等学校〉

➡本冊 P.135

解答

問1 あD　いB　うF　えG
問2 廃棄物を川に流す前に洗浄する新しい機械を作るべきという意見。(30字)
問3 (X) with　(Y) to　(Z) of
問4 2番目　5番目　7番目
　　カ　ア　エ
問5 コ
問6 ④ その川のこの部分からは飲料水は出て来ないことを私たちは2人とも知っている。
⑤ 彼は1枚の紙を取り上げ，ジョンが見えるようにテーブルの反対側で掲げた。
⑥ 300名を雇用することがこのような小さな町にとってどれだけ大きな意味を持つのか考えてみてくれ。
問7 [A] scientist
[B] businessman
問8 nobody is ever going to drink that water
問9 ス
問10 lose your job
問11 約束された報酬と会社に残れることを優先し，汚染を秘密にする。(30字)
問12 [E] making money
[F] how to protect the environment
問13 タ，ト

解説

問1　適語選択　難易度★☆☆

選択肢はすべて形容詞。文脈から判断する問題である。

あ 直前で，ダンカンが作成したレポートへのウィルソンの評価 “not very good”「あまりよくない」を聞いて驚く様子が描かれている。空欄部を含む1文は，そのダンカンに対してウィルソンがフォローするセリフである。
“I don’t mean the report is あ ”
「レポートが あ という意味ではない」
その後には，レポートの最後にある ideas「意見」が気に入らないとあり，レポート自体を否定しているわけではないとわかる。よって，**D. bad**「悪い」が正解。

い 直後でジョンは腹痛をもよおしているところから上司との対話に不安を感じていることがうかがえる。**B. cold** を入れ，「寒気を感じた」とする。

う 直後の “He took a drink of water”「彼は水を一口飲んだ」から，**F. dry**「乾いている」が適切と考えられる。

え え は2か所ある。最初の え の前のセリフでは，ジョンによるラット（ねずみ）の実験で問題の化学物質を含む水を飲ませたラットの子供には異常が見られたとある。よって，**G. dangerous**「危険な」がふさわしい。また，後の え は，その発言に対して，ウィルソンが “～ nobody is ever going to drink that water. So why is it ＿＿?”「誰もあの水を飲むことはない。だからなぜそれが危険なんだ」と反論している部分である。

問2 内容説明 難易度★★★

What I mean is, I don’t like ①the ideas at the end of the report.「私が言いたいのは，①レポートの最後にある意見が好ましくないということだ」
ウィルソンはジョンのレポートの最後にある意見が好ましくないと言っている。その内容は第10段落に書かれている。
Your report says that we should build some new machines to clean up the waste products before they go into the river, right?
君のレポートによると，廃棄物が川に入る前にきれいにするために，いくつかの新しい機械を作るべきだということだね。
この部分を30字以内でまとめる。

問3 適語補充 難易度★☆☆

（ **X** ）What is wrong **with** A?
「Aのどこが悪いのか」

よくでる

What is wrong with A?
「Aのどこが問題なのか」
What is wrong with her? She looks tired.
「彼女はどうしたの。疲れているようだね」
また，以下の表現も覚えておこう。
Something is wrong with A.
＝There is something wrong with A.
「Aは調子が悪い」
Something is wrong with my car.
There is something wrong with my car.
「私の車はどこか調子が悪い」
調子が悪くないと言いたいときには，
There is nothing wrong with me.
「僕はどこも調子が悪くない」

（ **Y** ）listen **to** A「A（の言うこと）を聞く」
（ **Z** ）because **of** A「Aのため」
➡ 神技107

問4 整序英作文 難易度★☆☆

②それはジョンが好むような微笑みではなかった．
①まず，SVの特定。この問題には日本語があるのでそれを参考にする。
S＝それは（選択肢より it）
V＝ではなかった（選択肢より wasn’t）
C＝微笑み（選択肢より smile）
「ジョンが好む」は，「微笑み」を後置修飾する関係代名詞節（which/that は省略）。
②次に，かたまり（熟語・連語）を確認。
選択肢より，the kind of A「Aの種類」に気づく。それを「～ような微笑み」と合わせ，“the kind of smile” と組み立てる。
よって，

it wasn't the kind of smile John liked
ウ カ　オ キ ア イ エ

問 5　省略部解釈　難易度★☆☆

"③ No, of course not."
「いいえ，もちろんそうではありません」
このセリフは，ウィルソンの発言，
"Money doesn't grow on trees, you know!"
「お金は木から生えてくるわけではないんだよ」に対する返事である。
動揺を誘うために意図的に当たり前のことを言ったウィルソンの発言に，「もちろん，そうではない（お金は木にならない＝簡単に得られるものではない）」と答えた場面。
省略を補うとこうなる。
No, of course *money doesn't grow on trees.*
よって，正解は**コ**。

問 6　英文和訳　難易度★★☆

④ We both know that no drinking water comes out of this part of the river
文構造：S = We，V = know，O = that 節～
語　句：out of ～「～から」
その川のこの部分からは飲料水は出てこないことを私たちは二人とも知っている。
⑤ He picked up a sheet of paper, and held it across the table for John to see.
文構造：S = He，V = picked up，O = a sheet of paper
文　法：for John は to see の意味上の主語。
彼は1枚の紙を取り上げ，ジョンが見えるようにテーブルの反対側で掲げた。
⑥ Think how much that means to a small town like this!
文構造：V = Think，O = how much 以下～
語　句：mean「意味を持つ」
that　：we employed three hundred more people「さらに300人を雇用した」
300名を雇用することがこのような小さな町にとってどれだけ大きな意味を持つのか考えてみてくれ。

ちゅうもく

how 節の訳し方
① how ＋ S V「S はどのように V するか」
この場合の how は「どのように（方法）」の意味を持つ。
I want to know ***how*** you solved this math problem.
君が**どのように**この数学の問題を解いたのか知りたい。
② how ＋形容詞 or 副詞～＋ S V「S がどんなに～か」
この場合の how は「どのくらい（程度）」の意味を持つ。
You don't understand ***how important*** your friends are to you.
君は友達が君にとって**どんなに大切か**理解していない。

問 7　適語補充・文脈把握　難易度★☆☆

第2段落に二人の職業に関する説明がある。ここでは，ウィルソンがジョンのことを，「良い科学者ではあるがビジネスのことは知らない」と言いたい場面である。
よって，
［ A ］scientist，［ B ］businessman
You are a very good **scientist**, and we are lucky to have you in this company. But you are not a **businessman** and I am.
君は非常に優れた**科学者**であり，私たちは君をこの会社に採用できて幸運だ。でも，君は**ビジネスマン**ではなく，私はそうだ（ビジネスマンだ）。

問 8　語句補充・文脈把握　難易度★★☆

これはウィルソンが，「そのまま水を川に流しても危険ではない」という自分の意見を通そうと同じ理由を繰り返しているセリフである。ウィルソンのこの主張は第14段落の下線部④から始まっている。つまり，川のこの部分から飲み水になることはないから危険ではないという主張である。
空欄 **C** は接続詞 because の後なので，SV のそろう文が入る。
No one will get ill, because［ **C** ］.

And no one will ever be hurt, because
[C].
それに合致するのは,
nobody is ever going to drink that water
誰もあの水を飲むことはない

問 9　省略部解釈　難易度★★☆

⑦They will if I tell them.
彼らは〜するだろう,もしも私が彼らに〜を伝えたら
このジョンの発言は,直前のウィルソンの The newspapers will never know about it を受けたものである。
つまり,「彼ら」とは新聞社のことである。また,will 以下に省略される動詞は know である。さらに,know about it の it はウィルソンが公にしたくない「水質汚染」のことである。よって,正解は**ス**。

問 10　語句補充・文脈把握　難易度★★☆

You will [D], and will never get another job.
君は**D**するだろう,そして二度と就職できないだろう
後半の「二度と就職できない」という表現から汚染を公表したら「仕事を失う」ことになるという脅しだと判断できる。「仕事を失う」の表現は第18段落の people will lose their jobs「人々は仕事を失うだろう」を参考にする。よって,正解は lose your job となる。

問 11　内容説明　難易度★★☆

⑧John stood still for a long moment. Then he shook hands.
ジョンはしばらく立ち尽くしていた。それから握手した。
握手したことからウィルソンの提案を受け入れたことは明らか。その内容と理由を指示された語句を用い説明する。
要素①(これがなければ,点数はない)
・ウィルソンの意見に従い,汚染について目をつむることにした
・汚染水の浄化処理をしない状況について秘密にしておくことを認めた
・汚染を秘密にする
要素②
・報酬に魅力を感じた
・報酬に欲が出た
要素③
・会社にとどまりたいと思った
・会社をやめたくなかった

問 12　要約文完成　難易度★★★

Wilson is interested only in [E], and he doesn't worry about [F].
ウィルソンは [E]にしか興味がなく,[F]について心配しない。
文脈から E には「お金」,F には「他人」などが入ると予測できる。それぞれ,2語以上,4語以上という指示がついている。
[E] making money, becoming rich など。
[F] health of other people, how to protect environment など。

問 13　内容真偽　難易度★★☆

タ There were woods and fields and a river near Wilson's office.
ウィルソンの会社の近くには森や野原,川があった。(○)
第4段落第2文参照。

チ John's report was so long that Wilson stopped reading before the end of it.
ジョンのレポートはとても長かったのでウィルソンは最終部分の前に読むのを止めた。(×)
第7段落の最終文に "the ideas at the end of the report"「レポートの最後の意見」とある。また,第14段落第1,2文にも「注意深く読んだ」というセリフがある。

ツ John thought the cleaning machines were necessary because he wanted to help the baby rats.
ジョンは赤ちゃんラットを助けたかったので浄化装置が必要だと思った。(×)
ラットは実験に使ったものであり,

ジョンが不安視しているのは，人間への影響である。

テ Wilson was getting old, so his eyes sometimes looked cold and gray.
ウィルソンは年をとっていて，それでときどき目が冷たく灰色に見えた。(×)
第22段落のこの表現は，ジョンが「新聞社に公表する」という趣旨の発言をしたことに対するウィルソンの反応を示したものである。冷静さや怒りと強い意志を表している。

ト Wilson says if John stays in the company, next year he will get more money than now.
ウィルソンはもしもジョンが会社に残るなら，翌年には今よりも多くのお金を得るだろうと言っている。(○)
第25段落第1文を参照。

徹底分析

① John Duncan's report was very long. //
ジョン・ダンカンのレポートはとても長かった //
(After he finished it), / he went
(それを終えた後) / 彼は行った
to talk with David Wilson /
デイビッド・ウィルソンと話しに /
about the results. //
その結果について //

知識
result 名 結果

② Mr. Wilson wasn't a scientist. // He was
ウィルソンさんは科学者ではなかった // 彼は～だった
a businessman. // He knew /
実業家 // 彼は～を知っていた /
how to do business, / how to make
事業のやり方を / お金の稼ぎ方を
money. //
//

知識
businessman 名 実業家

③ "Thanks for coming, John." //
「ジョン，来てくれてありがとう」 //
David Wilson came out / from behind
デイビッド・ウィルソンは出て来た / 彼の机の後ろから
his desk / and shook hands /
/ そして握手した /
with John. // They sat /
ジョンと // 彼らは座った /
in two big, comfortable armchairs /
2つの大きく快適なアームチェアに /
by the window. //
窓のそばの //

知識
from behind 前 ～の後ろから
shake hands 熟 握手する
comfortable 形 快適な
armchair 名 アームチェア，ひじ掛けイス

④ David Wilson's office was large, / and
デイビッド・ウィルソンの会社は 広かった /
there was /a thick carpet / on the floor /
そして～があった / 分厚いカーペットが / 床に /
and beautiful pictures / on the walls. //
そして美しい絵が / 壁に //
From the window, / John could see /
その窓から / ジョンには見えた /
the river, and the woods and fields /
川が そして，森と野原が /
on the other side. // He felt /
その反対側に // 彼は感じた /
comfortable, happy, and safe. //
心地よさと幸福感と安全を //

知識
thick 形 厚い
carpet 名 カーペット
woods 名 森

⑤ "I have read your report," /
「君のレポートを読んだよ」 /
Wilson began. // Then / he stopped, /
ウィルソンが（話し）始めた // それから / 彼は止まった /
and lit a cigarette. //
そして火をつけた タバコに //
"Not very good, is it?" //
「あまりよくないね そうでしょう」 //

知識
lit 他 light「に火をつける」の過去形・過去分詞形
cigarette 名 タバコ

⑥ "What?" John looked at him /
「何ですか」 ジョンは彼を見た /
in surprise. //
驚いて //

知識
in surprise 熟 驚いて

⑦ Wilson smiled, / and moved his hand /
ウィルソンは微笑んだ / 手を動かした /
through / the clouds of smoke. //
～を通して / もうもうとした煙を //
"No, no, don't worry — I don't mean
「いやいや心配するな 意味ではない

[the report is bad], / of course not. //
［そのレポートが悪いという］/ もちろん，そうではない //
You have worked very hard, /
君は　とてもよくがんばった　/
and done your job well. // [What
すばらしい仕事をした　//　［私が
I mean] is, / I don't like the ideas /
言いたいのは］/　その意見が気に入らないのだ　/
〈at the end of the report〉." //
〈レポートの最後にある〉」　//

知識
a cloud of 熟 もうもうたる～

8 "What is wrong with them?" //
「それら（意見）の何が悪いのですか」　//

9 "They are too expensive." // The two men looked at each other / for a while, /
「それらは高すぎる」　//その二人の男は見た　お互いを　/　しばらく　/
and John felt / cold and sick / in his stomach. // Wilson smiled, /
そしてジョンは感じた /　寒気と嫌な気持ちを　/　胃の中に　//　ウィルソンは微笑んだ　/
but it wasn't the kind of / smile / 〈John liked〉. //
しかしそれは種類のものではなかった　/ 微笑みの /　〈ジョンが好む〉　//

10 "Look, John," / he said. //
「いいか，ジョン」/　彼は言った　//
"Your report says /
「君のレポートは言っている /
[that we should build some new machines / to clean up /the waste products / before they go into the river], / right? // And those machines will cost / eight million dollars! //
［私たちはいくつか新しい機械を作るべきだと　/ きれいにするために /　廃棄物を　/　それらが川に入る前に］　/ 正しいか　//　そしてそれらの機械は　（費用が）かかるだろう /　800万ドル　//
Where can we find / all that? //
私たちはどこで見つけることができる / そのすべてを //
Money doesn't grow on trees, / you know!" //
お金は木に生えないぞ　/　知ってるか」　//

知識
waste product 名 廃棄物

11 "No, of course not." // John's mouth was dry. // He took a drink of water, /
「いいえ，もちろんそうではありません」// ジョンの口は乾いた　//　彼は一口水を飲んだ　/
and felt / his hand shaking. //
そして感じた /　手が震えているのを　//
"But we are selling / a lot of new paint. //
「しかし私たちは売っている/　大量の新しいペンキを　//
We are making millions of dollars / every month / from that, / aren't we?" //
私たちは何百万ドルも稼いでいる　/　毎月　/　そこから　/ そうでしょう」 //

知識
a drink of water 熟 一飲みの水
paint 名 ペンキ
millions of 熟 何百万もの

12 "We are doing very well, yes," / said Wilson. //
「私たちはとてもよくやっている　ええ」　/　ウィルソンは言った //
"But (if we spend eight million dollars / to build these new machines), /
「しかし，（もしも私たちが800万ドルを費やしたら　/　作るために　これらの新しい機械を）　/
the paint will have to cost more, /
ペンキはもっと高くしなければならないだろう　/
and we will not sell so much." //
私たちはそんなに売らないだろう」　//

13 "But ... we have to do it," / said John. //
「しかし，それをしなければならないのです」/ ジョンは言った //
"These waste products are much more dangerous / than I thought. //
「これらの廃棄物ははるかに危険だ　/　私が思ったよりも　//
Didn't you read that / in my report? //
それを読まなかったのですか　/　私のレポートで　//
(When I put the chemicals / in rats' drinking water), /
（私がその化学物質を入れたとき　/　ラットの飲み水の中に）　/
some of the baby rats were born / without eyes and ears. //
赤ちゃんラットの何匹かは生まれた　/　目や耳なしで　//
And some were born / without legs /
そして何匹かは生まれた　/　脚なしで　/
(when they drank only a little water). //
（それらが飲んだ時　ほんの少しの水を）　//
We can't put those chemicals / in the river." //
あれらの化学物質を入れることはできません　/　川の中に」　//

知識
chemical 名 化学物質
rat 名 実験用のラット（ネズミ）

14 "Of course / I read that, John. //
「もちろん　/ 私はそれを読んだよ，ジョン //
I read your report very carefully. //
私は君のレポートを読んだ　とても注意深く　//
We both know / [that no drinking water comes / out of this part of the
私たちは二人とも知っている /［飲み水はないということを　/　川のこの部分から来る］

river], / don't we? // And in two
/ そうだね // そして2キロメートルで
kilometers / the river goes into the sea /
/ その川は海に入る /
and nobody is ever going to drink that
誰もあの水を飲むことはないだろう
water. // So why is it dangerous? //
// それでなぜ 危険なのだ //
We don't need to build /
私たちは作る必要はない /
these new machines!"//
これらの新しい機械を」 //

⑮ John thought of his children, /
ジョンは彼の子供たちのことを思い浮かべた /
〈sailing on the river / in their boat〉. //
〈川で船遊びをしている / 彼らのボートで〉 //
He thought of people / 〈fishing〉, and
彼は人々を思い浮かべた / 〈魚釣りをしている〉
little children / 〈playing on the beach /
そして小さな子供たちを / 〈ビーチで遊んでいる /
and swimming〉. //
そして泳いでいる〉 //
"We have to build them!" / he said. //
「私たちはそれらを作らなければなりません」/ 彼は言った //

知識
think of 熟 を想像する，思い出す，思い浮かべる，思いやる

⑯ David Wilson looked at / him carefully. //
デイビッド・ウィルソンは見た / 彼を注意深く //
(When he spoke), / his voice was very
(彼が話したとき) / 彼の声はとても
quiet and hard. // "Listen to me, John. //
静かで硬かった // 「聞きなさい ジョン //
You are a very good scientist, /
君はとてもよい科学者だ /
and we are lucky / to have you /
私たちは幸運だ / 君がいてくれて /
in this company. // But you are not a
この会社に // しかし君は～ではない
businessman / and I am. // Look at
実業家 / そして私はそうだ // これを見てくれ」
this." // He picked up a sheet of paper, /
// 彼は取った 1枚の紙を /
and held it across the table /
そしてそれをテーブルの向こう側へ掲げた /
for John to see. // It showed /
ジョンのために / 見えるように // それは示していた /
[how much money / the company had]. //
[どのくらいのお金を / その会社が持っているか] //
"We borrowed / twenty million dollars /
「私たちは借りた / 2,000万ドルを /
last year, / and we employed /
去年 / そして私たちは雇った /
three hundred more people. //
さらに300人を //
Think / [how much that means /
考えなさい / [どれだけ大きいかを それが意味する /
to a small town like this]!"//
このような小さな町にとって]」 //

知識
borrow 他 を借りる
employ 他 を雇用する
mean 他 の意味を持つ，を意味する

これも
不定詞の意味上の主語
He opened the door ***for me*** to enter the room.
彼は**私が**その部屋に入れるようにそのドアを開けた。

⑰ "I know," / said John. // "But ...." //
「知っています」/ ジョンは言った // 「しかし」 //

⑱ "Just a minute. // Listen to me. //
「ちょっと待て // 聞きなさい //
(If we build / these cleaning machines
(もしも私たちが建てたら / これらの浄化装置を
〈of yours〉), / people will lose / their
〈君の〉) / 人々は失うだろう / 仕事を
jobs / — a lot of people! //
/ 多くの人々が //
This company can't afford to borrow /
この会社には 余裕がない 借りる /
any more money, / John. // We can't do
もはやお金を / ジョン // それはできない」
it!" //
//

知識
afford to 熟 ～する余裕がある

⑲ John stood up. // "And what happens /
ジョンは立ち上がった // 「それで何が起こりますか /
(if people get ill / because of this)? //
(もしも人々が 病気になったら / これが理由で) //
Have you thought of that? //
考えたことがありますか / それを //
What will the newspapers say / then?"//
何と新聞は言うでしょうか / そのとき」//

⑳ "No one will get ill, /
「誰も病気にならない /
(because nobody is ever going to drink /
(なぜなら誰も決して飲まないから /
that water). // The newspapers will
あの水を) // 新聞社は決して知ることはないだろう
never know / about it." //
/ それについて」 //

㉑ "They will / (if I tell them)." //
「彼らは知るでしょう / (私が彼らに言ったら)」//

㉒ There was / a long silence. // Then /
あった / 長い沈黙が // それから /

David Wilson stood up. //
デイビッド・ウィルソンは立ち上がった //

He walked past John Duncan, /
彼はジョン・ダンカンの横を通り過ぎた /

without looking at him, / and sat down /
彼を見ずに / そして座った /

behind his desk. // (When he looked
彼の机の後ろに // (彼が見上げたとき)

up), / his eyes were cold and gray, /
/ 彼の目は冷たく灰色だった /

like stones / from the beach. //
石のように / 浜辺からの //

㉓ "(If you do that), / John, / I will say /
「(もし君がそうしたら) / ジョン / 私は言うだろう /

[you're a liar]. // You will lose your job, /
[君がうそつきだと] // 君は仕事を失うだろう /

and will never get / another job. //
そして二度と得られないだろう / 別の仕事を //

You will have to sell your house, /
君は売らなければならないだろう 家を /

and go back / to living / in a dirty little
そして戻らなければならない / 生活へ / 汚い小さなアパートの

apartment. // You will never have a
// 君は二度と持たないだろう

house / or any money again. //
家を / あるいはお金も二度と //

You will only be / an old man /
君は単なる〜に過ぎない / 年寄り /

without friends or money. //
友達もお金もない //

Do you want that?"//
君はそれが欲しいのか」 //

㉔ John didn't answer. // He stood /
ジョンは答えなかった // 彼は立っていた/

for a long time, / and looked at /
長い間 / そして見た /

David Wilson, / and didn't say a word. //
デイビッド・ウィルソンを/ そして一言も言わなかった //

After nearly two minutes, /
2分近くたって /

Wilson smiled — a thin, quiet smile. //
ウィルソンは微笑んだ 薄い静かな微笑みで //

知識
thin 形 薄い，やせた，淡い

㉕ "But (if you stay with us), /
「しかし (もし君が私たちといるなら) /

you will be paid / twice as much next
君は支払われるだろう / 2倍 来年は

year. // And no one will ever be hurt, /
// そして誰も決して傷つかない /

(because nobody is ever going to drink /
(なぜなら誰も決して飲むことはないから /

that water)." //
あの水を)」 //

㉖ He got up /from his desk, / came round
彼は立ち上がった / 机から / 前へ出てきた

to the front, / and held out his hand. //
/ そして差し出した 手を //

John stood still / for a long moment. //
ジョンはじっと立っていた / 長い間 //

Then / he shook hands. //
それから / 彼は手を握った //

㉗ John Duncan turned, / and walked /
ジョン・ダンカンは振り返った / そして歩いた /

slowly / towards the door. //
ゆっくりと / ドアの方へ //

知識
hold out 熟 を差し出す
still 形 じっとした，静かな
towards 前 〜の方へ

全文和訳

❶ ジョン・ダンカンのレポートは非常に長かった。それを終えた後，彼は結果についてデイビッド・ウィルソンと話しに行った。

❷ ウィルソン氏は科学者ではなく，ビジネスマンであった。彼はビジネスをする方法やお金を稼ぐ方法を知っていた。

❸「来てくれてありがとう，ジョン」とデイビッド・ウィルソンは机の後ろから出てきて，ジョンと握手した。彼らは窓辺の2つの大きな快適なアームチェアに座った。

❹ デイビッド・ウィルソンのオフィスは広く，床には厚いカーペットが敷かれ，壁には美しい絵が掛けられていた。窓からは川や向こう側の森や野原が見え，ジョンは快適で幸せで安心感を得た。

❺「君のレポートを読んだよ」とウィルソンは始めた。
それから，彼は止まって，タバコに火をつけた。
「あまり良くないね」

❻「何ですって」とジョンは驚いた表情で彼を見た。

❼ ウィルソンは微笑んで，煙のかたまりを手で払った。
「いやいや，心配するな — レポート自体が悪いという意味ではない。もちろ

ん，そうではない。君は一生懸命働いて，仕事をうまくやりとげた。私が言いたいのは，レポートの最後にある意見が好ましくないということだ」

8「それの何が問題なのですか」

9「それらはあまりにも高価だ」二人はしばらく互いを見つめた。ジョンは寒気を感じ，胃の具合が悪くなった。ウィルソンは微笑んだが，それはジョンが好む種類の笑顔ではなかった。

10「いいかい，ジョン」と彼は言った。「君のレポートによると，廃棄物が川に入る前にきれいにするために，いくつかの新しい機械を作るべきだということだね。そして，それらの機械には800万ドルの費用がかかると。それをすべてどこで見つけることができるんだ。お金は木から生えてくるわけではないんだよ。そうだろ」

11「いいえ，もちろんそうではありません」ジョンは口が乾いた。彼は水を一口飲み，手が震えているのを感じた。「でも，私たちはたくさんの新しい塗料を売っています。毎月そこから何百万ドルも稼いでいます。そうではないでしょうか」

12「そうだね。私たちはとても順調にやっているね」とウィルソンは言った。「しかし，これらの新しい機械を作るために800万ドルを使った場合，塗料の価格が上がることになり，それほど多くは売れなくなるだろう」

13「でも…。それをやらなければいけないんです」とジョンは言った。「これらの廃棄物は私が思っていたよりはるかに危険です。それを私のレポートで読んでいないのですか。私が化学物質をラットの飲み水に入れたとき，一部の赤ちゃんラットは目や耳を持たずに生まれました。そして，わずかな水しか飲まなかった場合でも，脚がないラットが生まれました。私たちはこれらの化学物質を川に入れることはできません」

14「もちろん，私はそれを読んだよ，ジョン。君のレポートはとても注意深く読んだ。でも，④**その川のこの部分からは飲料水は出て来ないことを私たちは2人とも知っている**よね。2キロ先で川は海に流れ込み，誰もその水を飲まない。だからなぜそれが危険なんだ。私たちはこれらの新しい機械を作る必要はないんだよ」

15 ジョンは，子供たちがボートで川を船遊びしている姿を思い浮かべた。そして，釣りをする人々や，浜辺で遊んだり泳いだりする小さな子供たちの姿を思い浮かべた。「私たちはそれらを作らなければいけません」と彼は言った。

16 デイビッド・ウィルソンは彼を注意深く見た。彼が話したとき，彼の声は非常に静かで厳しかった。「聞いてくれ，ジョン。君は非常に優れた科学者であり，私たちは君をこの会社に採用できて幸運だ。でも，君はビジネスマンではなく，私はそうだ。これを見てごらん」⑤**彼は1枚の紙を取り上げ，ジョンが見えるようにテーブルの反対側で掲げた**。それは会社がいくらお金を持っているかを示していた。「私たちは去年2,000万ドルを借り，さらに300人を雇った。⑥**それがこのような小さな町にとってどれだけ大きな意味を持つのか考えてみてくれ**」

17「わかっています」とジョンは言った。「でも…」

18「ちょっと待ってくれ。私の言うことを聞いてくれ。もしこの君の浄化機を作ったら，人々は仕事を失う — 多くの人々が。ジョン，この会社はもう借金をする余裕がない。それはできない」

19 ジョンは立ち上がった。「もし人々がこのために病気になったらどうなるのですか。それを考えたことはありますか。

そしたら新聞はそれについてどう言うでしょうか」と彼は言った。

⑳「誰もその水を飲むことはないから誰も病気にはならない。新聞はそれについて決して知ることはないだろう」

㉑「私が伝えれば，知ることになるでしょう」とジョンは言った。

㉒ 長い沈黙が続いた。その後，デイビッド・ウィルソンが立ち上がった。彼は，ジョン・ダンカンを見ずに彼の横を通り過ぎ，机の後ろに座った。彼が顔を上げたとき，目は海岸の石のように冷たく，灰色だった。

㉓「もしそうするなら，ジョン，お前がうそつきだと私は言うだろう。君は仕事を失い，二度と別の仕事を得ることはできなくなるだろう。君は家を売らなければならず，また汚い小さなアパートに住まなければならなくなる。君は二度と家やお金を持てなくなる。友達もお金もない老人になるだけだ。それが望みか」

㉔ ジョンは答えなかった。長い間立ったまま，デイビッド・ウィルソンを見つめ，一言も言わなかった。2分近くたって，ウィルソンが微笑んだ ― かすかで，静かな微笑みだった。

㉕「でも，もし私たちと一緒にいてくれれば，来年は給料が2倍になるよ。そして，誰も傷つかない。だって，誰もあの水を飲むことなんてないんだから」

㉖ 彼は机から立ち上がり，前に出て手を差し出した。⑧**ジョンはしばらく立ち尽くしていたが，それから握手をした**。

㉗ ジョン・ダンカンは振り返り，ゆっくりとドアに向かって歩いた。

5 〈慶應義塾高等学校〉

➡本冊 P.139

解答

A. 1. (b)　2. (b)　3. (a)
4. (d)　5. (c)　6. (a)
7. (d)　8. (b)　9. (a)
10. (c)

B. ア there was nothing that she did not know
イ I picked up the receiver and held it to my ear
ウ I used to look forward to answering your calls

C. (i) 本当に何をしているかを考えずに私は故郷のオペレーターに電話した。
(ii) Information Please に名前があるのは変な感じがした。
(iii) そうすると残念ながらあなたに言わなければなりません。

解説

A. 内容一致・英問英答　難易度★★☆

1. 105 は～のための番号である。
(a) その電話交換手
(b) ポールの家（○）
(c) その修理工
(d) ポールのお父さんの会社

第1段落第1文～4文にかけ，ポールが幼いころ近所でも早い段階で電話が入ったという説明をしている部分である。よって，解答は **(b)**。

2. オペレーターからはどんなサービスを受けられるか。
(a) 彼らは天気に関する情報をくれる。
(b) 彼らは正しい時間を提供する。（○）
(c) 彼らはニュースサービスを提供する。
(d) 彼らは図書館のサービスを提供する。

第2段落最終文で，"when our clock ran down, Information Please immediately told the correct time" とあり，正解は **(b)**。

3. その受話器の中の妖精は～だ。
(a)「インフォメーション・プリーズ」（○）
(b) 近所の人
(c) 応急処置サービス
(d) 置時計

第2段落より受話器の中の妖精とは，幼いころの筆者が電話機の中に物知りの人がいると勘違いしたもので，母親の "Information, please"「情報をお願いします」という呼びかけをこの妖精の名前だと思い込んでいたということがわかる。よって，正解は **(a)**。

4. ポールがオペレーターに聞か**なかった**質問はどれですか。
(a) オリノコ川はどこか。
(b) なぜ彼のカナリアは死ななければならなかったのか。
(c) 痛い指をどうしたらいいのか。
(d) リスはどこに住みたがるのか。（○）

第5段落第2文に，フィラデルフィアとともにオリノコ川の位置について教えてくれたという記述がある。第6段落全体でカナリアの死に関する思い出が書かれている。また，第4段落でハンマーで痛めた指を氷で冷やしなさいと教えてもらった思い出も書かれている。一方，リスについてはナッツやフルーツを食べるという話題は出ているが，住む場所に関する記述は見当たらない。よって，正解は **(d)**。

5. その男性は何をしに来たのか。
(a) ポールのお母さんに会うため。
(b) 新しい電話を売り，設置するため。
(c) 電話を修理するため。（○）
(d) 電話を使うため。

第8段落第2文で，自分が修理工であること，第3文でオペレーターからトラブルがあるかもしれないと言われて来たことを伝えている。また，第8段落後半で電話を修理している。よって，正解は **(c)**。

6. ポールはなぜ数年間オペレーターに電話をしなかったのか。
(a) 彼の家族が別の町へ引っ越したから。（○）
(b) 彼が大学に行ったから。

(c) 彼には話しかける人が他にいたから。
(d) 電話がまだ壊れていたから。

第9段落第2文に，ポールが9歳のころ太平洋岸北西部からボストンに引っ越したと書いてある。よって，正解は**(a)**。

7. ポールはなぜオペレーターを懐かしんだのか。
(a) 彼が彼女の声を忘れたから。
(b) 彼にはもはや質問がなかったから。
(c) 彼女がいつも彼におかしな話をしてくれたから。
(d) 彼女がいつも彼が助けを必要とするときに彼を導いてくれたから。(○)

第10段落の子供のころ Information Please に電話すれば正しい答えをもらえるとわかっていると心強く感じたことを思い出したものだという記述から筆者の Information Please に対する信頼の気持ちがうかがえる。よって，正解は**(d)**。

8. ポールはなぜ2度目に "fix" の綴り方を尋ねたのか。
(a) 綴り方を知りたかったから。
(b) 彼女が "Information Please" かどうか確かめたかったから。(○)
(c) それが彼らが会話を開始する合言葉だったから。
(d) それが彼がそのオペレーターによくした質問だったから。

第13, 14段落の筆者と Information Please とのやりとりで，筆者の質問に対し，「あなたの指はもう大丈夫でしょうね」と受け，その後で，筆者は「まさかまだあなたなのですね」とオペレーターが昔のままだと確信している。過去の思い出を通してお互いに覚えていることを確認し合ったわけである。よって，正解は**(b)**。

9. サリーとどこで接触できるか。
(a) シアトルで。(○)
(b) オレゴンで。
(c) オリノコで。
(d) ボストンで。

大学生になった筆者は2度サリーに電話をしているが，その両方ともシアトル空港からであることが，第11段落と第16段落で確認できる。よって，正解は**(a)**。

10. サリーの最後のメッセージは何を意味するか。
(a) 彼女は死後に鳥になるだろう。
(b) 彼女は別の言語で歌うだろう。
(c) 彼女は人の心の中で生き続けるだろう。(○)
(d) 彼女は鳥とともに歌いたい。

この最後のメッセージはポールの飼っていたカナリアが死んだときになぐさめの言葉としてポールに話したことである。
"there are other worlds to sing in"
「歌う場所が他にある」
つまり，死が終わりではないと伝えたかったと推測できる。よって，正解は**(c)**。

B. 整序英作文　難易度★★★

(ア) 選択肢から there 構文と判断する。また，動詞が2つあるため that が nothing を修飾する関係代名詞だと推測する。さらに，know が原形であることから did not know というつながりにも気づこう。

there was nothing that she did not know
彼女が知らないことはなかった

(イ) pick up「ひろいあげる」
hold A to ～「A を～にあてる」
it は受話器を指す代名詞。

I picked up the receiver and held it to my ear
私は受話器を取り，それを耳にあてた

(ウ) used to「よく～したものだ」
look forward to ～ ing「～することを楽しみにする」

I used to look forward to answering your calls
私はあなたの電話に出るのを楽しみにしていたものよ

C. 和文英訳　難易度★★★

(i) really without thinking what I was doing, I dialed my hometown operator
without ～ ing「～せずに」
what I was doing「自分が何をしているか」は，thinking の目的語にあたる。

(ii) It sounded strange for Information Please to have a name.
sound ～「～に聞こえる」
for Information Please は，不定詞 "to have a name"「名前を持つこと」の意味上の主語。

(iii) Then I'm sorry to have to tell you.
I'm sorry to は文脈により言葉のニュアンスが変化する。
① ～して気の毒だ
② ～してすまなく思う
③ ～することを残念に思う
この場合は，サリーの死を知らせなければならないことを残念に思う気持ちを表している。

徹底分析

❶ (When I was quite young), /
(私がかなり幼かったころ) /
my family had /
私の家族は持った /
one of the first telephones /
最初の電話の1つを /
in the neighborhood. // I remember /
近所の中で // 私は覚えている /
the beautiful oak case /
美しいかしの木のケースを /
hanging on the wall / by the stairs. //
かかっている 壁に / 階段のそばの //
The shiny receiver hung /
輝く受話器がかかっていた /
on the side of the box. //
その箱の側面に //
I even remember / the number: 105. //
私は覚えてさえいる / 番号105を //
I was too little to reach / the telephone, /
私は小さすぎて届かなかった / その電話に /
but I used to listen / with fascination /
しかしよく聞いていた / ときめきとともに /
(when my mother talked / to it). //
(母が話しているとき / それに) //
Once / she lifted me up /
一度 / 母が私を持ち上げた /
to speak to my father, / who was away /
父と話すように / 出かけていた /
on business. // Magic! //
仕事で // 魔法 //

知識
quite 副 かなり，完全に
neighborhood 名 近所
oak 名 かしの木
stairs 名 階段
receiver 名 受話器
fascination 名 魅了されること

❷ Then / I discovered / [that somewhere /
そして / 私は発見した / [～ということを どこかに /
inside that wonderful device / lived
～の中の そのすばらしい装置 / 住んでいた
an amazing person] ——
素晴らしい人物が]
her name was "Information Please,"
彼女の名は「インフォメーション・プリーズ」だった
and there was nothing /
そして何もなかった /
〈that she did not know〉. //
〈彼女が知らないことは〉 //
My mother could ask / her /
母は尋ねることができた / 彼女に /
for anybody's number;
誰の電話番号でも 加えて
(when our clock ran down) /
(私たちの時計が壊れたとき) /
Information Please immediately told /
インフォメーション・プリーズはすぐに教えてくれた /
the correct time. //
正しい時間を //

知識
device 名 装置，機器，ディバイス
amazing 形 驚くべき
ask A for B 熟 AにBを求める
immediately 副 即座に，瞬時に
correct 形 正しい

❸ My first personal experience /
私の最初の個人的な経験は /
〈with this genie-in-the-receiver〉 came /
〈この妖精との 受話器の中の / 来た〉 /
one day / (while my mother was visiting /
ある日 / (母が訪ねている間に /
a neighbor). // Playing by myself /
隣人を) // 一人で遊んでいて /
at the tool bench / in the basement, /
作業台で / 地下室の /
I whacked / my finger / with a
私は強く打った / 指を / ハンマーで
hammer. // The pain was terrible, /
// その痛みはひどかった /
but there didn't seem to be /
しかし思えなかった あるように /
much use crying, / (because there was /
あまり泣く意味が / (なぜならいなかったから /
no one home / to offer sympathy). //
誰も家に / 同情をくれる) //
I walked / around the house /
私は歩き回った / 家中を /

sucking my finger, / finally arriving /
指をくわえて / そして最後に到着した /

at the stairs. // The telephone! //
階段のところに // 電話だ //

Quickly / I brought / the stool /
急いで / 私は持ってきた / スツールを /

from the kitchen. // Climbing up, /
キッチンから // 登って /

I picked up / the receiver / and held it /
私は取り上げた / 受話器を / そしてそれをあてた /

to my ear. // "Information Please," /
耳に // 「インフォメーション・プリーズ」 /

I said into the mouthpiece /
私は送話口に話しかけた /

just above my head. //
頭の真上にある //

知識

personal 形 個人的な
neighbor 名 隣人
tool bench 名 作業台
basement 名 地下室
whack 他 を強く打つ
use 名 効用，役に立つこと
sympathy 名 同情
suck 他 を吸う
mouthpiece 名 送話口

がっちり

use ＋～ ing「～する価値，～する意味」主に否定文で

It's no use arguing with my father. He never listens to me.
父と議論しても無駄だ。私の言うことを決して聞かない。

4 A click or two, /
1，2度カチッとなり /

and a small, clear voice spoke /
そして小さなはっきりとした声が話しかけてきた /

into my ear. // "Information." //
私の耳に // 「情報です」 //

"I hurt my fingerrrr ――"
「指が痛いいいい」

I said into the phone. //
私は電話に言った //

The tears came running down, /
涙が流れ出た /

(now that / I had someone / to speak
(今や～なので / 誰かいる / 話しかける)

to). //
//

"Isn't your mother home?" /
「お母さんは家にいないの」 /

came the question. //
質問が来た //

"Nobody's home / but me,"/ I cried. //
「誰も家にいない / 僕以外」 / 私は大声で言った //

"Are you bleeding?"//
「血が出てる」 //

"No," I replied. // "I hit it /
「いいえ」 私は答えた // 「僕はそれを打った /

with the hammer, / and it hurts." //
ハンマーで / それで痛い」 //

"Can you open / your icebox?" /
「開けられる / アイスボックスを」 /

she asked. // I said / I could. // "Then /
彼女は聞いた // 私は言った / できると // 「そしたら /

chip off / a little piece of ice, /
砕いて / アイスを小さく /

and hold it / on your finger. //
そしてそれをあてて / あなたの指に //

That will stop / the hurt. // Be careful /
それが止めるよ / 痛みを // 気をつけて /

(when you use / the ice pick)," /
(使うとき / アイスピックを)」 /

she said. //
彼女は言った //

"And don't cry. // You'll be all right." //
「泣かないで // もう大丈夫だよ」 //

知識

click 名 カチッという音
now that 接 今や～なので
but 前 ～の他に
bleed 自 出血する
reply 他 を答える
chip off 熟 削る，砕く

がっちり

前置詞 but

nothing や everything などとともに用い，「～の他に，～以外」という意味を持つ。
We could do nothing but wait.
我々には待つ以外何もできなかった。
Everyone but Tom agreed with my opinion.
トム以外のみんなが私の意見に賛成した。

5 After that, /
その後 /

I called Information Please /
私はインフォメーション・プリーズに電話した /

for everything. // I asked / her for help /
すべてのために // 私は求めた / 彼女に助けを /

with my geography, / and she told me /
地理の / そして彼女は私に教えた /

[where Philadelphia was, / and
[フィラデルフィアがどこかを / そして

the Orinoco], the beautiful river 〈that
オリノコ川が（どこかを）] その美しい川

I was going to visit (when I grew
〈私が訪れることになっていた (私が大人になったら)

up)〉. //
//

She helped / me with my math, / and
彼女は手伝った / 私の数学を /

she told / me / [that my pet squirrel
彼女は教えた / 私に / [ペットのリスが

— I had caught / him / in the park /
私は捕まえた / 彼を / 公園で /
just the day before — would eat
ちょうど前日に 食べるだろう
fruit and nuts]. //
フルーツとナッツを] //

知識
geography 名 地理
Philadelphia 名 米国ペンシルベニア州の都市
the Orinoco 名 南米北部を流れる川
squirrel 名 リス

6 And there was the time /
そして～した時があった /
〈that my pet canary passed away〉. //
〈私のペットのカナリアが 死んだ〉 //
I called Information Please / and told /
私はインフォメーション・プリーズに電話した / そして伝えた /
her / the sad story. // She listened, /
彼女に / その悲しい話を // 彼女は聞いた /
then said / the usual things /
そして言った / 普通のことを /
〈that grown-ups say /
〈大人が言う /
to cheer up a child〉. //
子供を元気づけるために〉 //
But I was not happier: / Why was it /
しかし 私は楽にならなかった / なぜだろう /
that birds should sing / so beautifully /
鳥は歌うべきなのか / あんなに美しく /
and bring joy / to whole families /
そして喜びをもたらし / 家族全体に /
only to end / as a ball of feathers, /
しかし終わる / 羽のボールとして /
feet up, / on the bottom of a cage? //
脚を上にあげ / 鳥かごの底で //
Somehow / she read / my mind /
なぜか / 彼女は読んだ / 私の心を /
and said quietly, /
そして静かに言った /
"Paul, always remember /
「ポール，ずっと覚えていて /
[that there are / other worlds /
[あるのよ / 別の世界が /
to sing in]." //
歌うための]」 //
Somehow / I felt better. //
なぜか / 私は気分がよくなった //

知識
canary 名 カナリア
pass away 熟 死ぬ，去る，過ぎ去る
as 前 ～として
feather 名 羽
read one's mind 熟 心を読む

7 Another day / I was at the telephone. //
別の日 / 私は電話をしていた //
"Information,"
「情報です」
said the now familiar voice. //
いまやなじみのある声が言った //
"How do you spell fix?" I asked. //
「fix はどうつづるの」 私は尋ねた //
"Fix something? / F-i-x." //
「何かを直すの / エフ・アイ・エックス」 //
At that moment, / my sister, /
その瞬間 / 私の姉が /
〈who tried to scare me〉, / jumped /
〈私を脅かそうとして〉 / ジャンプした /
off the stairs / at me / with a big yell /
階段から / 私へ / 大声とともに /
— "Yaaaaaaa!" I fell / off the stool, /
「やあー」 私は落ちた / スツールから /
pulling the receiver / out of the box. //
受話器を引っ張りながら / その箱から //
We were both shocked — /
私たちは二人ともショックだった /
Information Please was no longer there, /
インフォメーション・プリーズはもはやそこにいなかった /
and I was not at all sure / [that
そして私は 全然確信できなかった /
I hadn't hurt her / (when I pulled /
[彼女を傷つけていないことを / (引きぬいたとき /
the receiver out)]. //
受話器を)] //

知識
familiar 形 なじみのある
spell 他 を綴(つづ)る
scare 他 をびっくりさせる
stool 名 スツール，(ひじ掛けや背のない) 腰掛
no longer 熟 もはや～ない

8 Minutes later, / there was a man /
数分後 / 男が来た /
on the porch. //
玄関先に //
"I'm a telephone repairman," / he said. //
「私は電話修理工です」 / 彼は言った //
"I was working / down the street, /
「私は働いていた / 通りの近くで /
and the operator said /
そしたらオペレーターが言った /
[there might be some trouble /
[何か問題があるかもしれない /
at this number]." // He reached /
ここの番号に]」 // 彼は手を伸ばした /
for the receiver / in my hand. //
受話器に / 私の手の中の //
"What happened?" //
「何が起こったの」 //
I told him. //
私は彼に伝えた //
"Well, we can fix that /
「まあ それは直せるよ /
in a minute or two." // He opened /
1，2分で」 // 彼は 開けた /
the telephone box, / spent some time /
電話ボックスを / 少し時間を費やした /
working / with the wires. // He moved /
仕事するのに / ワイヤーで // 彼は動かした /

the hook / up and down / a few times, /
フックを / 上下に / 2，3 度 /

then spoke into the phone. //
それから電話へ話しかけた //

“Hi, this is Pete. //
「こんにちはこちらはピートです //

Everything's under control / at 105. //
すべて順調です / 105 は //

The kid's sister scared him, / and
その子の姉妹が彼を驚かせ /

he pulled the cord / out of the box.” //
彼がコードを抜いた / ボックスから」 //

He hung up, / smiled, / gave / me a pat /
彼は電話を切り / 微笑み / 与えた / 私になでることを /

on the head, /
頭に /

and walked out the door. //
そして歩いてドアから出た //

知識

porch 名 玄関先
repairman 名 修理工
operator 名 電話交換手，オペレーター
wire 名 ワイヤー，電話線
hook 名 フック，受話器掛け
under control 熟 制御下にある，順調で
pat 名 軽くたたくこと，なでること

ちゅうもく

電話交換手
かつては電話の発信元と受信者の電話を自動でつなぐ技術はなく，手動で接続する作業を行っていた。その仕事をしていたのが電話交換手，またはオペレーターである。

⑨ All this took place / in a small town /
これはすべて起こった / 小さな町で /

in the Pacific Northwest. //
太平洋岸北西部の //

Then, / (when I was nine years old), /
それから / (私が 9 歳のときに) /

we moved / across the country / to
私たちは引っ越した / 国を渡り / ボストンへ

Boston /── and I missed / my friend /
/ そして私は寂しく思った / 友達の不在を /

deeply. // Information Please belonged /
深く // インフォメーション・プリーズは 属していた /

in that old wooden box / back home,
あの古い木のボックスに / 故郷の

and I somehow never thought of
それで私はなぜか決して試そうと思わなかった /

trying / the tall, skinny new phone /
その背の高い細く新しい 電話を /

〈that sat / on a small table / in the
〈座っている / 小さなテーブルに / 廊下の〉

hall〉. //
//

知識

take place 熟 起こる，開催される
the Pacific Northwest 名 太平洋岸北西部
skinny 形 やせた
hall 名 廊下

⑩ Yes, / (as I grew into my teens), / the
そう / (私は 10 代に成長したとき) / その記憶は

memories of those childhood
あれらの子供のころの

conversations / never really left / me; /
会話の / 決して本当に離れなかった / 私を /

often / in moments of doubt and
しばしば / 困難や苦境のときに

difficulty, / I would remember / feeling
/ 私は思い出したものだ /

stronger / (when I knew [that I could
心強く感じたことを / (知っていたとき [自分が電話できる /

call / Information Please / and get /
インフォメーション・プリーズに / そして得られることを /

the right answer]). // I was thankful /
正しい答えを]) // 私は感謝している /

for / [how very patient,
～に / [どんなにとても忍耐強く

understanding, / and kind / she was /
理解があり / そして優しかったことか / 彼女は /

to have wasted / her time / on a little
無駄に費やして / 自分の時間を / 小さな少年に]

boy]. //
//

知識

teen 名 少年時代，少女時代（13 歳から 19 歳までの数字に teen がつく年代のこと）
conversation 名 会話
doubt 名 疑い，困難なこと
difficulty 名 困難，苦境，障害
thankful 形 感謝している
patient 形 忍耐強い
understanding 形 寛容な，思いやりのある
waste 他 を無駄にする

⑪ A few years later, / on my way west /
数年後 / 西へ向かっている途中 /

to college, / my plane put down / at
大学へ / 私の飛行機が 着陸した / シアトルに

Seattle. // I had about half an hour /
// 私は約 30 分持っていた /

between plane connections, / and I
飛行機の接続の間に / そして私は

spent 15 minutes or so / on the phone /
15 分かそこらを費やした / 電話に /

with my sister, / who lived there now, /
姉との / 今そこに住んでいる /

happy / in her marriage / and
幸せ / 結婚生活で / そして

motherhood. // Then, / really without
母親の生活で // それから / 本当に考えずに

thinking / [what I was doing], / I
/ [何を自分がしているかを] / 私は
dialed / my hometown operator / and
ダイヤルした / 私の故郷のオペレーターに / そして
said, / "Information Please." //
言った / 「情報をください」 //

知識
put down 熟 着陸する
Seattle 名 シアトル，米国ワシントン州の都市
plane connections 名 飛行機の乗り換え
marriage 名 結婚，結婚生活
motherhood 名 母であること
dial 他 に電話をかける

⑫ To my surprise, / I heard / again the
私が驚いたことに / 私は聞いた / 再びあの小さな /
small, / clear voice / ⟨I knew so well⟩:
クリアな声を / ⟨私がとてもよく知っている⟩
"Information." // I hadn't planned this, /
「情報です」 // 私はこれを計画していなかった /
but I heard / myself saying, / "Could
しかし私は聞いた / 自分が言っているのを / 「教えてくれますか /
you tell / me, / please, / how to spell /
私に / どうか / どのように綴るか /
the word fix?" //
fix という単語を」 //

知識
to one's surprise 熟 驚いたことに

⑬ There was a long pause. // Then / came /
長い沈黙があった // それから / 来た /
the softly spoken answer. // "I guess," /
優しく話される返答が // 「私は予想する」 /
said Information Please, / " [that your
とインフォメーション・プリーズは言った / 「[あなたの
finger must be O.K. / by now]." //
指は大丈夫にちがいない / もう]」 //

知識
pause 名 休止，中断，ちゅうちょ

⑭ I laughed. // "So it's really still you," / I
私は笑った // 「すると本当にまだあなたなのですね」 /
said. //
私は言った //
"I wonder / [if you have any idea /
「〜だろうかと思う / [あなたが知っているかどうか / [どんなに
[how much you meant / to me / during
あなたが重要な意味を持っていたか / 私にとって / ずっと]]」
all that time...]]" //
//
"I wonder," / she replied, / " [if you
「〜だろうかと思う」 / 彼女は答えた / 「[あなたが知っている
know / [how much you meant / to
かどうか / [どんなにあなたは重要な意味を持っていたか / 私に
me]]? // I never had any children, /
とって]] // 私には子供がいなかった /
and I used to look forward to
それで私は 応答するのを楽しみにしていたの

answering / your calls. // Funny,
/ あなたの電話に // おかしいでしょ」
wasn't it?" //
//

知識
mean 他 の意味を持つ

これも
mean
What is the meaning of this word?
この単語の意味は何ですか
What do you mean by that?
それはどういう意味ですか
I didn't mean to hurt your feelings.
私はあなたの気持ちを傷つけるつもりはなかった
You mean a lot to me.
あなたは私にとって重要な意味を持っている
Don't be so mean to your brother.
弟にそんな意地悪をしないで

⑮ It didn't seem funny, / but I didn't say
おかしいとは思わなかった / しかし私はそう言わなかった
so. // Instead / I told / her / [how often / I
// その代わり / 私は言った / 彼女に / [どんなによく / 私が
had thought of her / over the years], /
彼女のことを考えたかを / この数年の間] /
and I asked / [if I could call / her again /
そして私は尋ねた / [電話していいかと / 彼女に再び /
(when I came back / to visit my sister) /
(私が戻ったとき / 姉を訪問するために) /
(after the first semester was over)]. //
(1学期が終わった後)] //
"Please do. // Just ask for Sally." //
「してください // ただサリーと頼んで」 //
"Goodbye, / Sally." // It sounded strange /
「さようなら / サリー」 // 奇妙に聞こえた /
for Information Please to have a name. //
インフォメーション・プリーズが名を持つことが //
"(If I run into any squirrels), /
「(もしも私が〜出くわしたら リスに) /
I'll tell / them / to eat fruit and nuts." //
私は伝えるよ / 彼らに / フルーツとナッツを食べるようにと」 //
"Do that," / she said. // "And I expect /
「そうして」 / と彼女は言った // 「そして私は予想する /
one of these days, / you'll be going to
近いうちに / あなたがオリノコ川に行くことを
the Orinoco. // Well, / goodbye." //
// では / さようなら」 //

知識
instead 副 そうではなく，その代わりに
semester 名 学期
run into 熟 に出くわす
one of these days 熟 近いうちに，そのうちに

⑯ Just three months later, / I was back
ちょうど3カ月後 / 私は再び戻った /

again / at the Seattle airport. //
シアトル空港に //

A different voice answered, /
異なる声が応答した /

"Information," / and I asked for Sally. //
「情報です」 / そして私はサリーを求めた //

"Are you a friend?" //
「あなたは友達ですか」 //

"Yes," I said. // "An old friend." //
「はい」と私は答えた // 「古い友達です」 //

"Then / I'm sorry / to have to tell you. //
「それでは / 私は残念です / あなたに伝えなければならないことが //

Sally had been working / only part-
サリーはずっと働いていました / パートタイムで /

time / in the last few years / (because
この数年 / (具合が悪かったから)

she was ill). // She died five weeks
// 彼女は5週間前に亡くなった」

ago." // But (before I could hang up), /
// しかし (私が電話を切る前に) /

she said, / "Wait a minute. // Did you
彼女は言った / 「ちょっと待って // あなたは

say [your name was Paul]?" //
[名前がポールだって] 言いましたか」 //

"Yes." //
「はい」 //

"Well, Sally left a message / for you. //
「えっと, サリーがメッセージを残した / あなたに //

She wrote it down." //
彼女が書き留めた」 //

"What was it?" / I asked, / almost
「何だったのですか」 / 私は尋ねた / ほぼ

knowing / in advance / [what it would
知りながら / すでに / [それが何であるだろうか]

be]. //
//

"Here it is; / I'll read it —— 'Tell him /
「ここにあります / 私がそれを読みます — 『彼に伝えて /

[I still say [there are / other worlds /
[私はまだ言う [ある / 他に世界が /

to sing in]]. // He'll know / [what I
歌うための]] // 彼はわかるでしょう / [私の言いたいことが]』」

mean].'" //
//

知識

hang up 熟 電話を切る

in advance 熟 事前に, すでに

17 I thanked her / and hung up. // I did
私は彼女にお礼を言い / そして電話を切った // 私には

know / [what Sally meant]. //
ちゃんとわかった / [サリーの言いたいことが] //

全文和訳

1 私がまだとても幼かったころ, 私たちの家族は近所でも最初の電話の1つを持った。階段の壁に掛けられた美しいオークのケースを覚えている。光沢のある受話器が箱の横に掛かっていた。私は電話番号「105」を覚えてさえいる。私はまだ小さすぎて電話に届かなかったが, 母が電話で話すのをときめきながら聞いていた。一度, 母が私を持ち上げて, 出張中の父親と話をさせてくれた。魔法のようだった。

2 その後, 私はその素晴らしい装置の中のどこかに, 驚くべき人物がいることを発見した—彼女の名前はInformation Please(情報をください)といい, 彼女には知らないことは何もなかった。私の母親は彼女に誰かの電話番号を尋ねることができ, 私たちの時計が止まったときは, Information Pleaseがすぐに正しい時刻を教えてくれた。

3 受話器の中にいるこの妖精と私の初めての経験は, ある日母が隣人を訪ねている間に起こった。私は地下の工具台で一人遊びをしていて, ハンマーで指を強打してしまった。痛みはひどかったけれど, 泣くのもあまり意味がないように思えた。なぜなら, 同情を示す人が家に誰もいなかったから。指をしゃぶりながら家中を歩き回り, 最終的に階段にたどり着いた。電話だ。私は急いでキッチンから椅子を持ってきた。登って, 受話器を手にとり, それを耳にあてた。「Information Please(情報をください)」と, 私は頭上の送話口に向かって言った。

4 1, 2回カチッとなって, 小さくクリアな声が耳に入って来た。「情報です」
「指が痛いいい」私は電話口に向かって言った。涙が流れてきた。話す相手ができたので。
「お母さんはお家にいないの」と質問が来た。
「誰も家にいないの。ぼくだけ」と私は叫んだ。
「血は出てるの」
「ううん」と私は答えた。「ハンマーでぶつけたの。痛いよ」

「氷室を開けられる？」と彼女は尋ねた。私はできると言った。「そしたら，氷を小さく砕いて，指にあてなさい。それで痛みが止まるわ。アイスピックを使うときに気をつけてね」と彼女は言った。「そして泣かないで，もう大丈夫よ」

⑤ その後，私はどんなことでも Information Please に電話をかけるようになった。私は地理の勉強の手伝いを求めた。すると彼女はフィラデルフィアの場所や，オリノコ川，つまり私が大きくなったら訪ねる予定の美しい川を教えてくれた。彼女は数学の勉強も手伝ってくれ，そしてペットのリス ― 私が前日に公園で捕まえた ― が果物やナッツを食べることを教えてくれた。

⑥ そして，私のペットのカナリアが亡くなったときがあった。私は Information Please に電話をかけ，その悲しい話をした。彼女は聞いてくれ，子供を元気づけるために大人が言うようなことを言った。でも元気になれなかった。鳥たちはなぜ美しく歌い，家族全員を喜ばせてくれるのに，最後は鳥かごの底に羽の塊となって，ひっくり返ってしまうのか。
どういうわけか，彼女は私の気持ちを読んで，静かに言った。「ポール，他にも歌う世界があることをずっと覚えておいてね」
なぜか私は少し気分が良くなった。

⑦ 別の日，私は電話をしていた。「情報です」と，今や私にとってなじみ深い声が言った。
「フィックスってどう綴るの」と私は尋ねた。
「何かを直すという意味の？ F-i-x よ」
その瞬間，私を驚かせようと姉が大きな声を出して階段から私に向かって飛び降りてきた。「ヤーーー」と。私はスツールから落ち，受話器を箱から引き抜いてしまった。私たちは二人ともショックを受けた ― Information Please はもうおらず，私が受話器を引き抜いたときに彼女を傷つけなかったかどうか私は全くわからなくなってしまった。

⑧ 数分後，玄関先に男が現れた。「私は電話修理工です」と彼は言った。「近くで作業していて，オペレーターがこの番号にトラブルがあるかもしれないと言っていたんです」彼は私が手に持っていた受話器に手を伸ばした。「何があったの」
私は彼に話した。
「まあ，1，2分でそれを修理できるよ」と彼は言った。彼は電話ボックスを開け，ちょっとの間ワイヤーを扱った。フックを何度か上下に動かし，電話で話した。「こんにちは，ピートです。105ではすべて大丈夫です。子供の姉が彼を怖がらせ，彼はボックスからコードを引き抜きました」
彼は電話を切り，笑顔で私の頭をなで，ドアから出て行った。

⑨ これらのすべては太平洋岸北西部の小さな町で起こった。そして，私が9歳のときに私たちは国を横断してボストンに引っ越した ― 私は私の友達をとても恋しく思った。Information Please は故郷の古い木製のボックスに属しており，私はなぜだか廊下の小さなテーブルに置かれた背の高い細い新しい電話を試すことを考えたことはなかった。

⑩ そう，私が成長して10代になっても，幼少期の会話の思い出は私から決して離れなかった。困ったときや困難な瞬間によく，Information Please に電話して正しい答えを得られると知っていたとき，私は心強く感じていたことを思い出したものだ。私は彼女がとても辛抱強く，理解があり，優しく幼い少年のために自分の時間を無駄にしたことに感謝した。

⑪ 数年後，大学に行くために西海岸へ向

かう途中，私はシアトルで飛行機を降りた。飛行機の接続に約30分あった。今そこに住んでいる姉と約15分間電話で話した。彼女は結婚して母親として幸せにしていた。その後，本当に自分が何をしているか考えずに，故郷のオペレーターに電話して言った。「情報をください」と。

⑫ 驚いたことに，私は再び，私がよく知っている小さくクリアな声を聞いた。「情報です」と。計画はしていなかったが，「fixという単語をどのようにつづるのか教えてもらえますか」と自分が言うのを聞いた。

⑬ 長い沈黙があった。そして，静かに話される答えが返ってきた。「あなたの指はもう大丈夫でしょうね」とInformation Pleaseは言った。

⑭ 私は笑った。「まさかまだあなたなのですね」と言った。「あなたがずっと私にとってどれだけ大切だったか知っているでしょうか」
「あなたは知っているでしょうか」と彼女は答えた。「あなたが私にとってどれだけ大切だったか。私には子供がいなかったので，あなたの電話を受けるのを楽しみにしていたのよ。おかしいでしょ」

⑮ おかしいとは思わなかったが，口には出さなかった。代わりに，私は彼女のことを何年間もずっと何度も思い出していたことを彼女に話し，最初の学期が終わってから姉を訪ねるときに再び電話をかけてもいいか尋ねた。
「ぜひお電話ください。サリーとだけおっしゃってください」
「さようなら，サリーさん」Information Pleaseに名前があるのは奇妙に聞こえた。「リスに出会ったら，果物とナッツを食べるように伝えます」
「ぜひそうして。そして近いうちに，あなたがオリノコ川に行くことを期待しています。では，さようなら」

⑯ ちょうど3カ月後，再びシアトル空港に戻った。別の声が応えた。「情報です」と。それで私はサリーをお願いした。
「あなたは友達ですか」と聞かれた。
「はい，古い友達です」と私は答えた。
「それでは残念ながら言わなければなりません。サリーはここ数年間はパートタイムのみで働いていました。病気だったためです。5週間前に亡くなりました」しかし，私が電話を切る前に，「ちょっと待って。あなたの名前はポールと言いましたか」と彼女は言った。
「はい」
「それなら，サリーからあなたへのメッセージがありました。彼女が書き留めていました」
「何ですか」と尋ねた。ほぼ何が書かれているか事前に知りつつ。
「ここにあります。読みますね —『他にも歌う世界があると私は今も言うわと彼に伝えてください。彼は何を意味するかわかるはずです』」

⑰ 私は彼女にお礼を言って電話を切った。私はサリーが何を意味したのか確かにわかった。

6 〈青山学院高等部〉

➡本冊 P.144

解答

1. A	2. C	3. B	4. D
5. A	6. D	7. B	8. D
9. C	10. B		

解説

1. 英問英答 難易度★☆☆

本文においてデボン・スティルについて何と言われているか。

A. 彼は普段は怖い選手だ。(○)
B. 彼はプロの演説家だ。
C. 彼はときにセレモニーで人々を怖がらせる。
D. 彼はいつも人々が歓声をあげる選手だ。

第1段落第2文より。彼が怖い（一流の）選手だとわかる。

2. 英問英答 難易度★☆☆

本文においてステージ4のガンについて何と言われているか。

A. その病気にかかったほとんどの子供たちが死ぬ。
B. それは悪いが，ステージ5ほどは悪くない。
C. その病気にかかった約半分の子供たちが回復するかもしれない。(○)
D. それは合衆国で子供の最悪の病気の1つだ。

第2段落第2文より。

In the United States, close to 80% of children with some type of cancer will get better, but children with Stage 4 of the sickness have only a 50% chance of living and getting better.
「合衆国ではある種のガンにかかった子供の80%近くが回復するが，その病気のステージ4の子が回復する見込みはたった50%だ」

3. 英問英答 難易度★☆☆

デボンはリアが病気にかかったことをどう考えたか。

A. それは彼の仕事ほど大切ではなかった。
B. それは他の人を助けるチャンスだった。(○)
C. それは彼女を助けるチャンスだった。
D. それは仕事をやめる良い時期ではなかった。

第4段落第3文より。

Devon and Leah started trying to use the experience as a chance to teach others about cancer.「デボンとリアはガンについて他の人に知ってもらうチャンスとしてその経験を使おうとし始めた」

4. 英問英答 難易度★☆☆

本文によると，合衆国の多くの親たちがどんな問題を抱えているか。

A. 彼らは子供たちが病気になることを止めることができない。
B. 彼らはチャリティーに十分なお金を与えることができない。
C. 彼らは子供たちに人生の多くのことを示すことができない。
D. 彼らは子供たちの病院の治療費を支払うことができない。(○)

第7段落第1文より。

Devon realized that many other parents do not have the money to pay for hospital care when their children need it
「デボンは他の多くの親たちが彼らの子供たちが必要なときに病院の治療の費用を払うお金を持っていないことに気がついた」

5. 英問英答 難易度★☆☆

ニュースでリアはたいていどのように示されたか。

A. 彼女はたいてい楽しそうに見える。(○)
B. 彼女は病気なのでたいてい悲しそうである。
C. 彼女は決して良くならない。
D. 彼女には病院にたくさんの新しい友達

がいる。
第4段落の最終文より。
Together, he and Leah, and pictures of her smiling face in the news are encouraging people who have the same illness that she has.
「彼とリア，そしてニュースでの彼女の笑顔の写真がともに，リアと同じ病気を持つ人々を励ましている」

6. 適語選択・文脈把握 難易度★☆☆

（ 1 ）を補うのに最も良い単語を選べ。
A. 取る
B. 費やす
C. 作る
D. 与える（○）
SNSを通して寄付を募っている表現なのでgive「与える」が適切。

7. 文脈把握 難易度★★☆

どれが出来事の順序として正しいか。
A. リアが病気になった → リアが回復し始めた → デボンがフットボールをプレーするのを止める決心をした → リアの父がスピーチをした
B. リアが病気になった → デボンがフットボールをプレーするのを止める決心をした → リアが回復し始めた → リアの父がスピーチをした（○）
C. リアの父がスピーチをした → リアが病気になった → リアが回復し始めた → デボンがフットボールをプレーするのを止める決心をした
D. リアが病気になった → デボンがフットボールをプレーするのを止める決心をした → リアの父がスピーチをした → リアが回復し始めた
第2段落第3文よりリアの病気が発覚してからフットボールを止めることを決めたことがわかる。また，第4段落第1，2文よりスピーチとリアの回復の時系列がわかる。

8. 適文選択 難易度★★☆

文を完成させるために（ 2 ）に入る最も良い語句を選べ。
A. デボンとリアはもうこれ以上お金をあげるつもりはない。
B. 人々はシンシナティ・ベンガルズにお金を与え続けるだろう。
C. 人々はデボンとリアに彼女の病気について尋ね続けるだろう。
D. デボンとリアは前向きに考え続けるだろう。（○）
本文全体を通して，デボンとリアが困難に対しポジティブに立ち向かっていることがうかがえる。

9. 内容真偽 難易度★★☆

次のうちどれが当てはまらないか。
A. 多くの親たちが病気の子供たちのために料理をする時間を取ることができない。
B. シンシナティ・ベンガルズはリアの手術の一部を支払った。
C. デボンはリアの手術のお金を集めるためにソーシャルメディアを使った。（○）
D. ガンを患ったほとんどの子供たちが別の病気にかかる。
A. 第7段落最終文より。
Devon also knew that many parents are too busy to cook, so he and Leah wanted to send meals to their homes.
「デボンはまた，多くの親たちが忙しすぎて料理できないということを知っていたので，彼とリアは彼らの家庭に食事を届けたいと思った」
B. 第6段落最終文より。
He did not have that much money, but his team paid part of the cost with money from selling his team jersey.
「彼はそんな大金を持っていなかったが，彼のチームがチームのジャージを売ることで得たお金でその費用の一部を払ってくれた」
C. デボンがインスタグラムでお金を集め

たのは他の家族を手助けするためである。第8段落より。

D. 第6段落第3文に，ガンを患った子供の95% が他の病気にかかるとある。

10. タイトル選択　難易度★★☆

この文の最も良いタイトルを選べ。

A. アメリカ合衆国の医療費
B. あきらめない家族（○）
C. フットボール場で命を救う
D. 親は子供たちのためにもっとお金が必要だ

本文全体を通し，デボンとリアという親子の病気や社会が抱える問題との闘いとあきらめない前向きな気持ちが描かれている。

徹底分析

❶ Devon Still is 196 centimeters tall, /
デボン・スティルは身長196センチだ /
and weighs almost 150 kilograms. //
そしてほぼ150キロの重さがある //

He is a professional American football
彼はプロのアメリカンフットボールの選手だ
player, / and people have sometimes
/ そして人々はときどき彼を呼ぶ
called him / one of the scariest players /
/ 最も怖い選手の一人と /
in the National Football League
ナショナル・フットボール・リーグ（NFL）で
(NFL). //
//

In July, 2015, however, / Devon gave a
2015年7月に，しかしながら / デボンはスピーチをした
speech / at a sports ceremony / in the
/ スポーツセレモニーで / アメリカ合衆国で
United States, / and on that evening, /
/ その晩 /
nobody was afraid of him. //
誰一人彼を怖がらなかった //

ちゅうもく

however の位置

「しかしながら」という言葉は日本語では通常，文頭に位置するが，英語では好んで文中に組み込まれる。長文読解の際に，無理やり英語に合わせようとせず，文頭にあると考えるとよい。

They haven't reached their goal. They will, however, reach it soon.

彼らはまだゴールに到達していない。彼らは，しかしながら，まもなく到達するだろう。

→彼らはまだゴールに到達していない。**しかしながら**，彼らはまもなく到達するだろう。

In fact, / people were clapping /
実際 / 人々は拍手した /
and cheering for him. //
そして彼を元気づけた //

知識

weigh 他 の重さがある

scary 形 怖い

❷ In June of 2014, / doctors found / [that
2014年の6月に / 医者たちは見つけた /
Devon's daughter, Leah, had Stage 4
[デボンの娘であるリアがガンのステージ4であることを]
cancer]. //
//

In the United States, / close to 80% of
アメリカ合衆国では / ～の80%近くの子供が
children / 〈with some type of cancer〉 /
/ 〈あるタイプのガンを持つ〉 /
will get better, / but children 〈with
回復するだろう / しかし～の子供たち
Stage 4 of the sickness〉 / have only a
〈ステージ4のその病気を持つ〉/ 50%の可能性しか持っていない
50% chance of / living and getting
/ 生きる，そして回復する
better. //
//

(When the doctors discovered Leah's
（その医者たちがリアの病気を発見したとき）
sickness), / Devon stopped playing
/ デボンはフットボールをプレーするのをすぐにやめ
football at once, / and said: //
/ そして言った //

"My daughter is fighting for her life. //
「私の娘は命のために戦っている //
That's more important than playing
それはフットボールをプレーすることよりも大切だ」
football." //
//

❸ Leah had to begin staying / in the
リアは滞在し始めなければならなかった / 病院に
hospital, / and her father stayed with
/ そして彼女のお父さんはそこに彼女と一緒に滞在した
her there / for the next three weeks. //
/ 次の3週間の間 //

Leah started to lose her hair / because
リアは髪の毛を失い始めた / 薬のため

of the medicine / 〈the doctors gave
/ 〈医者たちが彼女に与えた〉

her〉, / so Devon also cut all of his hair, /
/ だからデボンも彼のすべての髪を切った /

and said / he would not grow it again /
そして言った / 二度と髪の毛を伸ばさないだろう /

(until all her cancer was gone). //
(彼女のガンがすべてなくなるまで) //

Devon told his daughter / again and
デボンは彼の娘に～と言った / 何度も何度も

again /
/

[that everything would get better], /
[すべてがうまく行くだろう] /

and [that there would be /
そして [～があるだろうと /

happier days / in the future]. //
もっと幸せな日々が / 将来] //

ちゅうもく

2 つの that に注意

Devon told his daughter again and again
① that everything would get better
and
② that there would be happier days in the future.

デボンが娘のリアに言った内容が 2 つの that で表現されている点に注意する。

❹ Leah's first operation / could not make
リアの最初の手術は / 彼女をよくすることができなかった

her better, / so two months before the
/ だから 2015 年のセレモニーの 2 カ月前

ceremony in 2015, /
/

she had another operation. //
彼女はもう一度手術をした //

In fact, / she had six days of operations, /
実際 / 彼女は 6 日間の手術をした /

and started getting better / right after
そしてよくなり始めた / それらの直後に

them. //
//

Devon and Leah started trying to use /
デボンとリアは使おうとし始めた /

the experience as a chance /
その経験を機会として /

to teach others about cancer. //
ガンについて他の人に教える //

They started the Still Strong charity, /
彼らはスティルストロング（まだ強い）チャリティーを始めた /

and organized events /and started to
そしてイベントを企画した /そしてお金を集め始めた

collect money /
/

on social media / for children sick from
ソーシャルメディアで / ガンで具合が悪い子供たちのために

cancer. //
//

Together, he and Leah, / and pictures
彼とリアは一緒に / そして彼女の笑顔の写真は

of her smiling face / 〈in the news〉 /
/ 〈ニュースの中の〉 /

are encouraging people /
人々を励ましている /

〈who have the same illness〉 /
〈同じ病気を持っている〉 /

〈that she has〉. //
〈彼女が持つ〉 //

知識

operation 名 手術
right after 熟 ～の直後
encourage 他 を勇気づける

❺ In his speech at the ceremony, / Devon
セレモニーでの彼のスピーチの中で / デボンは

thanked / the Cincinnati Bengals (his
感謝した / シンシナティ・ベンガルズに

team at that time) / and other people, /
(当時の彼の所属チーム) / そして他の人々に /

and then said:
そして言った

"We had two choices. //
「私たちには 2 つの選択肢があった //

We could give up, / or we could use
私たちはあきらめることができた / またはこのチャンスを使う

this chance / to try to make people
ことができた / ～させようとするために 人々にこの状況に

aware of the situation." //
気づかせる」 //

ちゅうもく

make A B「A に（を）B させる（にする）」

to make people aware of the situation
A B
人々にその状況に気づかせる

Many people started to cry, / and then
多くの人が泣き始めた /そしてそれから

Devon said: /
デボンは言った /

"Leah, / I know / you wanted to be
「リア /私は知っている / あなたがここに来たかったことを

here, / but I know / you're watching /
/ でも私は知っている / あなたが見ていることを /

from the hospital. // I just want to
病院から // 私はただあなたに感謝したい

thank you, / because you helped me
/ なぜならあなたが私を助けてくれたから

become the man / I am today. //
人間になることを / 今日の私のような //

In the five years / since you were born, /
5 年間の中で / あなたが生まれてから /

you've taught me more about life /
あなたは人生についてより多くを私に教えてきた /

than I could ever teach you." //
私があなたに教えることができたよりも」 //

(After he said this), / tears were on
(彼がこれを言った後) / 涙が顔にあった

faces / all around the hall. //
/ そのホール中のみんなの //

❻ In the United States, / the average hospital cost / for a child with cancer / is $40,000 (about ¥4,800,000). //
アメリカ合衆国では / 平均的な病院の費用は / ガンを持っている子供のための / 4万ドル（約480万円）だ //

This cost is / about five times higher / than for other sicknesses, / (because both the medicine and operations / for cancer / are very expensive). //
この費用は～だ / 約5倍の高さだ / 他の病気の / （なぜなら薬と手術の両方が～だからだ / ガンのための / とても高価） //

Also, / 95% of children / 〈with some type of cancer〉 / will get another type of illness, and this means / [that there will be / even more medical costs]. //
また / 95%の子供が / 〈何らかの種類のガンを持つ〉 / 別のタイプの病気にかかるものだ / そしてこれは～を意味する / [～があるだろうということ / さらに多くの医療費が] //

これも

willの「習慣・習性」の用法

95% of children with some type of cancer **will** get another type of illness

このwillは「習慣・習性」を表し，「ガンを患う子供の95%が他の病気にもかかってしまうものだ」という意味を表す。

In fact, / the doctors told Devon / [that Leah's operations would cost / more than $1 million]. //
実際 / その医者たちはデボンに伝えた / [リアの手術は / かかるだろう / 100万ドル以上] //

He did not have that much money, / but his team paid part of the cost / with money / from selling his team jersey. //
彼はそんなに多くのお金を持っていなかった / しかし彼のチームがその費用の一部を払った / お金で / 彼のチームのジャージを売ることから（得た） //

知識

jersey 名 ジャージ，ユニフォームの上着

❼ Devon realized / [that many other parents do not have the money / to pay for hospital care / (when their children need it)], / so he and Leah decided / to start collecting money / for families with sick children. //
デボンは気がついた / [他の多くの親たちが～ということに / そのお金を持っていない / 病院の治療費に支払うための / （彼らの子供がそれを必要とするときに）] / だから彼とリアは / 決心した / お金を集め始めることを / 病気の子供を持つ家族のために //

"One of the things / 〈that broke my heart〉 / was [that / many parents had to / leave their child and go to work / so they could pay for the hospital]," / he said. //
「～なものごとの1つは / 〈私が心を痛めた〉 / ～ということだった / [多くの親が～しなければならなかった / 自分たちの子供から離れ，働きに行かなければ / 彼らが病院の支払いができるように]」 / 彼は言った //

Devon also knew / [that many parents are too busy to cook], / so he and Leah wanted to send meals / to their homes. //
デボンはまた～を知っていた / [多くの親が忙しすぎて料理ができないと] / だから彼とリアは / 食事を送りたかった / 彼らの家庭へ //

❽ Devon believed / [that using SNS was a good way / to help others], / and in August of 2015, / he used Instagram / to ask each of his 556,000 followers / to give $1 / to help these families and cancer research. //
デボンは～と信じていた / [SNSを使うことは良い方法だと / 他人を助けるための] / そして2015年の8月に / 彼はインスタグラムを使った / 彼の55万6000人のフォロワーの一人ひとりに頼むために / 1ドルくれるよう / これらの家族とガンの研究を助けるために //

Their goal is to reach more than $500,000. //
彼らの目標は50万ドル以上に到達することだ //

They collected $10,000 / in the first 20 hours, / and by December, / they collected over $70,000 of this amount. //
彼らは1万ドルを集めた / 最初の20時間で / 12月までに / 彼らはこの金額のうち7万ドル以上を集めた //

知識

Instagram 名 インスタグラム，写真などを投稿するSNSの1つ

follower 名 フォロワー（SNSを継続的に見て応援してくれる人）

research 名 研究，調査

amount 名 量，（ここでは）金額

❾ There are always / many famous people / at the sports ceremony. //
いつも～がいる / 多くの有名人が / スポーツセレモニーには //

That evening in July, / there were / many famous actors and sports people / listening to Devon's speech. //
7月のあの晩は / いた / 多くの有名な俳優とスポーツ関係の人々が / デボンのスピーチを聞いている //

(When Devon finished speaking), /
（デボンが話し終えたとき） /

many of them stood up / and started
彼らの多くが立ち上がった / そして拍手し始めた
clapping, / and many told him / [they
/ そして多くが彼に～と言った /
looked forward to his football games /
[彼のフットボールの試合を楽しみにしていると /
the next season]. //
翌シーズンの] //
Sadly, / (when Devon was ready / to
悲しいことに / (デボンが～の準備ができたとき /
return to playing football), / there was
フットボールの試合に戻るための) / 彼のための場所はなかった
no place for him / with the Cincinnati
/ シンシナティ・ベンガルズには
Bengals. //
//
In December, 2015, / he was still
2015年12月 / 彼はまだ
looking for a new team, / and Leah
新チームを探していた / そしてリアも
was still healthy. //
まだ健康だった //
There is no way to know / how this
知る方法はない / この話がどのように終わるのか
story will end, / but Devon and Leah
/ しかしデボンとリアは
will continue to think / in a positive
考え続けるだろう / ポジティブに
way, / and they will keep trying their
/ そして彼らは最善を尽くし続けるだろう
best / to help others. //
/ 他人を助けるために //

これも

howの訳し方
① howの後ろにＳＶのとき「どのように～，～する方法」
I don't know how he could solve the problem.
「私は彼が**どのように**その問題を解いたのかわからない」
② howの後ろに形容詞や副詞が来たとき「どんなに～か」
You don't know how important you are to me.
「あなたはあなたが私にとって**どんなに**大切なのかわかっていない」

全文和訳

❶ デボン・スティルは身長196センチで，体重約150キロだ。彼はプロのアメリカンフットボールの選手で，ときに人々は彼をNFLで最も怖い（一流の）選手の一人と呼ぶ。しかしながら，2015年7月，デボンは合衆国のスポーツセレモニーで演説し，その晩，誰も彼を恐れなかった。実際，人々は彼のために拍手喝さいした。

❷ 2014年6月，デボンの娘のリアがガンのステージ4であることを医者が発見した。合衆国では何らかの種類のガンにかかった子供の80%近くが回復するが，その病気のステージ4の子が生存し回復する見込みはたった50%だ。医者がリアの病気を発見したとき，デボンはすぐにフットボールを止めて言った。「娘は命を懸けて戦っている。それはフットボールをプレーすることより大切だ」

❸ リアは入院し始めなければならなくて，父親はその後3週間そこで娘とともに過ごした。医者が与えた薬のためリアは髪の毛を失い始めたので，デボンも髪を全部切り，彼女のガンがなくなるまでもう髪は伸ばさないと言った。デボンは娘に何度も何度もすべてうまく行くということ，そして将来もっと幸せなことがあると言った。

❹ リアは最初の手術でよくならなかったので，2015年のセレモニーの2カ月前に彼女はもう一度手術を受けた。実際，彼女は6日間にもわたる手術を受け，その直後によくなり始めた。デボンとリアはガンについて他の人に知ってもらうためのチャンスとしてその経験を使おうとし始めた。彼らはスティルストロング（まだ強い）チャリティーを始め，イベントを企画しガンで苦しむ子供たちのためにソーシャルメディアを通してお金を集め始めた。彼とリア，そしてニュースでの彼女の笑顔の写真がともに，リアと同じ病気を持つ人々を励ましている。

❺ セレモニーでのスピーチでデボンはシンシナティ・ベンガルズ（当時の彼の所属チーム）と他の人々にお礼を述べ，「私たちには2つの選択肢があった。あきらめるか，人々にその状況を分かってもらう努力をするこのチャンスを使うかどうかだった」と言った。多くの

人が泣き始め，それからデボンは，「リア，君がここに来たかったことは分かっているけど，病院から見ていることも知っている。私はただ君にありがとうと言いたい。なぜなら君が私が今日の男になる手助けをしてくれたからだ。君が生まれてからの5年間，君は私が人生について君に教えることができた以上のことを私に教えてきた」と言った。これを言った後，ホール中の顔に涙が流れた。

6 合衆国では，ガンを患った子供の平均的な病院の費用は4万ドル（約480万円）だ。この費用は他の病気の約5倍の高さだ。なぜならガンの薬や手術は両方ともとても高額だからだ。また，何らかの種類のガンを持つ子供の95%が他の種の病気にかかってしまい，これはさらに多くの医療費がかかることを意味する。実際，医者たちはデボンにリアの手術は100万ドル以上かかるだろうと言った。彼はそんな大金を持っていなかったが，彼のチームがチームのジャージを売ることで得たお金でその費用の一部を払ってくれた。

7 デボンは他の多くの親たちが彼らの子供たちが必要なときに病院の治療の費用を払うお金を持っていないことに気がついた。だから，彼とリアは病気の子供を持った家庭のためにお金を集め始めることを決心した。「私の心を傷つけた事実の1つは，多くの親が病院の支払いのために子供から離れ働きに行かなければならなかったことだ」と，彼は言った。デボンはまた，多くの親たちが忙しすぎて料理できないということを知っていたので，彼とリアは彼らの家庭に食事を届けたいと思った。

8 デボンはSNSを使うことは他の人たちを助けるのに良い方法だと信じて，2015年8月に，彼はインスタグラムを使って55万6000人のフォロワー一人ひとりにこれらの家族を助けるため，そしてガンの研究のために1ドルずつ寄付するように頼んだ。彼らの目標は50万ドル以上に到達することだった。彼らは最初の20時間で1万ドルを集め，12月までにこの金額のうち7万ドル以上を集めた。

9 スポーツのセレモニーには必ず多くの有名人がいるものだ。7月のあの晩のイベントでは，デボンの話を聞く多くの有名な俳優やスポーツ関係の人々がいた。デボンが話し終えると，彼らの多くが立ち上がって手をたたき始め，そして次のシーズンの彼のフットボールの試合を楽しみにしていると言った。悲しいことにデボンがフットボールのプレーに復帰する準備ができたとき，シンシナティ・ベンガルズに彼の居場所はなかった。2015年12月，彼はまだ新しいチームを探していた。そしてリアはまだ健康だった。この話がどのような結末になるのかを知る方法はないが，デボンとリアは前向きに考え続け，他の人たちを助けるために最善を尽くし続けるだろう。

7 〈中央大学杉並高等学校〉

➡本冊 P.148

解答

A イ　B ウ　C ア　D エ
E ウ　F ウ，エ

解説

A. 英問英答 難易度★☆☆

「アルベルトはよくしゃべる人ではなく，良く考える人なのです」と医者が言ったとき，彼は何を意味したのか。

ア 見るものを覚えるのはアルベルトにとって難しい。

イ アルベルトは話さないが，彼は心の中でたくさん考えている。(○)

ウ 彼は脳に異常があるから話さない。

エ 彼は十分に考えないので，彼は上手に話せない。

その医者はこの発言の前に，"it was just Albert's character"「それはただアルベルトの性格だ」と述べており，異常があるとは考えていないことが分かる。thinker は「考える人，思想家」という意味を表す。よって，正解は**イ**。

B. 内容真偽 難易度★★☆

アルベルトの子供時代について当てはまるのはどれか。

ア アルベルトは自分の目で見なければ何も信じなかった。

イ アルベルトにとって情報を集めることは自分が説明できない何かを想像することよりも大切だった。

ウ アルベルトは必ずコンパスの針を北へ向ける不思議な力に興奮した。(○)

エ アルベルトは芝生で寝ているときにときどき悪い夢を見た。

第3段落，第8文 "He was so excited because its needle always pointed in the same direction: North."「針が常に同じ方向，北を指しているのでとても興奮しました」とある。よって，正解は**ウ**。

C. 内容真偽 難易度★☆☆

ギムナジウムにおけるアルベルトの日々についてあてはまら**ない**のはどれか。

ア 先生たちはほとんどのアルベルトの質問に答えようと最善を尽くしたので，彼は学校が好きだった。(○)

イ 先生たちにあまりにも多く質問をしていたので，アルベルトはしばしば罰を受けた。

ウ 学校で勉強したり歩いたりするときにさえ，アルベルトと他の生徒たちには厳しい規則があった。

エ 教師たちが彼の悪い態度に影響を受けると考えたため，アルベルトは学校をやめなければならなかった。

第4段落には，ギムナジウムでは質問は許されなかったことや質問をし過ぎたアルベルトが退学になったことが書かれている。よって，正解は**ア**。

D. 内容真偽 難易度★★☆

イタリアでのアルベルトについて当てはまるのはどれか。

ア アルベルトは彼のお気に入りの科学者であるガリレオ・ガリレイとニコラウス・コペルニクスの歴史について多くの本を書いた。

イ 父親の事業の手伝いをしなければならなかったので，読書や勉強のための時間を確保するのはアルベルトにとって難しかった。

ウ アルベルトは科学的なアイディアのため逮捕された人々がいると知って，自分の考えを公にしないことに決めた。

エ 有名な科学者であるガリレオ・ガリレイとニコラウス・コペルニクスについて学んだ後，アルベルトは自分の科学的なアイディアをあきらめるべきではないと気づいた。(○)

第5段落の後半に，"After Albert studied those scientists' ideas and thoughts, he learned that scientific truth would be accepted by people in the end."「アルベルトはそれらの科学者のアイディアと考え

を学んだ後，科学的な真実は最終的に人々に受け入れられると学んだ」とあり，またその後の文に，“He felt confident in himself and his scientific ideas.”「彼は自分自身と自分の科学的なアイディアに自信を持った」とある。コペルニクスやガリレオ・ガリレイの話から科学の持つ真実の力を実感し，自分のアイディアにも自信を持ち続けることができたわけである。よって，正解は**エ**。

E. 英問英答　難易度★★☆

スイスに行った後，アルベルトに何が起こりましたか。

ア やることがたくさんあったため，アルベルトは特許局にいた期間には考える時間が十分に取れなかった。

イ アルベルトは1933年にアメリカに行ったが，しばらくしてスイスに戻った。

ウ 彼の論文がとても素晴らしかったので，チューリッヒ大学はアルベルトに物理学教授としての職を与えることを決定した。(○)

エ アルベルトはヨーロッパに留まり，決してそこを離れなかった。なぜならそこで得た仕事が大好きだったからだ。

第6段落第5文 “Those papers were so amazing that he was asked to become a professor of physics at the University of Zurich in 1909.”「それらの論文は非常にすばらしかったので，彼は1909年にチューリッヒ大学の物理学の教授になるよう求められた」より，正解は**ウ**。

F. 内容真偽　難易度★★☆

ア アルベルトは後に恐ろしい武器の1つとして使われた彼の科学的発明のためノーベル賞を受賞した。

イ アルベルトが3歳のときに，彼の両親は彼が他のどの子供よりも賢いと思った。

ウ アルベルトは他の男の子と乱暴なゲームをすることが好きではなく，しばしば一人きりでいた。(○)

第2段落第8文，“Most of the boys of his age wanted to be a soldier and play violent games, but Albert did not.”「同年代のほとんどの男の子たちが兵士になり乱暴なゲームをしたがったが，アルベルトはそうではなかった」とある。ポイントは，Albert did not の後の省略部に気づけるかどうか。省略部を補うと，“Albert did not want to be a soldier and play violent games” となる。また，“He preferred to stay alone”「彼は一人でいることを好んだ」ともある。よって，**ウ**は本文の内容に合致する。

エ アルベルトは，想像には限界がないので，何かを想像することは情報を得ることより大切だと考えた。(○)

第2段落後半にアルベルトが後に次の言葉を残したとある。“Imagination is more important than knowledge. Knowledge is limited. Imagination can quickly go around the world.”「想像力こそが知識よりも重要だ。知識には限界があるが，想像力はすぐに世界中を巡ることができる」

よって，**エ**は本文の内容に合致する。

オ ほとんどのアルベルトのアイディアはそんなに難しくなかったので，誰でも簡単にそれらを理解することができた。

カ アルベルトはイタリアでニコラウス・コペルニクスやガリレオ・ガリレイについて勉強した後，電気とコンパスにとても興味を持つようになった。

キ アルベルトは人生の中で多くの科学的なアイディアを作り出し，それらはすべて人々が幸せに暮らすために使われた。

徹底分析

① Do you know / Albert Einstein? //
あなた方は知っていますか / アルベルト・アインシュタインを //
Maybe many 〈of you〉 / know / [that
たぶん多くが 〈あなた方の〉 / 知っている / [彼が〜だった
he was / one of the most famous
ということを / 最も有名な科学者の一人
scientists / 〈that the world has ever
/ 〈世界がこれまで持ってきた〉]
had〉]. // Actually, / in 1922, / he won /
// 事実 / 1922年 / 彼はとった /

a Nobel Prize / for his idea 〈about
ノーベル賞を / 彼のアイディアで
"the photoelectrical effect〉." // Later /
〈光電効果についての〉 // その後 /
this idea led / to the invention / 〈of the
このアイディアはつながった / 発明に / 〈テレビの〉
TV〉. // (Until he died / in 1955), he
// (彼が死ぬまで / 1955 年に)
published / many important ideas / in
彼は出版した / 多くの大切なアイディアを /
the field of science. // Those ideas have
科学の分野で // それらのアイディアは鼓舞した
inspired / not only other scientists /
/ 他の科学者だけでなく /
but also many young students / 〈who
多くの若い生徒たちも / 〈科学を学ぶ〉
learn science〉. //
//

知識

the photoelectrical effect 名 光電効果

inspire 他 を鼓舞する，感激させる

② Albert Einstein was born / on March
アルベルト・アインシュタインは生まれた / 3月14日に
14, 1879, / in Germany. // (When he
1879 年 / ドイツで // (子供のころ)
was a child), / he was / so quiet and
/ 彼は～だった / とても静かでシャイ
shy. // Albert didn't speak / any words /
// アルベルトは話さなかった / 一言も /
(until he became / 3 or 4 years old). //
(～になるまで / 3，4 歳に) //
His parents worried so much / (that
彼の両親はとても心配したので /
they thought / [there was / something
(彼らは考えた / [何かおかしなところがあるのだと
wrong / with his brain]). // They often
彼の脳に]) // 彼らはよく連れて
took / Albert / to doctors, / but the
行った / アルベルトを / 医者に / しかし医者たちは
doctors found / nothing wrong / with
見つけた / 悪いものは何もないと / 彼に
him. // One of the doctors said / [it was /
// 医者の一人は言った / [それは～だと /
just Albert's character]. // He said /
ただアルベルトの性格だ] // 彼（その医者）は言った /
[that Albert was not / a talker but a
[アルベルトは～ではなく / よくしゃべる人
thinker]. // Most of the boys / 〈of his
よく考える人] // ほとんどの男の子たちが / 〈彼の年代の〉 /
age〉 / wanted to be / a soldier / and
～になりたかった / 兵士に / そしてしたがった /
play / violent games, / but Albert did
暴力的なゲームを / しかしアルベルトはそうではなかった
not. // He preferred / to stay alone. //
// 彼は好んだ / 一人でいることを //
He was thinking and daydreaming /
彼は考えていた そして空想していた /
for hours. // Albert enjoyed thinking /
何時間も // アルベルトは楽しんだ 考えることを /
about a world / 〈that he couldn't see /
世界について / 〈彼が見ることができない /
or explain〉. // (As he later said), /
または説明できない〉 // (彼が後に言っているように) /
"Imagination is more important /
「想像力は 重要である /
than knowledge. // Knowledge is
知識よりも // 知識は制限される
limited. // Imagination can quickly go /
// 想像力はすばやく進むことができる /
around the world." //
世界中を」 //

知識

brain 名 脳

character 名 性格

talker 名 よくしゃべる人

thinker 名 よく考える人

daydream 自 空想にふける

imagination 名 想像力

knowledge 名 知識

③ His father had / a business 〈that sold /
彼の父親は持っていた / 事業を / 〈売っていた /
batteries, generators, electric lines
バッテリー，発電機，電線など〉
and so on〉. // Albert was interested /
// アルベルトは興味を持った /
in electricity / very much, / and he
電気に / とても / そして尋ねた
asked / his father / a lot of questions
/ 父親に / たくさんの質問を
〈about it〉. // He thought / [electricity
〈それについて〉 // 彼は考えた / [電気は～だと
was / very powerful and mysterious]. //
/ とても力強く不思議だ] //
"Is there / any way 〈to see it〉? // How
「あるのか / 方法は〈それを見る〉 // それは
fast is it? // What is it made of?" //
どのくらい速いのか // それは何でできているのか」 //
Albert was also interested / in the
アルベルトはまた，興味をもった / コンパスに
compass 〈that his father gave him〉. //
〈父親が彼にくれた〉 //
He was so excited / (because its needle
彼はとても興奮した / (なぜならその針は
always pointed / in the same direction /
常に指していた / 同じ方角を /
: North). // Albert was surprised / to
つまり北を) // アルベルトは驚いた /
know / [that there was / some strange
を知って / [あると / 何らかの不思議な力が /
force / like this / around him, (though
このような / 彼の周りには (彼はそれを見る
he couldn't see or feel it)]. // He often
ことも感じることもできないけれど)] // 彼はしばしば
went hiking / with the compass / and
ハイキングに行った / そのコンパスを持って / そして
lay / on the grass. // He liked to look
横たわった / 芝生に // 彼は見上げるのが好きだった
up at / the sky / and think / about
/ 空を / そして考えることが / 宇宙について
space. // "Is there / anything / outside of
// 「あるのだろうか / 何かが / 宇宙の外に

space? // How does light get / to our
// どのように光は到着するのか / 私たちの
eyes / from those stars? // Is there /
目に / あの星たちから // あるのか /
anything / bigger than space?" //
何かが / 宇宙より大きい」 //

知識
- **generator** 名 発電機
- **electric line** 名 電線
- **electricity** 名 電気
- **needle** 名 針
- **force** 名 力

④ Albert liked / his elementary school /
アルベルトは好きだった / 彼の小学校が /
(because the teachers were kind, / and
(先生たちが優しく /
tried their best / to answer all of
そして最善を尽くしたので / 答えようと
Albert's questions). // However, / things
アルベルトのすべての質問に) // しかしながら / 事情は変わった
changed / suddenly. // At the age of 10, /
/ 突然に // 10歳のときに, /
he started going / to gymnasium. // It
彼は通い始めた / ギムナジウムへ // それは
was / a very strict school. // The
〜だった / とても厳しい学校 //
students had to wear / uniforms / and
生徒たちは着なければならなかった / 制服を / そして
walk / like soldiers / to go anywhere /
歩かなければならなかった / 兵隊のように / どこに行くにも /
in the school. // Questions were not
学校の中で // 質問は許されなかった
allowed. // They only had to read and
// 彼らは読んで覚えるだけでよかった
memorize / the things / ⟨they
物事を / ⟨彼らが学んだ⟩
learned⟩. // Albert felt / [that he was
// アルベルトは感じた [彼は許されていないと /
not allowed / to think and imagine]. //
考えることや想像することを] //
However, / only mathematics gave /
しかしながら, / 数学だけが与えた /
him / time / ⟨to think and imagine⟩. //
彼に / 時間を ⟨考え, そして想像する⟩ //
So, / at home, / he spent / a lot of time /
だから / 家で / 彼は費やした / たくさんの時間を /
studying / difficult mathematics
勉強するのに / 難しい数学の問題を /
problems / with help from his uncle. //
彼のおじの力を借りて //
They often studied / geometry
彼らはしばしば勉強した / 幾何学を
together. // Albert enjoyed solving /
一緒に // アルベルトは解くのを楽しんだ /
problems / with shapes ⟨like squares,
問題を / 図形の ⟨正方形,
cubes, circles, and spheres⟩. // For him /
立方体, 円や球体のような⟩ // 彼にとって /
it was / like playing / with blocks. //
それは〜だった / 遊んでいるような / ブロックで //

(While other boys ⟨in his class⟩) / had /
(⟨彼のクラス⟩ 他の男の子たちが持っていたのに /
a hard time / with mathematics), / it
大変な時間を / 数学で) / それは
was / just like a game of puzzles / for
〜だった / ちょうどパズルゲームのような /
Albert. // In school, / however, / he was
アルベルトにとって // 学校では, / しかしながら / 彼は
always asking / questions / ⟨that
常に尋ねていた / 質問を /
teachers could not answer⟩ / and was
⟨先生たちが答えられない⟩ / そして
often punished. // The teachers thought /
しばしば罰せられた // 先生たちは考えた /
[he was / a bad influence / on his
[彼が悪い影響だと
classmates] / and finally told / him / to
彼のクラスメートへ] / そしてついに言った / 彼に /
leave the school / forever. // So, / at the
学校を去るように / 永遠に // それで /
age of 15, / he moved / to Italy /
15歳のときに / 彼は引っ越した / イタリアへ /
(because his family was / already
(彼の家族がいたから / すでに
there / for his father's business). //
そこに / 彼の父親の事業のために) //

知識
- **gymnasium** 名 ギムナジウム（大学進学を目的としたドイツの中等教育機関）
- **strict** 形 厳しい
- **memorize** 他 を暗記する
- **geometry** 名 幾何学
- **square** 名 正方形
- **sphere** 名 球体
- **while** 接 〜の間, 〜だが
- **influence** 名 影響

これも
be always -ing「〜してばかりいる」
進行形とともに用いる always は, 話し手の「不満・非難・軽蔑」を表す。
My neighbor's dog is always barking at night.
隣の人の犬は夜に吠えてばかりいる。

⑤ Albert loved / Italy / so much / (because
アルベルトは大好きだった / イタリアが / とても /
everything was / so different / from
(全てが〜だったから / 違っていた / ドイツと)
Germany). // His days / ⟨in Italy⟩ /
// 彼の日々は / ⟨イタリアでの⟩ /
gave / him / a lot of time ⟨to read⟩. //
与えた / 彼に / たくさんの時間を ⟨読書するための⟩ //
He enjoyed reading / books / ⟨about
彼は楽しんで読んだ / 本を / ⟨有名な科学者
the lives of famous scientists⟩:
たちの人生についての⟩ 例えば,
Nicholas Copernicus and Galileo
ニコラウス・コペルニクスやガリレオ・ガリレイなど

Galilei. // Nicholas Copernicus, the
// ニコラウス・コペルニクスは，
Polish astronomer, was criticized /
ポーランド人の天文学者 批判された /
(because he said / [that the earth
（彼が言ったから / [地球は動いていると
moves / around the sun]). // Later
/ 太陽の周りを]） // あとになって
Galileo Galilei, an Italian scientist,
ガリレオ・ガリレイ，イタリアの科学者が，
was arrested / for agreeing / with
逮捕された / 賛成したので /
Copernicus' idea. // However, / in
コペルニクスのアイディアに // しかしながら，/
Albert's time, / nobody believed / [that
アルベルトの時代には / 誰も信じていなかった /
the sun moves / around the earth]. //
[太陽が動いていると / 地球の周りを] //
(After Albert studied / those scientists'
（アルベルトが 勉強した後 / それらの科学者たちの
ideas and thoughts), he learned /
アイディアや考えを） 彼は学んだ /
[that scientific truth would be
[科学的事実は受け入れられるだろう
accepted / by people / in the end]. // He
/ 人々によって / 最後には] // 彼は
felt confident / in himself / and his
自信を持った / 自分自身に / そして
scientific ideas. //
自分の科学的アイディアに //

知識
Polish 形 ポーランド人の
astronomer 名 天文学者
criticize 他 を批判する
arrest 他 を逮捕する
confident 形 自信のある

6 Later, / Albert went / to college / in
その後，/ アルベルトは行った / 大学へ / スイスの
Switzerland. // There / he got / a job /
// そこで / 彼は得た / 仕事を /
at the patent office. // His years / 〈at
特許局で // 彼の日々は /
the patent office〉 / were wonderful /
〈特許局での〉 / 素晴らしかった /
(because he had / a lot of time / after
（彼にはあったから / たくさんの時間が / 仕事の後に）
work). // So / he wrote and published /
// それで / 彼は書いた そして出版した /
many scientific papers. // Those papers /
多くの科学的研究論文を // それらの論文は /
were so amazing / (that he was asked /
とても素晴らしかったので / （彼は頼まれた /
to become a professor / 〈of physics〉 /
～になることを 教授に / 〈物理学の〉 /
at the University of Zurich / in 1909). //
チューリッヒ大学で / 1909年に） //
He accepted, / and later / he taught /
彼はそれを受け入れた / そして後に / 彼は教えた /
at some different universities / in
いくつかの 異なる大学で / ヨーロッパの
Europe. // However, / in 1933, / he
// しかしながら，/ 1933年に /
moved / to the United States / and
彼は引っ越した / 米国に / そして
remained / there / (until he died). //
留まった / そこに / （彼が死ぬまで） //

知識
patent 名 特許
paper 名 研究論文，学術論文
physics 名 物理学

7 Many of Albert's ideas / were known /
多くのアルベルトのアイディアは / 知られていた /
widely, / but some of them were / very
広く / しかしそれらのいくつかは～だった / とても
difficult / for even scientists / to
難しかった / 科学者たちにとってさえも /
understand. // Unfortunately, / one of
理解するのが // 不運にも，/ 彼の考えの
his ideas / was later used / to create /
1つが / 後に使われた / 作るために /
an atomic bomb. // However, / Albert
原子爆弾を // しかしながら / アルベルトと
and his ideas still have / a great
彼のアイディアはいまだに持っている / 素晴らしい影響を /
influence / on not only scientists / but
科学者たちにだけではなく /
also many people / 〈in many fields /
多くの人々にも / 〈様々な分野の /
around the world〉. //
世界中の〉 //

知識
widely 副 広く
unfortunately 副 不運にも
atomic 形 原子の
field 名 分野

全文和訳

1 アルベルト・アインシュタインをご存じだろうか。これまで世界に登場した最も有名な科学者の一人であったことを，おそらく多くの方がご存じかもしれない。実際，彼は1922年に「光電効果」に関するアイディアに対してノーベル賞を受賞した。後にこのアイディアはテレビの発明につながった。彼は1955年に亡くなるまで，科学分野で多くの重要なアイディアを発表した。それらのアイディアは，他の科学者だけでなく，科学を学ぶ多くの若い学生たちにもインスピレーションを与えてい

る。

❷ アルベルト・アインシュタインは1879年3月14日，ドイツで生まれた。子供のころは非常に静かで内向的だった。アルベルトは3歳か4歳になるまで一言も話さなかった。彼の両親は彼の脳に何か問題があるのではないかと非常に心配した。彼らはよくアルベルトを医者に連れて行ったが，医者は何も異常は見つけられなかった。医者の一人は，それはただアルベルトの性格だと言った。アルベルトはおしゃべりではなく考える人だと彼は述べた。同年代のほとんどの男の子たちが兵士になりたいと思い，乱暴なゲームをしたがったが，アルベルトはそうではなかった。彼は一人でいることを好んだ。彼は何時間も考えたり，夢想したりしていた。アルベルトは見ることも説明することもできない世界について考えることを楽しんでいた。後に彼が言っているように，「想像力こそが知識よりも重要だ。知識には限界があるが，想像力はすぐに世界中を巡ることができる」と。

❸ 彼の父親は電池や発電機，電線などを売る事業を行っていた。アルベルトは電気に非常に興味を持っており，それについて父親にたくさんの質問をした。彼は電気はとても力強く不思議なものだと考えていた。「それを見る方法はあるのか。どれくらい速いのか。それは何でできているのか」。アルベルトはまた，父親からもらったコンパスにも興味を持っていた。針が常に同じ方向，つまり北を指しているのでとても興奮した。アルベルトは，目に見えず感じることもできないにもかかわらず，このような不思議な力が自分の周りにあることを知って驚いた。彼はしばしばコンパスを持ってハイキングに出かけ，草の上に寝転がった。彼は空を見上げ，宇宙について考えるのが好きだった。「宇宙の外に何かあるのか。あの星々から光が私たちの目に届く仕組みは何か。宇宙よりも大きなものはあるのか」

❹ アルベルトは，先生たちが優しく，彼のすべての質問に全力で答えようとしてくれたので，小学校が好きだった。しかし，事態は突然変わった。10歳のときに，彼はギムナジウムに通い始めた。そこは非常に厳格な学校だった。生徒たちは制服を着用し，校内のどこへ行くにも兵士のように歩かなければならなかった。質問は許されなかった。学んだことをただ読んで暗記するだけだった。アルベルトは自分が考えたり想像したりすることを許されていないように感じた。しかしながら，数学だけは彼に考えたり想像したりする時間を与えてくれた。そのため，家で彼は，おじさんの助けを借りて難しい数学の問題を勉強するのに多くの時間を費やした。彼らはよく幾何学を一緒に勉強した。アルベルトは，正方形，立方体，円，球などの図形を使った問題を解くことを楽しんだ。彼にとってそれはブロックで遊ぶようなものだった。彼のクラスメートたちが数学で苦労しているのに，それはアルベルトにとってはパズルゲームのようなものだった。しかし，学校では彼が先生たちに答えられない質問ばかりして，しばしば罰せられた。先生たちは彼がクラスメートに悪影響を与えていると考え，ついには学校を永久に去るように告げた。そのため，15歳のときに彼は父親のビジネスのために家族がすでにいたイタリアに移った。

❺ アルベルトはドイツと全く異なっていたため，イタリアが大好きだった。イタリアでの日々は，彼に読書のための多くの時間を与えた。彼は有名な科学者の生涯について書かれた本を読むことを楽しんだ。例えば，ニコラウス・コペルニクスやガリレオ・ガリレイ。ポーランドの天文学者ニコラウス・コペルニクスは，地球が太陽の周りを回っているという考えを表明したため

に批判された。後にイタリアの科学者，ガリレオ・ガリレイもコペルニクスの考えに賛成したために逮捕された。しかしながら，アルベルトの時代には，誰も太陽が地球の周りを回っているとは信じていなかった。アルベルトはそれらの科学者のアイディアと考えを学んだ後，科学的な真実は最終的に人々に受け入れられると学んだ。彼は自分自身と自分の科学的なアイディアに自信を持った。

⑥ 後に，アルベルトはスイスの大学に進学した。そこで特許局で仕事を得た。仕事後にたくさんの時間があったので，特許局での彼の年月は素晴らしかった。そのため，彼は多くの科学論文を書いて発表した。それらの論文は非常にすばらしかったので，彼は1909年にチューリッヒ大学の物理学の教授になるよう求められた。彼はそれを受け入れ，後にヨーロッパのいくつかの大学で教えた。しかし，1933年に彼はアメリカ合衆国に移り，亡くなるまでそこに留まった。

⑦ アルベルトの多くのアイディアは広く知られていたが，その中には科学者でも理解するのが非常に難しいものもあった。残念なことに，彼のアイディアの1つが後に原子爆弾を作るために使用された。しかし，アルベルトと彼のアイディアは今でも科学者だけでなく，世界中の様々な分野の多くの人々に大きな影響を与えている。

8 〈青雲高等学校〉

➡本冊 P.152

解答

問1　(**A**) sleep　(**B**) longer

問2　(1) **エ**　(2) **オ**　(3) **イ**

問3　Gardner はすぐに回復したけれども，科学者たちは睡眠なしに過ごすことは危険な可能性があると考えている。

問4　**エ→イ→ア→ウ**

問5　**ウ**

問6　(6) that sleep helps the body to grow and

(7) it is important to get enough sleep

解説

問1．適語補充・文脈把握　難易度★★☆

(　A　)

What happens if you don't get enough (　A　)?

十分な(　A　)を取らなかったら，どうなるか。

第1段落第3文にはある実験について書かれており，その内容が "on the effects of sleeplessness"「睡眠なし状態の影響について」であることがわかる。よって，**sleep** を入れ，「十分な**睡眠**を取らなかったら，どうなるか」という文を完成させる。

(　B　)

Has anyone stayed awake (　B　) than Randy Gardner?

ランディ・ガードナーより(　B　)起き続けた人はいるだろうか。

第5段落では，ガードナー以外で起きたままの状態を続けた人の記録が述べられている。ガードナーの264時間12分に対し，その人は449時間の記録を持っている。ガードナーより長く起きた状態を保ったことになる。空所の直後には than があり，その長さを比較した文であると予測できる。よって，**longer** を補い，「ランディ・ガードナーより**もっと長く**起き続けた人はいるだろうか」とする。

問2．文脈把握　難易度★☆☆

3単語ともに大学受験生にとってもハイレベルと言える語彙である。青雲高校はその単語を覚えているかを見たいのではなく，文脈から単語の意味を類推する力があるかを確かめたいのである。

(1) blurry「ぼやけた」

下線部直前では，ガードナーが文字を読んだりテレビを見たりすることに苦労するようになったことが述べられている。また，下線部を含む1文 "The words and pictures were too (1)blurry." は，「単語や映像が(1)____過ぎた」と訳せる。文字や映像を見ることに苦労する状態であるからそれが不明瞭だったと予測できる。よって，正解は**エ**。

(2) hallucinating「幻覚症状を起こす」

下線部直後の "For example, when he saw a street sign, he thought it was a person. He also imagined he was a famous football player."「例えば，道路標識を見て，それを人だと思った。自分が有名なフットボール選手になったつもりにもなった」から，睡眠不足によりガードナーが実際にはないことを見たり感じたりするようになった，つまり幻覚を見るようになったと推測できる。よって，正解は**オ**。

(3) slurred「不明瞭に発音する」

"Gardner's speech became so (3)slurred that people couldn't understand him"「ガードナーの話す言葉は非常に(3)____になり，人々は彼の言葉を理解することができなかった」

人々が彼の言うことを理解できなかったということは，彼の言葉が聞きとりづらかったと推測できる。よって，正解は**イ**。

ア　deep in sleep「深い眠りに」
イ　difficult to hear「聞きとりづらい」
ウ　long and boring「長く退屈な」

エ	not looking clear「明瞭に見えない」
オ	seeing things that aren't really there 「実際にそこにないものを見ている」

問 3. 英文和訳 難易度★★☆

(4) Even though Gardner recovered quickly, scientists believe that going without sleep can be dangerous.

even though ～ 従属接続詞「～ではあるが，たとえ～としても」

Even から quickly までが副詞節，「～だけれど」

scientists believe が主語＋動詞「科学者たちは～と信じている」

[that going without sleep can be dangerous]
that 以下が believe の目的語になる名詞節。

going without sleep「睡眠なしで過ごすこと」が that 節内での主語，can be dangerous が動詞＋補語になる。ここでの can は可能性を表し，「～になり得る」と解釈する。

ガードナーはすぐに回復したけれども，科学者たちは睡眠なしに過ごすことは危険な可能性があると考えている

問 4. 文整序 難易度★★☆

まず，直前の「科学者は眠らないことは危険になり得ると考えている」と述べている部分とつながる英文を考える。危険だから「同じ実験をするべきではない」というつながりが予想でき，まず**エ**が来る。They は科学者たちを指す。選択肢**ア**では，rats に定冠詞 the がついていることから，その前に rats に関する記述が必要だとわかる。選択肢**イ**には冠詞のない white rats があり，**イ**は**ア**より前であると判断する。選択肢**ウ**では And に着目する。この And は，実験結果の続きを述べるために使用されている。また，rats に the がついており，さらにその後は they と代名詞で示されている。「不定冠詞→定冠詞→代名詞」の法則により，**イ→ア→ウ**の順序と推測できる。最後に空所部直後の文，"Eventually, the rats died."「最終的にそのネズミたちは死んだ」とのつながりを確認する。**ウ**から自然な流れを確認できるので正解は，**エ→イ→ア→ウ**。

エ	They say that people should not repeat Randy's experiment. 彼らは人々がランディの実験を繰り返すべきでないと言う。
イ	Tests on white rats have shown how serious sleeplessness can be. 白ネズミに関する実験では，睡眠不足の影響が深刻であることが示された。
ア	After a few weeks without sleep, the rats started losing *fur. (注) fur 毛 数週間睡眠を取らないでいると，ネズミは毛を失い始めた。
ウ	And even though the rats ate more food than usual, they lost weight. そして，ネズミは通常よりも多く食べていたにもかかわらず体重が減った。

問 5. 適語（句）選択 難易度★☆☆

空所の前後では，科学者たちが「寝ているときには脳の電源を落としていると以前は考えていた」が，脳の研究者たちは現在，「寝ている間も脳は活発」であることを知っていると述べられている。空所には逆接の言葉がふさわしい。よって，正解は**ウ**。

Scientists used to think we "turned our brains off" when we went to sleep. Sleep researchers now know, (C), that our brains are very active when we sleep.

turn off「(電気類などを) 切る，オフにする」

科学者たちは，私たちは眠るときに「脳をオフにする」と考えていた。**しかし**，今では睡眠研究者たちは，私たちが眠っているときに脳が非常に活発に働いていることを知っている。

問 6. 整序英作文　難易度★★★

(6) Other scientists think [to grow / helps / and / sleep / the body / that] relieve stress.

think の後は that 節で SV が続くと考えられる。

help 目的語 to ～「目的語が～するのを助ける，～するのに役立つ」この表現の to はしばしば省略される。何が何を助けるのかを考えると，to が grow についているため，睡眠が体の成長を助けると見当づけることができる。また，and が何と何をつないでいるかが重要である。and は等位接続詞で同格のものをつなぐ。この場合は grow と relieve 以外にペアとなる候補が見つからない。よって，正解は

that sleep helps the body to grow and となる。

(7) we know that [important / enough / is / get / to / it / sleep].

解答の部分は that 節なので SV が続く。it や important の語から it is ... to ～「～するのは…だ」の構文と考え英文を考える。よって，正解は

it is important to get enough sleep

徹底分析

❶ What happens / (if you don't get /
何が起こるだろう / (もしも取らなかったら /
enough sleep)? // Randy Gardner, / a
十分な睡眠を) // ランディ・ガードナーは /
high school student 〈in the United
高校生 / 〈合衆国の〉
States〉, wanted to find out. // He
突き止めたかった // 彼は
designed / an experiment / 〈on the
設計した / 実験を / 〈影響について /
effects / of sleeplessness〉 / for a school
眠らないことの〉 / ～のために
science project. // With Dr. William C.
学校の科学プロジェクトの // ～の状態　ウィリアム・C・
Dement / 〈from Stanford University〉 /
デメント教授 / 〈スタンフォード大学の〉 /
and two friends / watching him
と 2 人の友達が / 見守っている　彼を
carefully, / Gardner stayed awake / for
注意深く / ガードナーは起きたままでいた /
264 hours and 12 minutes. // That's
264 時間と 12 分間 // それは
eleven days and nights / without
昼夜 11 日間 / 睡眠なしの
sleep! //
//

知識

design 他 を設計する，デザインする
experiment 名 実験
effect 名 影響
sleeplessness 名 眠らないこと
school science project 名 学校の科学プロジェクト
awake 形 起きている

ちゅうもく

with A B「A を B の状態にして」

With Dr. William C. Dement from Stanford University and two friends (A) watching him carefully (B)

スタンフォード大学のウィリアム・C・デメント教授と 2 人の友達が (A) 注意深く彼を観察している (B) 状態で

❷ What effect / did sleeplessness have /
どんな影響を / 眠らないことはもたらしたか /
on Gardner? // After 24 hours / without
ガードナーに // 24 時間後 / 寝ずの /
sleep, / Gardner started having
ガードナーは苦労し始めた
trouble / reading / and watching
/ 読むこと / テレビを見ることに
television. // The words and pictures
// 言葉と映像が
were too blurry. // By the third day, /
ぼやけ過ぎた // 3 日目には /
he was having trouble / doing things /
彼は苦労していた / 物事をするのに /
with his hands. // By the fourth day, /
手で // 4 日目には /
Gardner was hallucinating. // For
ガードナーは幻覚を見ていた // 例えば /
example, / (when he saw / a street
(彼が見たとき / 道路標識を) /
sign) / he thought / [it was a person]. //
彼は思った / [それが人だと] //
He also imagined / [he was a famous
彼はまた，想像した / [自分が有名な
football player]. // Over the next few
フットボール選手だと] // 翌数日間を通して
days, / Gardner's speech became / so
/ ガードナーの言葉は～になったため / あまりに
slurred / (that people couldn't
不明瞭 / (人々は理解できなかった
understand / him). // He also had
/ 彼の言うことを) // 彼はまた
trouble / remembering things. // By the
苦労した / ものを覚えることに //

eleventh day, / Gardner couldn't pass /
11日目には / ガードナーは合格できなかった /
a counting test. // In the middle of the
数えるテストに // テストの途中で
test / he simply stopped / counting. //
/ 彼はただ止めてしまった / 数えることを //
He couldn't remember / [what he was
彼は思い出せなかった / [自分が何をしていたかを]
doing]. //
//

知識
have trouble -ing 熟 ～するのに苦労する
blurry 形 ぼやけた
hallucinate 自 幻覚をみる
street sign 名 標識
slur 他 を不明瞭に発音する
in the middle of 熟 ～の真ん中で

❸ (When Gardner finally went to bed), /
(ガードナーがついに寝たとき), /
he slept / for 14 hours and 45 minutes. //
彼は眠った / 14時間45分間 //
The second night / he slept / for twelve
2日目の夜 / 彼は眠った / 12時間,
hours, / the third night / he slept / for
/ 3日目の夜 / 彼は眠った /
ten and one-half hours, / and by the
10時間半の間, / そして4日目の夜までには,
fourth night, / he had returned / to his
/ 彼は戻った /
normal sleep schedule. //
彼の通常の睡眠スケジュールに //

知識
schedule 名 スケジュール

❹ (Even though Gardner recovered
(ガードナーは素早く回復したが),
quickly), scientists believe / [that
科学者たちは信じている / [過ごすことは
going ⟨without sleep⟩ can be
⟨眠らずに⟩ 危険になりうる]
dangerous]. // They say / [that people
// 彼らは言う / [人々は
should not repeat / Randy's
繰り返すべきではない / ランディの実験を]
experiment]. // Tests ⟨on white rats⟩
// 実験は ⟨白ネズミの⟩
have shown / [how serious /
示している / [どんなに深刻か /
sleeplessness can be]. // After a few
眠らないことが～になりうるか] // 2, 3週間後
weeks ⟨without sleep⟩, / the rats
⟨眠らずの⟩ / そのネズミたちは
started losing / fur. // And (even though
失い始めた / 毛を // そして (そのネズミたちは
the rats ate / more food / than usual),
食べたけれど / もっと多くの食べ物を / いつもより)
they lost weight. // Eventually, / the
彼らは体重を減らした // 最終的に / その
rats died. //
ネズミたちは死んだ //

知識
recover 自 回復する
serious 形 深刻な, 重大な, 真面目な
fur 名 毛
than usual 熟 いつもより
lose one's weight 熟 体重を減らす
eventually 副 最終的に

❺ Has anyone stayed awake / longer
誰か起きたままでいたか / ランディ・ガードナーより長く
than Randy Gardner? // Yes! //
// はい //
According to *The Guinness Book of*
ギネス世界記録によると
World Records, / Maureen Weston
/ モーリーン・ウェストン
⟨from the United Kingdom⟩ holds /
⟨英国出身の⟩ 持っている /
the record / ⟨for staying awake / the
記録を / ⟨起き続けた / 最も長く⟩
longest⟩. // She went 449 hours /
// 彼女は449時間行った /
without sleep / in 1977. // That's 18
眠らずに / 1977年に // それは
days and 17 hours! //
18日と17時間だ //

知識
according to 熟 ～によると
record 名 記録

❻ During your lifetime, / you will likely
一生で / 人はおそらく
spend / 25 years or more / sleeping. //
費やす / 25年以上を / 睡眠に //
But why? // What is the purpose ⟨of
しかしなぜ // なんだろう 目的は ⟨睡眠の⟩
sleep⟩? // Surprisingly, / scientists
// 意外にも / 科学者たちは
don't know / for sure. // Scientists used
分かっていない / 確実には // 科学者たちは以前は考えていた
to think / [we "turned our brains off"
/ [人は「脳の電源を切る」/
(when we went to sleep)]. // Sleep
(眠るときには)] // 眠りの
researchers now know, / however, /
研究者たちは今知っている / しかしながら /
[that our brains are very active /
[人の脳はとても活発だ /
(when we sleep)]. // Some scientists
(眠っているとき)] // 何人かの科学者たちは
think / [we sleep / in order to
考える / [私たちは眠る / 活気を与えるために /
replenish / brain cells]. // Other
脳細胞に] //
scientists think / [that sleep helps /
他の科学者たちは考える / [眠りは助ける /

the body to grow / and relieve stress]. //
体が成長するのを / そして取り除くのを / ストレスを] //

Whatever the reason, / we know [that
理由が何であれ, / 私たちは知っている

it is important / to get / enough sleep]. //
大切です / 得ることは / 十分な睡眠を //

知識

lifetime 名 一生，生涯
likely 副 おそらく
purpose 名 目的
for sure 熟 確実に，はっきりと
turn ～ off 熟 ～の電源を切る
researcher 名 研究者
replenish 他 に活気を与える
brain cell 名 脳細胞
relieve 他 を取り除く，和らげる
whatever 代 何であれ

がっちり

一般的な you / we
英語では一般論を言及する際に主語として you や we を用いることが多い。訳し方を見ておくとよい。
You will never know what will happen in the future.「将来何が起こるかはわからない」
「あなたは」を入れると日本語としては不自然になるため，訳を省くとよい。
We spend on average one third of the day sleeping.「人は平均して1日の3分の1を睡眠に費やしている」
このWeは人類全体を含んだ平均と考えられる。このようなWeは「人」と訳すと自然な表現になる。

全文和訳

❶ 十分な睡眠を取らなかったら，どうなるか。アメリカの高校生，ランディ・ガードナーはそれを知りたいと思った。彼は学校の科学プロジェクトのために，不眠の影響についての実験を設計した。スタンフォード大学のウィリアム・C・デメント博士と2人の友人に注意深く見守られながら，ガードナーは264時間12分間，起き続けた。つまり，睡眠なしで昼夜11日間過ごしたことになるのだ。

❷ 不眠の状態はガードナーにどのような影響を及ぼしたか。寝ずに24時間たった時点で，ガードナーは読書やテレビを見ることに苦労し始めた。文字や映像がぼやけ過ぎた。3日目には，手を使って何かをすることが困難になった。4日目には，ガードナーは幻覚を見るようになった。例えば，道路標識を見て，それを人だと思った。自分が有名なフットボール選手であるつもりにもなった。その後数日にわたり，ガードナーの話す言葉は非常に不明瞭になり，人々は彼の言葉を理解することができなかった。また，彼は物事を覚えることにも苦労するようになった。11日目には，ガードナーは数えるテストに合格できなかった。テストの最中に，単に数えるのをやめてしまった。何をしているか思い出せなかったのだ。

❸ ガードナーがやっと寝たとき，14時間45分寝た。2晩目には12時間眠り，3晩目には10時間半眠り，そして4晩目には通常の睡眠スケジュールに戻った。

❹ ガードナーはすぐに回復したけれども，科学者たちは眠らずに過ごすことは危険な可能性があると考えている。彼らは人々がランディの実験を繰り返すべきでないと言う。白ネズミに関する実験では，不眠の影響が深刻であることが示された。数週間睡眠を取らないでいると，ネズミは毛を失い始めた。そして，通常よりも多く食べていたにもかかわらず体重が減った。最終的に，そのネズミたちは死んだ。

❺ ランディ・ガードナーよりもっと長く起き続けた人はいるだろうか。ええ，「ギネス世界記録」によると，イギリスのモーリーン・ウェストンが最も長く起きていた記録を持っている。1977年に449時間寝ずに起きていた。つまり，18日と17時間だ。

❻ 人生の中で，あなたはおそらく25年以上を睡眠に費やすことになるだろう。しかし，なぜだろう。睡眠の目的は何

だろう。驚くべきことに，科学者たちは確信を持って答えられない。科学者たちは，私たちは眠るときに「脳をオフにする」と考えていた。しかし，今では睡眠研究者たちは，私たちが眠っているときに脳が非常に活発に働いていることを知っている。一部の科学者は，私たちは脳細胞に活気を与えるために眠るのだと考えている。他の科学者たちは，睡眠が体の成長やストレス緩和に役立つと考えている。どんな理由であれ，十分な睡眠を取ることが重要であることを私たちは知っている。

9 〈早稲田大学高等学院〉

➡本冊 P.154

解答

Ⅰ イ

Ⅱ (1) living　(3) aged　(7) lay

Ⅲ (2) ア　(8) エ　(10) ウ

Ⅳ offered to help me put the model

Ⅴ (5) where the instructions were
(14) different

Ⅵ (6) エ　(11) ア　(13) イ

Ⅶ ア

Ⅷ 1 (1) ク　(2) ウ　(3) ア
(4) イ　(5) オ
2 ウ

Ⅸ 1 (1) イ　(3) ア
2 only
3 エ

解説

Ⅰ. 内容一致　難易度★★☆

ア I asked for a model T-Rex as my Christmas present because I liked the TV program named *The Land of the Lost*.

「失われた世界」という名前のテレビ番組が好きだったので私はクリスマスプレゼントに T-Rex の模型を頼んだ。

第1段落第1文と第3段落の父娘の会話に合致する。

イ I got so many Christmas presents that the T-Rex was not very special.

私はとてもたくさんのクリスマスプレゼントをもらったので T-Rex はあまり特別ではなかった。(○)

第4段落第4文に矛盾する。

I got skates, a few teddy bears, and Barbie but nothing meant more to me than the green plastic model dinosaur.

私はスケート靴や2，3個のテディベア，バービー人形などももらったが，その緑色のプラスチック製の恐竜模型より私にとっては大切なものはなかった。

この部分より T-Rex が筆者にとって特別なものだったことがわかる。

ウ Though my dad and I enjoyed putting the model T-Rex together, it was difficult to complete.

お父さんと私は T-Rex の模型を組み立てるのを楽しんだけれど，完成させることは難しかった。

第9段落全体からこの模型を組み立てることが非常に難しかったことがうかがえる。例えば，

Hours passed, and I watched him try very hard to put one leg together

数時間が経ち，お父さんが1本の足を組み立てようと必死になっている様子を見ていた

By now he was sweating in frustration

もはや彼はイライラして汗をかいていた

などから，その模型の組み立てが大人にとっても大変時間がかかり難しかったことがわかる。よって，本文の内容と合致する。

エ My T-Rex does not look good but now I understand what my father was thinking.

私の T-Rex はかっこよく見えないが，私は父が何を考えていたかを理解している。

本文最終段落第3文～5文に注目する。

I learned Christmas isn't about getting presents. It's about being together as a family, and making memories. My dad taught me this lesson by spending his Christmas creating a new version of a T-Rex.

クリスマスはプレゼントをもらうことではないということを学んだ。それ（クリスマス）は家族と一緒に過ごし，思い出を作ることなのだ。お父さんは自分のクリスマスを捧げて，新しいバージョンの T-Rex を作ることで私にこの教訓を教えてくれたんだ。

「お父さんが～この教訓を教えてくれた」という言葉から父親が変な形の T-Rex を

直さなかったときの気持ちを理解したと判断できる。

Ⅱ．語形変化　難易度★★★

(1) ～, which was about a family (1)(live) in the world of dinosaurs
この部分は非制限用法の関係代名詞節で直前の「失われた世界」というテレビ番組の説明部分にあたる。which の後に was という動詞があることから live を分詞にしなければならないことがわかる。a family と live は受け身の関係ではないので，**living** と現在分詞にする。

➡ 神技62　形容詞としての分詞

➡ 神技72　非制限用法

(3) a model dinosaur for children (3)(age) twelve years or older
「12 歳以上の～」を表すように **"aged"** とする。aged ～は「～歳の」を表す形容詞。

ちゅうもく

「～歳の」を表す表現は 2 つある。
12 歳の男の子
a boy aged twelve
a twelve-year-old boy（years としないこと）

(7) In front of me (7)(lie) a giant claw.
この表現は強調による倒置の文であることを理解しよう。この文の主語は a giant claw「巨大なかぎ爪」である。「私の前に」を表す "in front of me" を強調のため文頭に出したことにより，主語の a giant claw と動詞 lie に倒置が起こっている。文全体では，「巨大なかぎ爪が私の前に横たわっていた」となる。よって，自動詞 lie の過去形，**lay** が正解。

➡ 神技7　不規則動詞

ちゅうもく

倒置
①場所を表す語の強調で
この強調で代表的なのが There 構文
There is a book on the desk.
この文の主語は a book である。

Inside my pocket was a quarter my mother gave me for lunch.
私のポケットの中には，お昼代として母がくれた 25 セントが入っていた。
このように主語に修飾語句がつながるときによく起こる。

②否定語や準否定語の強調で
否定語や準否定語（only）を強調のため文頭に置くと，疑問文のような倒置が起こる。
He gave me not only some advice but also some money.
→ not only を強調のため前に出すと
Not only *did* he give me some advice but also some money.
彼は私にアドバイスだけでなくお金もくれた。

I have never dreamed that I would pass the examination. を強調し，never を前に出すと，
Never have I dreamed that I would pass the examination.
その試験に合格するとは夢にも思っていなかった。

Ⅲ．英文解釈　難易度★★★

(2) I was really into the dinosaurs on the show
私は番組中の恐竜に本当に夢中になっていた
be into ～は「～に入っていた，はまっていた」という状況を表し，「～に夢中」と訳す。

ア I was a big fan of the dinosaur show on TV
私はテレビの恐竜ショーの大ファンだった（○）
夢中ということは「大ファン」と同義。

イ I was very happy to visit the TV studio to see the show
私はそのショーを見るためにテレビのスタジオを訪ねることができてとても嬉しかった（×）

ウ I was pretty nervous to apply for an audition for the dinosaur show
私は恐竜ショーのオーディションに申し込みをしてとても緊張していた（×）

知識
nervous 形 緊張した
apply for 熟 ～に申し込む
audition 名 オーディション

エ I was extremely surprised by the dinosaurs on the TV show
私はテレビのショーでその恐竜たちに非常に驚いた（×）

知識
extremely 副 極度に，極端に

(8) he was sweating in frustration
彼はイライラして汗をかいていた

ア he was trying his best to understand the directions in Chinese
彼は中国語の説明書を理解しようと最善を尽くしていた（×）
第7段落第2文，第3文より，父親が頑張っていたのは中国語ではないことがわかる。
It's written in Chinese. I guess we'll have to figure this out on our own.
これは中国語で書かれているね。どうやら自分たちで解決しなければならないみたいだ。

イ he was putting the model together so quickly that he was very tired
彼はとても素早く模型を組み立てていたのでとても疲れた（×）
直前に組み立てに数時間かかっていることがわかる。「素早く」は適切ではない。

ウ he was troubled by his daughter because she wouldn't help him
彼は娘が手伝ってくれないので困っていた（×）
第7段落最終文より，娘が手伝っていたことがわかる。よって，不適切。
I gladly did what he asked.
私は喜んで彼の頼みを受け入れた。

エ he was working hard to put the model together correctly but it was stressful
彼はその模型を正しく組み立てようとしたがそれはストレスの多いものだった（○）
イライラして汗をかいている様子からがんばっているがストレスが多い作業をしていると判断できる。

知識
sweat 自 汗をかく
frustration 名 失望，不満，イライラ
stressful 形 ストレスの多い，緊張させる

(10) I do!
うん
この表現は，直前の父親の質問への返事である。
Do you like it that way?
その形が気に入っているのか
よって，この do は，"like it that way"「その形が気に入っている」を表している。

ア I do play with my model!
私は絶対私の模型で遊ぶ（×）

イ I watch the dinosaurs on TV!
私はテレビでその恐竜たちを見る（×）

ウ I like my dinosaur as it is!
私はありのままの私の恐竜が好き（○）
as ～「～のように」という様態を表す用法がある。"as S be 動詞"の形で「そのままに，あるがままに」の意味を表す。

エ I love the real dinosaur!
私はその本物の恐竜が大好き（×）

ちゅうもく

as の用法

【〜するとき】

The cat rushed out of the garage as I opened the door.

私がそのドアを開けたとき，その猫がガレージから飛び出してきた。

【〜なので】

I went to bed early as I was tired.

疲れていたので，私は早く寝た。

【〜のように】

Please do the work as I told you.

私があなたに伝えたようにその仕事をしてください。

【〜につれて】

It got colder as it got darker.

暗くなるにつれて寒くなった。

Ⅳ．整序英作文　難易度★★★

主語は he（父親）である。まず動詞から考える。help は原形のため排除できる。offered か put であるが父親は「手伝うことをオファーした」と考えると自然なつながりとなる。

offer to 〜「〜することを提案する」

help 人（to）〜「人が〜するのを手助けする／手伝う」

put 〜 together「〜を組み立てる」

(he) offered to help me put the model (together)

（彼は）私に模型を（一緒に）組み立てるのを手伝ってあげると提案した

put 〜 together に関しては決して暗記が求められているわけではなく，与えられた語句から用法や意味を類推する力を見る問題と思われる。

Ⅴ．同意文完成　難易度★★☆

(5) He asked, "Where are the instructions?"

= He asked (where) (the) (instructions) (were).

➡ 神技91　be 動詞・助動詞の間接疑問

be 動詞の疑問文の間接疑問なので，語順を肯定文に直したうえで，時制を合わせる。

(14) a new version of a T-Rex

= a T-Rex which looked (different) from other ones

a new version「新しい型」という表現から普通の T-Rex とは異なる姿に仕上がったことを予測する。直後の前置詞 from もヒントとなり，

looked different from 〜「〜と異なって見えた」とする。

Ⅵ．適語（句）選択・適文選択　難易度★★☆

(6) I guess we'll have to figure this (6) on our own.

figure 〜 out「〜を理解する」

on one's own「自分で」

ちゅうもく

多義語 figure

figure は名詞と動詞，2つの働きを持つ多義語です。

名詞の figure

姿，人物，人形，形，計算，数字，図

動詞の figure

を計算する，描く，考える，理解する

(11) That's when I realized (11).

That's when 〜「〜したのはそのときだ」

➡ 神技77　補語になる関係詞節と非制限用法の関係副詞

ア I had put the dinosaur together completely wrong

私は完全に間違えて恐竜を組み立ててしまっていた（○）

直前の段落で筆者が好きだった T-Rex をクローゼットから取り出し，全く T-Rex には見えないと気づき，驚く場面がある。

イ how much I loved my bright green dinosaur model

私がどんなに私の明るい緑の恐竜模型を大好きだったか

T-Rex の模型が好きだったことは，もともと記憶していたことである。

ウ the reason I had lost my interest in the plastic T-Rex

私がそのプラスチック製の T-Rex に興味を失った理由

第10段落に「他のおもちゃと同様にT-Rexも興味を失い片付けられた」という記述はあるが，興味を失った理由に関する記述はない。

エ I should have listened to Dad's instructions carefully

私が父の説明を注意深く聞くべきだった（のに聞かなかった）

筆者が父親の説明を聞こうとしなかったというような場面は見当たらない。よって，不適切。

⒀ Now, (13) that very strange looking dinosaur, Christmas has a new special meaning to me.

今では，あのとても変な姿の恐竜（ 13 ），クリスマスは私にとって新しい特別な意味を持っている。

ア ahead of「～の前に，先に」

イ because of「～のため」（○）

ウ in place of「～の代わりに」

エ instead of「～しないで，～ではなくて」

父との思い出にもなる変な姿のT-Rexのおかげで，「クリスマスは何かをもらうためのもの」だけでなく，「家族と一緒にいること，思い出を作ること」でもあると後に続くことから，正解は**イ**と判断できる。

Ⅶ. 文脈把握　難易度★☆☆

ア He thought the model I was making looked strange.

彼は私が作っている模型が奇妙に見えると思った。（○）

イ He disliked the way I was putting the model together.

彼は私がその模型を組み立てる方法が気に入らないと思った。

筆者の父親にとって大切なのは子供と一緒に時間を過ごすことであり，模型の正しい組み立て方を教えることではないことから本文に合致しない。

ウ He wanted to have a break from making the model.

彼は模型作りから休憩したいと思っていた。

奇妙な形ながらT-Rexは筆者がすでにほぼ作り上げていることから休憩をしたがったと判断できる要素はない。

エ He was happy to see me making the model properly.

彼は私が正しく模型を作っているのを見て喜んでいた。

properly「正しく」が本文と合致しない。

Ⅷ. 要約文完成

This model dinosaur my daughter and I built together is far from perfect. Not only is the dinosaur really ugly but it is also, more importantly, unrealistic. Somehow we put the arms, legs, claws and teeth in the **wrong** places. Nobody would understand **why** it should stay as it is now, although by following the English instructions on the box, it could easily be remade **into** a proper looking dinosaur. But by doing so, something really precious and special would be lost forever. It is the memory of the time I shared with my daughter that Christmas.

When I look at the imperfect dinosaur, what I see is us **making** it together. This very strange looking dinosaur will always remind me of the time. This ugly T-Rex is the only one like it in the world and will always be our treasure. Those memories I share with my daughter of struggling to build this model dinosaur will stay in my mind forever. I would never want to change (A)them, and would never want to change the dinosaur, either. Hopefully, my daughter feels the **same** way as I do.

（全訳）

娘と私が一緒に作ったこの恐竜模型は完璧とは程遠いものだ。その恐竜は本当に醜いだけでなく，さらに重要なことに，非現実的だ。どういうわけか，私たちは腕や脚，爪，歯を**間違った**場所に入れていた。

箱の英語の指示に従えば，簡単に正しく見える恐竜に作り直すことができるにもかかわらず，今のままにしておく理由を誰も理解できないだろう。しかし，そうすることで，とても貴重で特別な何かが永遠に失われてしまう。それは私が娘と共有したあのクリスマスの時間の思い出なのだ。

私が不完全な恐竜を見るとき，私に見えるのは私たちが一緒にそれを作ったということだ。このとても奇妙な見た目の恐竜はいつも私にその時を思い出させてくれる。この醜いT-Rexは世界にただ1つで，ずっと私たちの宝物だ。娘と共有したこの恐竜模型を作るために苦労したそれらの思い出は私の心に永遠に残るだろう。私はそれらを変えたくないし，恐竜も変えたくない。娘も同じように感じてくれることを願っている。

1. 適語選択　難易度★★★

(1) wrong「間違った」
(2) why「なぜ〜なのか」
(3) into
"be remade into 〜"「〜に作り直す」
(4) making
動名詞「〜すること／したこと」
直前のusは動名詞の意味上の主語を表す。

what I see (S) is (V) us making it together (C)
私に見えるのは　私たちが一緒にそれを作ったことだ

第14段落第6文を参照。筆者が父親になぜT-Rexを正しい形に直さなかったのか尋ねたときの父親の答えの1文と同義になる。
For me, the important thing was us building it together.
私にとって大切なことは私たちが一緒にそれを組み立てることだった。
(5) same
"the same A as B"「Bと同じA」

2. 代名詞解釈　難易度★★☆

代名詞の問題は，直前の名詞を探す。ここでは，複数形の名詞のため，前文のthose memoriesと断定することができる。

Ⅸ. 要約文完成・語句解釈

When my daughter chose the T-Rex for her Christmas present, I was surprised but I was also really happy. It was because she would need my help putting the model together and I was really looking forward to spending some hours with her on Christmas morning. During an average day, I saw her for (2) no more than two hours, very briefly in the morning over breakfast, and again in the evening while we ate dinner. Afterwards I would help her with her homework but that was it.

(4) Our Christmas present that year was to have some precious time together.

(全訳)

娘がクリスマスプレゼントとしてT-Rexを選んだとき，私は驚いたが，とても嬉しくもあった。それは，彼女が模型を組み立てるのに私の助けが必要になるだろうし，クリスマスの朝に彼女と数時間過ごすことを楽しみにしていたからだ。普段の日では，たった2時間朝のご飯の間に非常に短い時間，そして夕食の間に再び彼女と会うだけだった。その後，彼女の宿題を手伝うこともあったが，それだけだった。

その年のクリスマスプレゼントは，貴重な時間を一緒に過ごすことだった。

1. 空所補充　難易度★★★

(1) spending
look forward to 〜 ing「〜するのを楽しみにする」
➡ 神技49　熟語＋動名詞
(3) it
That is it.「それだ，それだけだ，それでしまいだ」

2. 語句解釈　難易度★★★

(2) no more than two hours
= only two hours
no more than ～「～だけ」

3. 適文選択　難易度★★☆

Our Christmas present that year was (　).

ア to have my daughter make her model by herself
娘に自分で模型を作らせることだ（×）

イ to let my daughter have what she wanted for Christmas
娘にクリスマスに欲しいものを持たせることだ（×）

ウ to share more time during meals
食事中にもっと時間を共有することだ（×）

エ to have some precious time together
貴重な時間を一緒に過ごすことだ（○）

本文後半の数段落より筆者の父親がクリスマスに娘と過ごす時間を大切にしていたことは明らか。よって，**エ**が正解。

徹底分析

❶ (When I was / an eight-year-old girl), / my favorite television program was / *The Land of The Lost*, / which was about a family / 〈living in the world of dinosaurs〉. // I was really into the dinosaurs / 〈on the show〉, / and my favorite was / the Tyrannosaurus Rex, T-Rex. // (Since Christmas was coming), that was / [what I wanted], / my very own dinosaur. //

（私は～だったころ / 8歳の女の子）/ 私の大好きなテレビ番組は～だった / 失われた世界 / そしてそれは家族についてだった / 〈恐竜の世界に住んでいる〉// 私はその恐竜たちに実にのめりこんでいた / 〈そのショーの〉/ そして私のお気に入りは～だった / ティラノサウルス，つまりT-Rex // （～なので クリスマスが近づいていた）/ それが～だった / [私がほしいもの] / まさに私自身の恐竜 //

知識
dinosaur 名 恐竜
Tyrannosaurus Rex 名 ティラノサウルス・レックス，通称T-Rex（ティーレックス）（白亜紀の肉食恐竜）
very 形 まさに，ほかならぬ
own 形 自身の

❷ I'd seen / a box / in my local toy store, / a model dinosaur / for children / 〈aged twelve years or older〉. // The picture / on the cover / was frightening; / the green plastic T-Rex had / long white teeth / and huge sharp claws. //

私は見た / 箱を / 地元のおもちゃ屋で / 模型の恐竜を / 子供のための / 〈12歳以上の〉// その写真は / カバーの / 恐かった / その緑色のプラスチック製のT-Rexは持っていた / 長く白い歯を / そして巨大な鋭いかぎ爪を //

知識
a model dinosaur 名 恐竜模型
aged ～ 形 ～の年齢の
frightening 形 恐ろしい
claw 名 かぎ爪（鳥などの）

❸ (Immediately after / I saw / the dinosaur model), / I told / my father, "Dad, please ask Santa / to get me that / for Christmas." // "But that's / an ugly dinosaur. // Don't you want / a doll?" // "No. // I really want / the dinosaur," / I said. //
"We'll have to see / [what Santa brings]," / he added. //

（～した直後に / 私が見た / その恐竜模型を）/ 私は伝えた / 父 「パパ，サンタにお願いして / 私にあれをくれるように / クリスマスに」// 「でもあれは～だ / 醜い恐竜 // お前はほしくないの / 人形を」// 「ううん // 私はほんとうに欲しい / その恐竜が」/ 私は言った //
「私たちは確かめなければならない / [何をサンタが持ってくるか]」/ 彼は付け加えた //

知識
immediately 副 即座に
ugly 形 醜い
add 他 を加える

❹ On Christmas morning / I rushed / to my presents / and opened / several boxes. // Never was I / more pleased /

クリスマスの朝 / 私は急いで行った / 私のプレゼントへ向かって / そして開けた / いくつかの箱を // 決して私は～でなかった / もっと喜んだ /

than to get the model T-Rex. // I
T-Rex の模型をもらったことよりも // 私は
stared / at the model box, / barely able
見つめた / その模型の箱を / なんとか待つこと
to wait / to put it together. // I got /
ができた / それを組み立てるのを // 私はもらった /
skates, a few teddy bears, a Barbie /
スケート靴，2，3 個のテディベア，バービー人形を /
but nothing meant / more to me / than
でも何も意味しなかった / 私により多くを /
the green plastic model dinosaur. //
その緑色のプラスチック製の恐竜模型よりも //

知識
rush to 熟 ～へ急いでいく
stare 自 見つめる
barely 副 やっと～する，なんとか
put ～ together 熟 ～を組み立てる

ちゅうもく
第 4 段落第 2 文　倒置
Never was I more pleased than to get the model T-Rex.
この文は never を強調するために文頭に出したことにより，I was の語順に変化（倒置）が起こっている。もとの語順は，
I was never more pleased than to get the model T-Rex. となる。

5 (As soon as my dad had finished
(お父さんが終えるとすぐに
opening / his presents), he offered to
開けることを / 彼のプレゼントを) 彼は私を手伝うと
help me / put the model together. // "It
申し出た / その模型を組み立てるのを //「それには
says / 'twelve years or older.' // You
書かれている / 『12 歳以上』と // お前は
may not be able to / put the model
できないかもしれない / その模型を組み立てることが
together / without help." //
/ 助けなしに」 //
"Okay," / I said / (because I was happy /
「いいよ」と / 私は言った / (なぜなら私は嬉しかったから /
[that someone else was interested / in
[他の誰かも興味を持っていることに /
my dinosaur, too]). //
私の恐竜に]) //

知識
offer to 熟 ～すると申し出る
else 副 他に

6 We went / to the table / and my father
私たちは行った / テーブルの方へ / そして父は
began opening / the box. // He took out /
開け始めた / その箱を // 彼は取り出した /
the pieces / and found / [that the
部品を / そして気づいた / [その
dinosaur had / fifty or more parts]. //
[その恐竜は持っていると / 50 以上のパーツを] //
He asked, / "Where are the
彼は尋ねた / 「説明書はどこかな」と
instructions?" //
//

知識
part 名 パーツ，部品，部分
instruction 名 説明書

7 For a while, / I nervously waited / (as
しばらくの間 / 私はいらいらして待った /
he looked over / the tiny manual). //
(彼がさっと目を通したとき その小さな説明書に) //
"It's written / in Chinese. // I guess /
「それは書かれている / 中国語で // 私は推測する /
[we'll have to figure this out / on our
[私たちはこれを理解しなければならないだろう / 自分たちで]」
own]." //
//
In front of me / lay / a giant claw. // I
私の前には / 横たわっていた / 巨大なかぎ爪が //
picked it up, / "This is / part of the
私はそれを拾い上げた / 「これは手の部分だよ」
hand." //
//
"You keep that, / and pull out / all
「お前はそれを持っていて， / そして取り出して /
the other claws / for me," / my father
他のかぎ爪を全部私に」 / 父は
said. //
言った //
"Sure!" / I gladly did / [what he
「もちろん」私は喜んでやった / [彼が
asked]. //
言ったことを] //

知識
for a while 熟 しばらくの間
nervously 副 いらいらして
look over 熟 さっと目を通す
tiny 形 小さな
figure out 熟 理解する
on one's own 熟 自分で
gladly 副 喜んで

8 Hours passed, / and I watched / him
何時間も過ぎた / そして私は見た / 彼が
try / very hard / to put one leg together /
頑張るのを / とても熱心に / 1 本の脚を組み立てようと /
(while I continued to find / pieces). //
(私が探し続けている間に / 部品を) //
By now / he was sweating / in
そのときには / 彼は汗をかいていた /
frustration. //
いらいらして //
"Can't you / put it together / faster, /
「できないの / 組み立てることが / もっと速く /
Daddy?" //
パパ」 //

"I'm trying. // Isn't this fun?" //
「がんばっているよ // これが楽しくないの」 //

"Yes. // But you're taking / so long. //
「楽しいよ // でもあなたはかけている / とても長い時間を //

Let me try!" //
私にやらせて」 //

My dad smiled, / "Okay." // He
お父さんは笑った / 「いいよ」 // 彼は

handed / the huge, green leg / over to
手渡した / その巨大な緑色の脚を / 私の方へ

me. //
//

知識
continue 他 を続ける
by 前 ～までには（もう）
sweat 自 汗をかく
in frustration 熟 いらいらして

9 I quickly tossed / the toy together. //
私は素早く組み立てた / そのおもちゃを //

(Sticking arms and legs / to the body),
（腕と脚を突き刺して / 体に）

I put an arm / in one hole / and a leg /
私は腕を入れた / 一つの穴に / そして脚を /

in another. // Suddenly, / my dad
別の穴に // 突然 / お父さんが

started laughing. //
笑い出した //

"What's wrong?" // I asked. //
「何がおかしいの」 // 私は尋ねた //

"Do you like it / that way?" / he
「お前はそれが好きなのか / そんなふうな」 / 彼は

wondered. //
不思議そうに言った //

Well, / it didn't really look / like the
まあ, / それは確かに見えなかった / その

dinosaurs / ⟨I saw / on television⟩, /
恐竜たちのようには / 〈私が見た / テレビで〉 /

but it was my dinosaurs / and I could
でもそれは私の恐竜だった / そして私は

still play / with it. // "I do!"
それでも遊ぶことができた / それと一緒に // 「好き」

My dad kissed / my forehead. //
お父さんはキスした / 私の額に //

"Merry Christmas. // Enjoy!" //
「メリークリスマス 楽しんで」 //

知識
toss 他 を軽く投げる，合わせる
stick 他 を突き刺す
forehead 名 額

10 I played / with my model / for hours
私は遊んだ / 私の模型で / 何時間も何時間も //

and hours. // Like all my toys, /
すべての私の人形のように /

however, / it eventually got put away /
しかしながら, / それは最終的に片付けられた /

(after I lost interest / in it). //
（私が興味を失った後 / それに） //

知識
eventually 副 結局は
put away 熟 片付ける
lose interest 熟 興味を失う

11 Several years went by / and it was
何年かが過ぎ去り / そして

Christmas time again, / and I began
クリスマスの時期になった 再び / そして私は考え始めた /

thinking / of my once-favorite toy, the
かつて私の大好きだったおもちゃのことを

T-Rex. // I thought / [I had put / it / at
あの T-Rex // 私は思った / [私は片付けた / それを /

the back of my closet] / and went to
私のクローゼットの奥に] / そして探しに行った

look for / it. //
/ それを //

12 (Finding / the old but still scary box /
（見つけて / その古いがいまだに恐ろしい箱を /

under a pile of clothes), / I pulled out /
山の下から 洋服の） / 私は取り出した /

my T-Rex. // But it didn't look / like a
私の T-Rex を // しかしそれは見えなかった /

T-Rex / at all! // His head was hanging /
T-Rex のようには / 全然 // 彼の頭はぶら下がっていた /

to one side. // One tiny arm came / out
片方に // 1つの小さな腕は出ていた /

of a leg joint / (while a leg fitted / into
脚の関節から / （一方一本の脚ははまっていた / その

the arm hole). // Curiously, / teeth
腕の穴に） // 興味深いことに / 歯が

stuck / out of the hands. // The bright
突き出ていた / その腕から // その明るい

green skin had come off / in several
緑色の皮膚ははがれていた / いくつかの

places. //
部分で //

知識
scary 形 恐い
a pile of 熟 たくさんの～
not ～ at all 熟 全く～ない
joint 名 関節
curiously 副 興味深いことに
stuck 自 stick の過去形，（ここでは）突き出る

ちゅうもく
第 12 段落第 1 文：分詞構文
Finding the old but still scary box under a pile of clothes, I pulled out my T-Rex.
接続詞 as や after などが省略されている。
= After I found the old but still scary box under a pile of clothes, I pulled out my T-Rex.
「洋服の山の下から古いがいまだに怖い箱を見つけて，私は T-Rex を取り出した」

⑬ That's when / I realized / [I had put /
（それは）そのときだ / 私が気づいたのは / [私は組み立てた /
the dinosaur together / completely
その恐竜を / 完全に
wrong]. // My father hadn't corrected /
間違って] // 父も正さなかった /
my mistakes, either. // I wondered /
私の間違いを // 私は不思議に思った /
why not. // (Putting it back into the
なぜしなかったのかを // （それを箱に戻したとき）
box), / I saw / the old Chinese
/ 私は見た / その古い中国語の
directions. // I pulled out / the manual /
説明書を // 私は取り出した / そのマニュアルを /
and noticed / then / [that the English
そして気がついた / そのとき / [英語の
instructions were written / directly /
説明が書かれていた / 直接 /
on the side of the box]. //
箱の側面に] //

知識
realize 他 に気がつく
completely 副 完全に
correct 他 を正す，直す
directly 副 直接

⑭ "Hey, Dad," / I called him / into my
「ねえ，パパ」 / 私は彼を呼び出した / 私の
room. //
部屋に //
"Yeah?" //
「なんだい」 //
"Did you know / [the English
「知っていたの / [英語の
directions / for this model / were
説明が / この模型の / 書かれていた /
written / on the box]?" //
箱に]」 //
"I found / them / later that night," /
「私は気づいたよ / それに / その晩の後になって」 /
he admitted. //
彼は認めた //
"So why didn't you fix it?" //
「それじゃなぜそれを直さなかったの」 //
"For me, / the important thing was /
「私にとって / 大切なのは～だった /
us building it together. // You seemed
私たちがそれを一緒に作ること // お前は満足そうだった /
happy / with it... / until now." //
それで / 今までは」 //
"Well, should I leave / it / this way?" //
「ねえ，私はしておくべきかな / それを / このままに」 //
My dad smiled, / "Looks perfect /
お父さんは微笑んだ / 「完璧に見える /
to me." //
私には」 //

知識
call 他 を呼び出す
fix 他 を直す

⑮ Now, because of that very strange
今，あのとても奇妙な姿の恐竜のため
looking dinosaur, / Christmas has / a
/ クリスマスは持っている /
new special meaning / to me. // My
新しい特別な意味を / 私にとって // 私の
dad and I had built / that T-Rex
お父さんと私は組み立てた / あの T-Rex を
together. // I learned / [Christmas isn't /
一緒に // 私は学んだ / [クリスマスは /
about getting presents]. // It's / about
プレゼントをもらうことではない]と // それは /
being together / as a family, / and
一緒にいることだ / 家族として， / そして
making memories. // My dad taught /
思い出を作ることだ // お父さんが教えてくれた /
me / this lesson / by spending / his
私に / この教訓を / 費やすことによって / 彼の
Christmas / creating a new version of
クリスマスを / T-Rex の新しい型を作り出すのに
a T-Rex. // After all, together, / we had
// 結局 一緒に， / 私たちは
reached / the goal. // We had created /
到達したのだ / ゴールに // 私たちは作り上げた /
one scary, slightly altered dinosaur, /
1つの怖い すこし変わった恐竜を /
even uglier / than the ones / ⟨on
さらに醜い / ものよりも /
television or in books⟩. // With these
〈テレビや本の中の〉 // これらの
memories, / the dinosaur became / the
思い出とともに / その恐竜は～になった / 最も
most treasured, most beautiful toy / ⟨I
大切な，最も美しいおもちゃに / 〈私が
ever had⟩. //
持った中で〉 //

知識
meaning 名 意味
memory 名 思い出
by -ing 前 ～することによって
spend〔時間〕-ing 他 ～することに〔時間〕を費やす
create 他 を創り出す
version 名 型
after all 熟 結局
slightly 副 少し
alter 他 を変える
even 副（比較級の強調）さらに

全文和訳

① 私が8歳の少女だったころ，私のお気に入りのテレビ番組は「失われた世界」で，その番組は恐竜の世界に住む家族を描いていた。私は番組中の恐竜に本

当に夢中になっていて，私のお気に入りはティラノサウルス・レックス，通称T-Rexだった。クリスマスが近づいていたので，私が欲しかったのはまさに自分だけの恐竜だった。

2 私の地元のおもちゃ屋さんで，12歳以上の子供向けの恐竜模型の箱を見つけた。カバーに描かれた絵は怖く，緑色のプラスチックのT-Rexは長い白い歯と巨大な鋭い爪をしていた。

3 その恐竜模型を見た直後，私は父に言った。「パパ，クリスマスにそれをサンタさんに頼んで」
「でもそれは醜い恐竜だよ。人形は欲しくないの」
「ううん。本当にその恐竜が欲しいの」と私は言った。
「サンタさんが何を持って来るか見てみないとね」と彼はつけ加えた。

4 クリスマスの朝，私はプレゼントに向かって急ぎ，そしていくつかの箱を開けた。T-Rexの模型を手に入れたとき，それほど喜んだことはなかった。私は，模型の箱をじっと見つめ，それを組み立てるのが待ちきれないほどだった。私はスケート靴や2，3個のテディベア，バービー人形なども手に入れたが，その緑色のプラスチック製の恐竜模型より私にとって大切なものはなかった。

5 父はプレゼントの開封を終えるとすぐに，私に模型を組み立てるのを手伝ってくれると提案した。「『12歳以上』と書いてあるからね。助けなしでお前が模型を組み立てることはできないかもしれないね」
「いいよ」と私は言った。なぜなら，他の誰かも私の恐竜に興味を持ってくれたことが嬉しかったからだ。

6 私たちはテーブルに行き，父は箱を開け始めた。彼は部品を取り出し，恐竜が50個以上の部品を持っていることを確認した。彼は，「説明書はどこにあるの」と尋ねた。

7 しばらくの間，私は父が小さな説明書にざっと目を通すのを不安そうに待っていた。「これは中国語で書かれているね。どうやら自分たちで解決しなければならないみたいだ」
目の前には巨大な爪があった。私はそれを拾い上げた。「これは手の一部だよ」
「それを持っておいて，他の爪を全部取り出してくれ」と父が言った。
「もちろん」私は喜んで彼の頼みを受け入れた。

8 数時間が経ち，そして私は引き続きパーツを探し続けながら，お父さんが1本の足を組み立てようと必死になっている様子を見ていた。もはや彼はいらいらして汗をかいていた。
「もっと速く組み立てられないの，パパ」と私は尋ねた。
「頑張っているんだよ。楽しくないのかい」
「楽しいけど，時間をかけすぎだよ。私にやらせて」
お父さんは微笑み，「いいよ」と，私に巨大な緑の脚を手渡した。

9 私は急いでそのおもちゃを組み立てた。腕や脚を体にくっつけ，一方の穴には腕を，別の穴には脚を入れた。突然，お父さんが笑い出した。
「何がおかしいの」と私は尋ねた。
「その形が気に入ってるのか」と彼は不思議そうに言った。
まあ，テレビで見た恐竜のようには見えなかったが，それは私の恐竜であり，それでも遊ぶことができた。「うん」
お父さんは私の額にキスをした。「メリークリスマス。楽しんで」

10 私は何時間も何時間もその模型で遊んだ。しかし，他のおもちゃと同様に，私が興味を失った後は最終的にそれも片付けられることになった。

11 数年が経ち，再びクリスマスの時期になり，私はかつてのお気に入りのおもちゃ，T-Rexを思い出した。それをクローゼットの奥にしまったはずだと思い，それを探しに行った。

⑫ 積み重なった洋服の山の下から，古いがいまだに怖い箱を見つけ出し，私は私のT-Rexを取り出した。しかし，それは全くT-Rexのようには見えなかった。頭は片側に傾いていて，小さな腕の1つが脚の関節から伸びていた。一方，脚が腕の穴に収まっていた。不思議なことに，手から歯が突き出ていた。明るい緑色の皮膚もいくつかの箇所で剥がれていた。

⑬ 自分が完全に恐竜を間違えて組み立ててしまっていたことに気づいたのはそのときだ。父も私の間違いを修正してくれなかった（ことにも気づいた)。なぜ（修正）しなかったのか不思議に思った。箱に戻してみると，古い中国語の説明書が目に入った。私はマニュアルを取り出し，そのときに英語の指示が箱の側面に直接書かれていることに気づいた。

⑭「ねえ，パパ」と私は彼を私の部屋に呼んだ。
「なんだい」
「この模型の英語の指示が箱に書かれていたって知ってた」
「あの晩に見つけたよ」と彼は認めた。
「じゃあ，なぜ直さなかったの」
「僕にとって大切なのは一緒に作ることだったんだ。お前はそれで満足そうだったからね…今まで」
「それならこのままにしておけばいいの？」
お父さんは微笑んで言った。「私には完璧に見えるよ」

⑮ 今では，あのとても奇妙な見た目の恐竜のおかげで，クリスマスには新しい特別な意味がある。お父さんと一緒にあのT-Rexを作り上げたのだ。クリスマスはプレゼントをもらうことではないということを私は学んだ。それ（クリスマス）は家族と一緒に過ごし，思い出を作ることなのだ。お父さんは自分のクリスマスを捧げて，新しいバージョンのT-Rexを作ることで私にこの教訓を教えてくれたんだ。結局，私たちは目標を達成したのだ。私たちは怖くて少しだけ変わった恐竜，テレビや本の中の恐竜よりもさらに醜いものを作り上げたのだ。これらの思い出とともに，その恐竜は私が持っていた中で最も大切で美しいおもちゃになったのだ。

不規則動詞変化表

A-A-A 型

意　味	原　形	過去形	過去分詞	現在分詞
打つ・打ち負かす	beat	beat	beat [beaten]	beating
爆発・破裂する	burst	burst	burst	bursting
かかる（お金）	cost	cost	cost	costing
切る	cut	cut	cut	cutting
打つ・ぶつける	hit	hit	hit	hitting
傷つける・けがをさせる	hurt	hurt	hurt	hurting
～させる	let	let	let	letting
置く	put	put	put	putting
止める	quit	quit	quit	quitting
読む	read	read	read	reading
置く・設定する	set	set	set	setting
閉める	shut	shut	shut	shutting
広がる・広げる	spread	spread	spread	spreading

A-B-A 型

意　味	原　形	過去形	過去分詞	現在分詞
～になる	become	became	become	becoming
来る	come	came	come	coming
克服する	overcome	overcame	overcome	overcoming
走る	run	ran	run	running

A-B-B 型 || ought, aught と変化するもの

意　味	原　形	過去形	過去分詞	現在分詞
持ってくる 連れてくる	bring	brought	brought	bringing
買う	buy	bought	bought	buying
戦う	fight	fought	fought	fighting
考える	think	thought	thought	thinking
捕らえる 間に合う（乗り物）	catch	caught	caught	catching
教える	teach	taught	taught	teaching

A-B-B 型 || ee, ea が e に変化するもの

意　味	原　形	過去形	過去分詞	現在分詞
食事を与える	feed	fed	fed	feeding
感じる	feel	felt	felt	feeling
保つ	keep	kept	kept	keeping
会う・迎える	meet	met	met	meeting
眠る	sleep	slept	slept	sleeping
掃き掃除をする	sweep	swept	swept	sweeping
しくしく泣く	weep	wept	wept	weeping
導く	lead	led	led	leading
去る・出発する	leave	left	left	leaving

A-B-B 型 || 子音が変化，追加されるもの

意　味	原　形	過去形	過去分詞	現在分詞
曲げる	bend	bent	bent	bending
建てる	build	built	built	building
貸す	lend	lent	lent	lending
送る	send	sent	sent	sending
費やす	spend	spent	spent	spending
燃える・燃やす	burn	burnt [burned]	burnt [burned]	burning
意味する	mean	meant	meant	meaning
失う	lose	lost	lost	losing
作る・～させる	make	made	made	making
持っている ～してもらう	have	had	had	having
聞こえる	hear	heard	heard	hearing
死ぬ	die	died	died	dying
嘘をつく	lie	lied	lied	lying
結ぶ	tie	tied	tied	tying

A-B-B 型 || 母音が変化するもの

意　味	原　形	過去形	過去分詞	現在分詞
座る	sit	sat	sat	sitting
横たえる	lay	laid	laid	laying
支払う	pay	paid	paid	paying
言う	say	said	said	saying
握っている・保持する	hold	held	held	holding
売る	sell	sold	sold	selling
言う・告げる・教える	tell	told	told	telling
忘れる	forget	forgot	forgot [forgotten]	forgetting
得る・～になる	get	got	got, gotten	getting
輝く	shine	shone	shone	shining
撃つ	shoot	shot	shot	shooting
勝つ	win	won	won	winning
立つ	stand	stood	stood	standing
理解する	understand	understood	understood	understanding
見つける・気づく	find	found	found	finding
掘る	dig	dug	dug	digging
かける	hang	hung	hung	hanging
突き刺さる	stick	stuck	stuck	sticking
打つ	strike	struck	struck	striking

A-B-C 型 || 母音が i-a-u と変化するもの

意　味	原　形	過去形	過去分詞	現在分詞
始める	begin	began	begun	beginning
飲む	drink	drank	drunk	drinking
鳴る	ring	rang	rung	ringing
歌う	sing	sang	sung	singing
沈む	sink	sank	sunk	sinking
泳ぐ	swim	swam	swum	swimming

A-B-C 型 || 過去形で ew，過去分詞形で own / awn がつくもの

意　味	原　形	過去形	過去分詞	現在分詞
(風が) 吹く・吹き飛ばす	blow	blew	blown	blowing
飛ぶ	fly	flew	flown	flying
育てる・成長する	grow	grew	grown	growing
知っている	know	knew	known	knowing
投げる	throw	threw	thrown	throwing
描く・引く	draw	drew	drawn	drawing

A-B-C 型 || 過去形で母音が変化し，過去分詞形で子音が加わるもの

意　味	原　形	過去形	過去分詞	現在分詞
運転する	drive	drove	driven	driving
乗る	ride	rode	ridden	riding
あがる	rise	rose	risen	rising
書く	write	wrote	written	writing
壊す	break	broke	broken	breaking
目覚める	wake	woke [waked]	woken [waked]	waking
凍る	freeze	froze	frozen	freezing
話す	speak	spoke	spoken	speaking
盗む	steal	stole	stolen	stealing
選ぶ	choose	chose	chosen	choosing
与える	give	gave	given	giving
食べる	eat	ate	eaten	eating
落ちる	fall	fell	fallen	falling
振る・震える	shake	shook	shaken	shaking
持っていく・連れていく	take	took	taken	taking
かみつく	bite	bit	bitten	biting
隠す	hide	hid	hidden [hid]	hiding

A-B-C 型 || -ear -ore -orn と変化するもの

意　味	原　形	過去形	過去分詞	現在分詞
産む・耐える・支える	bear	bore	born [borne]	bearing
破る	tear	tore	torn	tearing
身につけている	wear	wore	worn	wearing

A-B-C 型 || どのカテゴリーにも入れられないもの

意　味	原　形	過去形	過去分詞	現在分詞
〜である	be	was / were	been	being
〜する	do	did	done	doing
行く	go	went	gone	going
横たわる	lie	lay	lain	lying
見る・見える 会う・分かる	see	saw	seen	seeing
見せる	show	showed	shown [showed]	showing

形容詞・副詞の変化

-er, -est をつけるだけ

意　味	原　級	比較級	最上級
安い（値段）	cheap	cheaper	cheapest
賢い	clever	cleverer	cleverest
速く	fast	faster	fastest
少ない（可算）	few	fewer	fewest
熱心に	hard	harder	hardest
高い	high	higher	highest
優しい・親切な	kind	kinder	kindest
軽い・明るい	light	lighter	lightest
長い	long	longer	longest
狭い（幅）	narrow	narrower	narrowest
年寄りの・古い	old	older	oldest
背が低い・短い	short	shorter	shortest
小さい	small	smaller	smallest
背が高い	tall	taller	tallest
厚い	thick	thicker	thickest
若い	young	younger	youngest

語尾を重ねて -er, -est をつけるもの

意　味	原　級	比較級	最上級
大きい	big	bigger	biggest
太っている	fat	fatter	fattest
暑い	hot	hotter	hottest
赤い	red	redder	reddest
悲しい	sad	sadder	saddest
薄い	thin	thinner	thinnest
湿っている	wet	wetter	wettest

語尾が e の形容詞・副詞は -r, -st をつける

意　味	原　級	比較級	最上級
可愛い	cute	cuter	cutest
立派な	fine	finer	finest
自由な	free	freer	freest
大きい	large	larger	largest
素敵な	nice	nicer	nicest
安全な	safe	safer	safest
奇妙な	strange	stranger	strangest
広い（幅）	wide	wider	widest
賢い	wise	wiser	wisest

語尾が y の形容詞・副詞は y を i に変えて，-er, -est をつける

意　味	原　級	比較級	最上級
忙しい	busy	busier	busiest
汚い	dirty	dirtier	dirtiest
乾燥した	dry	drier	driest
早く	early	earlier	earliest
易しい・簡単な	easy	easier	easiest
おかしな	funny	funnier	funniest
幸せな	happy	happier	happiest
重い	heavy	heavier	heaviest
可愛い	pretty	prettier	prettiest

more, most を用いる形容詞・副詞

意　味	原　級	比較級	最上級
美しい	beautiful	more beautiful	most beautiful
注意深い	careful	more careful	most careful
注意深く	carefully	more carefully	most carefully
危険な	dangerous	more dangerous	most dangerous
難しい	difficult	more difficult	most difficult
簡単に	easily	more easily	most easily
高い（値段）	expensive	more expensive	most expensive
有名な	famous	more famous	most famous
流ちょうに	fluently	more fluently	most fluently
バカな	foolish	more foolish	most foolish
頻繁に	frequently	more frequently	most frequently
大切な	important	more important	most important
面白い	interesting	more interesting	most interesting
人気の	popular	more popular	most popular
ゆっくり	slowly	more slowly	most slowly
成功した	successful	more successful	most successful
疲れた	tired	more tired	most tired
便利な	useful	more useful	most useful
貴重な	valuable	more valuable	most valuable

※ foolish はときに，er 系

巻末資料

不規則に変化する形容詞・副詞

意　味	原　級	比較級	最上級
よい，上手な	good	better	best
上手に，よく	well	better	best
具合の悪い	ill	worse	worst
悪い	bad	worse	worst
悪く，下手に	badly	worse	worst
多数の	many	more	most
多量の	much	more	most
少ない（不可算）	little	less	least
遅い（時間）	late	later	latest
遅い（順序）	late	latter	last
遠くに（場所）	far	farther	farthest
はるかに（程度）	far	further	furthest

人称代名詞

意味／格	主格 ～は	所有格 ～の	目的格 ～を・に	所有代名詞 ～のもの	再帰代名詞 ～自身
私	I	my	me	mine	myself
私たち	we	our	us	ours	ourselves
あなた	you	your	you	yours	yourself
あなたたち	you	your	you	yours	yourselves
彼	he	his	him	his	himself
彼女	she	her	her	hers	herself
それ	it	its	it	-	itself
彼ら・彼女ら・それら	they	their	them	theirs	themselves

主格は主語になる

・私は彼女の夫です。 I am her husband.

・私たちはその家に子供たちと住んでいます。 We live in the house with our children.

所有格は名詞の前につく・所有代名詞は単独で所有を表す

・彼のお父さんは私の英語の先生です。 His father is my English teacher.

・これは彼女の傘です。 This is her umbrella.

・この傘は彼女のものです。 This umbrella is hers.

・私は駅前で私の旧友に会った。 I met an old friend of mine in front of the station.

・私はたった今，君の弟を見かけた。 I saw your brother just now.

目的格は目的語になる

・私は彼らが好きだ。 I like them.

・私は今朝，君を見かけた。 I saw you this morning.

・あなたは私を知っていますか。 Do you know me?

再帰代名詞は本人が目的語のとき

・彼女は自分を鏡で見た。 She saw herself in the mirror.

・自己紹介してください。 Please introduce yourself.

・我々はパーティーで楽しんだ。 We enjoyed ourselves at the party.
enjoy oneself「楽しむ」

・トムとマイクは自分たちでその本を読んだ。 Tom and Mike read the book by themselves.
by oneself「自分で，一人で」

高校受験前に覚えたい動名詞・不定詞の表現

1．主語と補語の用法

英語を話すことは難しくない。

Speaking English isn't difficult.

= To speak English isn't difficult.

= It's not difficult to speak English.

私の趣味は外国の切手を集めることです。

My hobby is collecting foreign stamps.

My hobby is to collect foreign stamps.

2．目的語の用法

動名詞のみを目的語にする動詞

～することを止める	stop ～ ing	～することを止める	give up ～ ing
～することを避ける	avoid ～ ing	～し終える	finish ～ ing
～することを嫌に思う	mind ～ ing	～することを逃れる	escape ～ ing
～して楽しむ	enjoy ～ ing	～する練習をする	practice ～ ing

不定詞のみを目的語にする動詞

～することに同意する	agree to ～	～することを決心する	decide to ～
～することを期待する	expect to ～	～し損なう	fail to ～
～するようになる ～できるようになる	learn to ～	～することを望む	hope to ～
～することを申し出る	offer to ～	～することを計画する	plan to ～
～することを約束する	promise to ～	～することを願う	wish to ～

不定詞と動名詞の両方を目的語にするが，意味が異なるもの

～することを覚えている	remember to ～	～したことを覚えている	remember ～ ing
～することを忘れる	forget to ～	～したことを忘れる	forget ～ ing
～しようとする	try to ～	試しに～してみる	try ～ ing
～することを止める	stop ～ ing	～するために立ち止まる	*stop to ～
～したことを後悔する	regret ～ ing	残念ながら～する	regret to ～

*stop to ～の "to ～" は、目的語ではなく不定詞の副詞的用法（目的を表す）です。

私はたった今，そのレポートを書き終えた。

I finished writing the report just now.

彼は速報を聞くのを止めた。

He stopped listening to the breaking news.

彼は速報を聞くために立ち止まった。
He stopped to listen to the breaking news.

その窓を開けていただけますか。いいですよ。
Do you mind opening the window? Not at all.

隣に座っても構いませんか。いいですよ。
Do you mind my sitting next to you? Of course not.

明日までにそのレポートを私に送るのを忘れないようにしてください。
Please don't fail [forget] to send me the report by tomorrow.

彼は私を家まで車で送ってくれると申し出てくれた。
He offered to give me a ride home.

私はその本を買ったのを覚えている。
I remember buying the book.

学校からの帰りにその本を買うのを忘れないで。
Remember to buy the book on the way home from school.

3. 副詞句になる「前置詞＋動名詞」

～する前に	before ～ ing	～している間に	while ～ ing
～した後で	after ～ ing	～せずに	without ～ ing
～するとき	in ～ ing	～するための	for ～ ing
～するとすぐに	on ～ ing	～することによって	by ～ ing

彼はパリに滞在している間に芸術を学んだ。
He learned art while staying in Paris.

私を見たとたん，彼は逃げた。
On seeing me, he ran away.

私の兄弟は何も言わずに家を出た。
My brother left home without saying anything.

4. 熟語とともに用いる動名詞

～するのが得意	be good at ～ ing
～することを恐れる	be afraid of ～ ing
～することが好き	be fond of ～ ing
～するのに忙しい	be busy ～ ing
～するのに興味がある	be interested in ～ ing
～することを考えている	think of ～ ing
～してくれてありがとう	Thank you for ～ ing
～するのはどうですか	How about ～ ing
～するのはどうですか	What do you say to ～ ing
～することを楽しみにする	look forward to ～ ing

～するのに慣れている	be used to ～ ing
～するのに反対する	object to ～ ing
～する方法	the way of ～ ing (＝ the way to ～ ＝ how to ～)
～したい気がする	feel like ～ ing
～せずにはいられない	can't help ～ ing
～することはできない	There is no ～ ing
～するのは無意味だ	It is no use ～ ing
～する価値がある	worth ～ ing
～は言うまでもないことだ	It goes without saying that ～
～することになると	when it comes to ～ ing

そのパーティーに招待してくれてありがとう。
Thank you for inviting me to the party.

母は早起きに慣れている。
My mother is used to getting up early.

こぼれたミルクに嘆いても意味がない。（覆水盆に返らず）
It is no use crying over spilt milk.

未来に何が起こるのか言い当てることはできない。
There is no telling what will happen in the future.

5. 独立不定詞

第一に（最初に）	To begin with,
率直に言うと	To be frank with you,
正直に言うと	To be honest with you,
さらに悪いことに	To make matters worse,
正直に言うと	To tell the truth,
言うまでもないが	Needless to say,
言わば	so to speak
奇妙な話だが	Strange to say,

率直に言うと，僕は君のプランに賛成ではない。
To be frank with you, I don't agree with your plan.

さらに悪いことに，雨が降り始めた。
To make matters worse, it began to rain.

彼は言わば夜のフクロウ（夜型の人）だ。彼は夜更かしが好きだ。
He is, so to speak, a night owl. He prefers staying up late.